무료 토플 스타강사의 토플 공략법 보는 방법

방 법 고우해커스(goHackers.com) 접속 ▶
TOEFL 메뉴 ▶ '토플공부전략' 클릭하여 보기

무료 토플 라이팅/스피킹 첨삭 게시판 이용 방법

방 법 고우해커스(goHackers.com) 접속 ▶
TOEFL 메뉴 ▶ '라이팅게시판' 또는 '스피킹게시판' 클릭하여 이용하기

무료 지문녹음 MP3 다운로드 방법

방 법 해커스인강(HackersIngang.com) 접속 ▶
상단 메뉴 [토플 → MP3/자료 → 무료 MP3/자료]
클릭하여 다운받기

* QR코드로 [MP3/자료] 바로 가기

무료 단어암기 MP3 다운로드 방법

방 법 해커스인강(HackersIngang.com) 접속 ▶
상단 메뉴 [토플 → MP3/자료 → 무료 MP3/자료]
클릭하여 다운받기

* QR코드로 [MP3/자료] 바로 가기

HACKERS
READING intro

해커스 어학연구소

서문

출간 이후 수년간 영어 학습의 정통서로서 신뢰를 얻고 있는 해커스 교재 시리즈에 영어 입문 학습자들을 위한 '해커스 인트로 시리즈(Hackers Intro Series)'를 더하여 출간하게 되었습니다. 특히 '해커스 리딩 인트로(Hackers Reading Intro)'는 영어 독해 학습의 첫 단추를 끼우려는 학습자들을 위해 꼭 필요한 내용만을 분석하여 완성한 '영어 독해 시작서'입니다.

'해커스 리딩 인트로'에는 기초 학습자들이 순차적 흐름을 자연스럽게 따라가면서 기초 실력을 쌓을 수 있는 단계 학습 프로그램이 적용되어 있습니다. 교재 전체를 3단계로 구성하였고, 핵심이 되는 2단계에서는 영어시험들에 실제 출제될 만한 '독해문제유형'을 체계적인 학습 흐름의 구조로 전개하였습니다. 학습자 수준에 맞게 선택이 가능하도록 고안된 학습플랜 역시 실력 배양의 탄탄한 밑거름이 될 것입니다. 또한, 시험에 자주 출제되는 독해유형을 선별하여 각 유형에 맞는 핵심 전략을 제시하고, 그 전략에 비추어 정답과 오답의 당위성을 따져봄으로써 모든 독해시험 유형에 대처할 수 있는 논리력을 배양하도록 한 점은 요령이 아닌 정공법 학습을 철학으로 하는 해커스정신이 그대로 살아있는 것이라고 할 수 있습니다.

'해커스 리딩 인트로'를 학습할 때 실시간 토론과 정보 공유의 장인 고우해커스(www.goHackers.com)에서 학습 내용의 궁금증을 나누고, 다양한 무료 영어 학습 자료를 함께 이용한다면 학습효과를 훨씬 높일 수 있습니다. 정직한 교육을 모토(motto)로 하는 해커스 어학연구소에서 오랜 기간 연구를 거쳐 탄생시킨 '해커스 리딩 인트로'를 통해 여러분들이 정상을 향해 가는 첫 발걸음을 잘 다질 수 있기를 바랍니다.

해커스 어학연구소

목차

특징 알아보기	6
구성 미리보기	8
학습플랜	12
학습방법	16

독해기초 트레이닝

문장 기본 익히기	20
문장 해석 연습하기	24

문제유형 트레이닝

1. 세부 정보 파악하기　일치·불일치 문제　　　39
2. 단어의 의미와 대상 파악하기　어휘/지시어 문제　　　55
3. 문장의 핵심 파악하기　문장 간략화 문제　　　71
4. 문장간 연결 파악하기　삽입 문제　　　87
5. 숨은 의미 파악하기　추론/수사적 의도 문제　　　103
6. 글 전체의 구조와 내용 파악하기　요약/정보 분류표 문제　　　119

독해실전 트레이닝

실전 연습　　　137

정답·해석·해설　　　151

특징 알아보기 리딩 인트로, 이런 점이 좋아요!

● 독해 초보자의 효과적 학습을 위한 구성

3단계 구성
학습자가 단계적으로 독해 능력을 향상시킬 수 있도록 3단계로 교재를 구성하였습니다. '독해기초 트레이닝 → 문제유형 트레이닝 → 독해실전 트레이닝'으로 이어지는 단계적 학습법을 통해 기초부터 실전까지 독해 실력을 차근차근 다질 수 있습니다.

3가지 학습플랜 제시
현재 학습자의 실력에 맞게 효과적인 독해 학습을 할 수 있도록 3가지 스타일의 학습플랜을 제시하였습니다. '왕초보 탈출형', '초보 탈출형', '시험 입문형'의 다각적인 학습플랜을 제공함으로써, 영어 독해를 처음 시작하는 학습자들이 자신의 수준에 맞게 체계적으로 영어 독해를 학습할 수 있습니다.

● 독해 실력 향상을 위한 기초 활동

기초 실력을 쌓는 독해기초 트레이닝
문장을 이루는 기본 요소부터 문장을 바르게 끊어 읽고 해석하는 것까지, 문장 단위별 독해 연습을 통해 문장 구조를 정확하게 파악하고 독해할 수 있는 능력을 기를 수 있습니다.

구문독해와 어휘학습
독해를 어렵게 하는 구문을 지문에서 선별하여 해석 방법을 제시하였습니다. 또한 지문에 등장한 어휘 중 필수적인 것만을 골라 정리한 Voca List를 통해 영어 독해의 기본인 어휘 실력을 키울 수 있습니다.

HACKERS
Reading Intro

● 논리적으로 접근하는 시험 대비 학습

모든 시험에 적용 가능한 유형별 핵심전략
'유형 연습'과 '유형 정복'에서는 제시된 전략을 적용하여 문제를 푸는 연습을 통해 시험에서 필요한 전략을 익히고 실전 감각을 기를 수 있습니다.

논리적 사고를 통한 문제 풀이 접근
'정답·해석·해설'에서는 '문제유형 트레이닝'에서 제시한 전략을 바탕으로 문제의 정답을 찾는 논리를 상세히 설명하였습니다. 특히 정답과 오답의 단서를 해설 지문에서 보여줌으로써 논리적으로 정답을 찾는 능력을 키울 수 있습니다.

● 웹사이트와 함께 하는 해커스 입체 구조 학습

온라인 커뮤니케이션을 통한 입체 학습
온라인 토론과 정보 공유의 장, 고우해커스(www.goHackers.com)에서는 다른 학습자들과 함께 교재 내용에 관한 문의사항과 정보를 자유롭게 나눌 수 있습니다. 또한 다양한 영어 학습자료가 무료로 제공되고 있어 학습효과는 배가 될 것입니다.

학습 효과를 높이는 동영상 강의 학습
해커스 동영상강의 포털 해커스인강(www.HackersIngang.com)에서 제공되는 동영상 강의를 통해 교재 학습 효과를 최대화할 수 있습니다.

지문 녹음 MP3와 단어 암기 MP3 무료 제공
해커스 동영상강의 포털 해커스인강(www.HackersIngang.com)에서 교재에 실린 모든 지문과 어휘의 음성 파일을 무료로 다운받을 수 있습니다.

구성 미리보기   리딩 인트로, 미리 살펴봐요!

독해기초 트레이닝

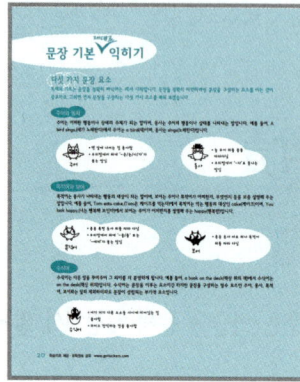
문장 기본 익히기

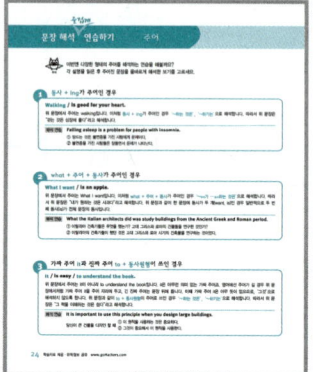
문장 해석 연습하기

문제유형 트레이닝

유형 소개

유형 연습

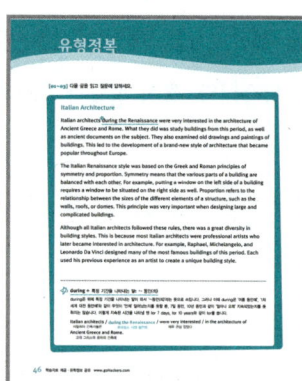
유형 정복

독해실전 트레이닝

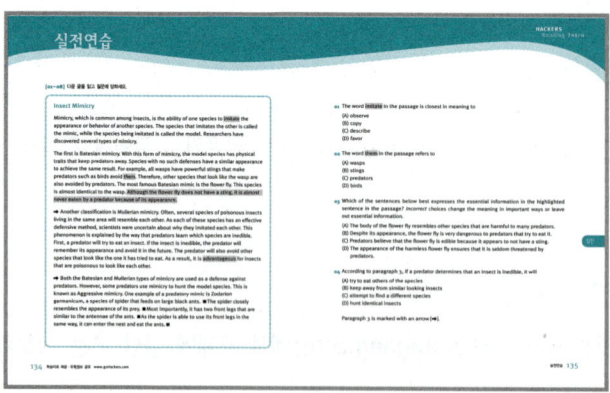
실전 연습

HACKERS
Reading Intro

문장 기본 익히기   영어 독해의 첫 걸음은 문장과 친숙해지는 것이겠죠? 영어 문장의 다섯 가지 요소와 형태에 대해 배우고, 이를 바탕으로 문장을 단계별로 끊어 읽는 법에 대해 공부합니다.

문장 해석 연습하기   이제 문장이 어떻게 구성되는지 알았으니 해석하는 법만 배우면 완성! 구조가 까다로운 문장을 어떻게 해석하는지 배우고 직접 해석 연습도 할 수 있게 구성하였습니다.

유형 소개   공부하기 전 맛보기 단계! 앞으로 공부하게 될 문제 유형이 어떤 것인지, 재미있는 삽화와 친절한 문제 유형 소개를 통해 익숙해질 수 있습니다.

유형 연습   유형에 익숙해지는 몸풀기 단계! 해당 유형의 문제를 풀기 위해 어떤 전략을 익혀야 하는지 알아봅니다. 또한 전략을 적용해 연습 문제를 풀어 보면서 해당 유형에 익숙해질 수 있습니다.

유형 정복   유형에 본격 도전하는 단계! 유형 연습에서 익힌 전략을 실제 형태의 문제에 적용하여 풀어보면서 해당 유형을 마스터할 수 있습니다. 하단에는 독해를 어렵게 하는 구문을 지문에서 선별하여 해석 방법을 제시하였습니다.

실전 연습   어떤 유형도 두렵지 않게 하는 실전 단계! 실제 시험과 유사한 문제를 풀어 봄으로써, 문제유형 트레이닝에서 익힌 유형별 전략을 종합적으로 정리하고 실전 감각을 익힐 수 있습니다.

구성 미리보기 리딩 인트로, 미리 살펴봐요!

정답·해석·해설

3 끊어 해석하기
1 문제의 단서

[04~06]

3 끊어 읽기

The Ancient Greek civilization / lasted / from 800 BC until 146 BC.
　　고대 그리스 문명은　　　　지속되었다　　기원전 800년에서 기원전 146년까지
During this period, / Greece was divided / into hundreds of
　이 기간 동안　　　　　그리스는 나뉘었다　　　　수백 개의 도시국가로
city-states. Although they all had / ⁰⁴⁻ᴬa common language, ⁰⁴⁻ᴮculture,
　　　　　　비록 그들 모두는 가지고 있었지만　　　공통적인 언어, 문화와 종교를
and ⁰⁴⁻ᶜreligion, / each had / their own laws. They were politically
　　　　　　　각각은 가지고 있었다　그들만의 법을　그들은 정치적으로 독립적이었다
independent / and had their own governments. However, / some
　　　　　　그리고 그들만의 정부를 가지고 있었다　　하지만
were more powerful / than others. The two most important
　어떤 곳은 더 강했다　　　다른 곳보다　　두 개의 가장 영향력 있는 도시국가는
city-states / in Ancient Greece / were Athens and Sparta.
　　　　　　고대 그리스에서　　　아테네와 스파르타였다

Athens is best known / for its democratic system / of government.
　아테네는 가장 잘 알려져 있다　　그것의 민주적인 시스템으로　　　정부의
Not only were its citizens able / to elect officials, / but they
　시민들은 할 수 있었을 뿐 아니라　　관리를 선출하는 것을
could also vote / on all new laws. Athens was also an important
그들은 또한 투표할 수 있었다　모든 새로운 법에 대해　아테네는 또한 중요한 중심지였다

4 해석

고대 그리스 문명은 기원전 800년에서 기원전 146년까지 지속되었다. 이 기간 동안 그리스는 수백 개의 도시국가로 나뉘었다. 비록 그들 모두는 ⁰⁴⁻ᴬ공통적인 언어, ⁰⁴⁻ᴮ문화와 ⁰⁴⁻ᶜ종교를 가지고 있었지만, 각각 그만의 법을 가지고 있었다. 그들은 정치적으로 독립적이었고 자신들만의 정부를 갖추고 있었다. 하지만 일부는 다른 도시 국가보다 더 강하였다. 고대 그리스에서 가장 영향력 있는 두 도시국가는 아테네와 스파르타였다.

아테네는 민주적인 정부 시스템으로 가장 잘 알려져 있다. 시민들은 관리를 선출할 수 있었을 뿐만 아니라 모든 새로운 법안에 대해 투표를 할 수 있었다. 아테네는 또한 중요한 무역 중심지였다. 아테네는 지중해를 가로질

04
According to paragraph 2, Athens created a strong navy to
(A) protect its democratic system
(B) increase its volume of trade
(C) guard its many traders
(D) conquer nearby states

2 문제의 정답

2단락에 따르면, 아테네는 ＿＿＿하기 위해 강력한 해군을 발전시켰다.
(A) 민주적 체계를 보호하기 위해서
　→ 지문에 언급되지 않은 내용
(B) 무역량을 늘리기 위해서
　→ 지문에 언급되지 않은 내용
(C) 많은 상인들을 보호하기 위해서
(D) 주변 국가를 침략하기 위해서
　→ 지문에 언급되지 않은 내용

5 오답유형

6 해설

일치 문제 문제의 키워드인 strong navy(강력한 해군)가 언급된 부분을 지문에서 살펴보면, Athens developed a very strong navy to protect its merchants(아테네는 자국 상인들을 보호하기 위해 막강한 해군을 발전시켰다)라는 것을 알 수 있습니다. 따라서 보기 (C)는 지문의 내용과 일치하므로 정답입니다.

HACKERS Reading Intro

1. 문제의 단서
각 문제의 정답의 단서가 되는 부분을 해당 문제번호 및 보기와 함께 지문에 파란색으로 표시하였습니다.

2. 문제의 정답
문제의 정답은 한눈에 알아볼 수 있도록 파란색으로 표시하였습니다.

3. 끊어 읽기와 끊어 해석하기
지문에 있는 모든 문장에 끊어 읽기와 끊어 해석하기가 제공되어, 문장 구조를 정확하게 분석하고 각각의 문장을 의미 단위로 끊어 읽는 감각을 익힐 수 있습니다.

4. 해석
끊어 해석하기와는 별도로 자연스러운 지문 해석을 수록하였으며, 정답의 단서에 해당하는 부분을 파란색으로 표시하였습니다.

5. 오답유형
각 문제유형에 대한 논리적인 접근법을 제시하기 위해 오답이 되는 이유와 그 유형을 표시하였습니다.

6. 해설
문제 유형에 따른 문제 풀이 전략을 적용하여 정답을 찾는 과정을 쉽고 자세하게 설명하였습니다.

학습플랜

리딩 인트로, 나에게 맞는 학습플랜을 찾아봐요!

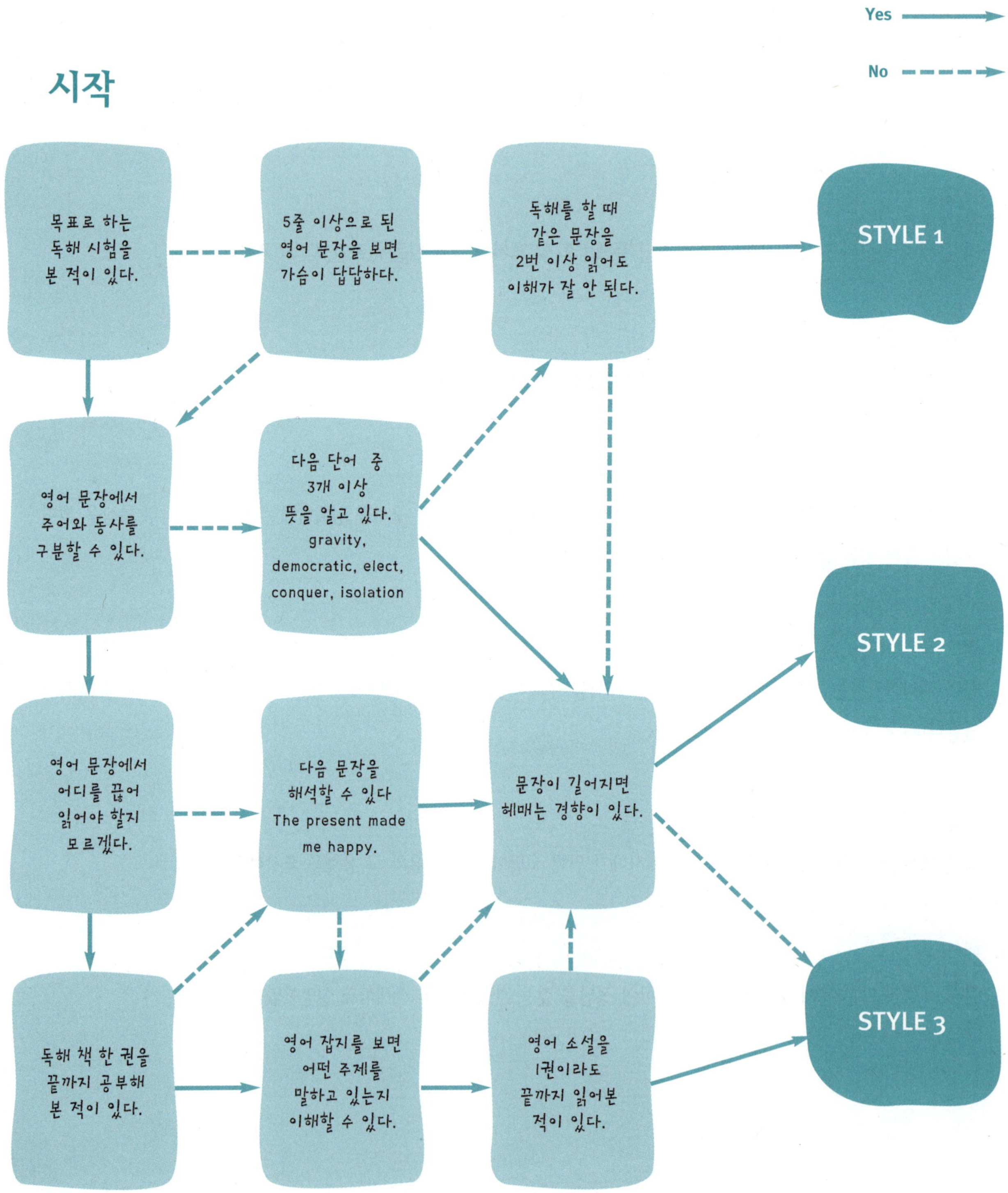

Yes ──→
No ---→

시작

HACKERS Reading Intro

문제점	쉬운 문장도 해석하기 어렵다
학습기간	6주
학습목표	영어에 대한 두려움을 극복하고 왕초보를 탈출하자

STYLE 1 왕초보 탈출형

독해기초 트레이닝
- 먼저 3일 동안 '독해기초 트레이닝'을 통해 영어 독해의 기초를 탄탄히 다집니다. 첫째 날은 '문장 기본 익히기', 둘째 날과 셋째 날은 '문장 해석 연습하기'를 꼼꼼히 학습합니다.

문제유형 트레이닝
- '문제유형 트레이닝'에서는 한 유형을 4일 동안 학습합니다.
  첫째 날, '유형 연습'에서 각 문제 유형별로 제시된 핵심전략을 집중적으로 학습한 뒤 문제를 풀어보면서 전략을 적용해 봅니다.
  둘째 날, '유형 연습'에서 익힌 전략을 바탕으로 난이도가 높은 '유형 정복' 문제를 풀면서 전략을 적용해 봅니다. 각 지문 하단에 수록되어 있는 구문 독해는 반드시 숙지합니다.
  셋째 날, '유형 연습'과 '유형 정복' 하단에 정리되어 있는 어휘를 암기하고 Voca List와 Voca Quiz를 통해 어휘를 점검합니다.
  넷째 날, 한 유형 전체를 복습합니다. 특히 '유형 연습'과 '유형 정복'에서 틀린 문제를 '정답·해석·해설'의 문제풀이 전략과 오답유형을 참고하여 다시 한번 점검합니다.

독해실전 트레이닝
- 실전 감각을 익힐 수 있도록 정해진 시간 내(약 50분)에 '실전 연습'을 풀어 봅니다.
- '정답·해석·해설'을 참고하여 모든 문제유형의 문제풀이 전략을 복습하고 오답유형을 다시 한번 점검합니다.

	Day 1	Day 2	Day 3	Day 4	Day 5
Week 1	○독해기초: 문장 기본 익히기	○독해기초: 문장 해석 연습하기	○독해기초: 문장 해석 연습하기	○문제유형1 유형 연습	○문제유형1 유형 정복
Week 2	○문제유형1 단어	○문제유형1 복습	○문제유형2 유형 연습	○문제유형2 유형 정복	○문제유형2 단어
Week 3	○문제유형2 복습	○문제유형3 유형 연습	○문제유형3 유형 정복	○문제유형3 단어	○문제유형3 복습
Week 4	○문제유형4 유형 연습	○문제유형4 유형 정복	○문제유형4 단어	○문제유형4 복습	○문제유형5 유형 연습
Week 5	○문제유형5 유형 정복	○문제유형5 단어	○문제유형5 복습	○문제유형6 유형 연습	○문제유형6 유형 정복
Week 6	○문제유형6 단어	○문제유형6 복습	○실전 연습	○총정리 1	○총정리 2

학습플랜 리딩 인트로, 나에게 맞는 학습플랜을 찾아봐요!

문제점	해석을 할 수 있지만 바로 정확하게 이해되지 않는다
학습기간	4주
학습목표	영어 문장 독해 능력을 길러 초보를 탈출하자

STYLE 2 초보 탈출형

독해기초 트레이닝
- 하루 동안 '독해기초 트레이닝'을 통해 영어 독해의 기초를 탄탄히 다집니다.

문제유형 트레이닝
- '문제유형 트레이닝'에서는 한 유형을 3일 동안 학습합니다.
  첫째 날, '유형 연습'에서 각 문제 유형별로 제시된 핵심전략을 집중적으로 학습한 뒤 문제를 풀어보면서 전략을 적용해 봅니다.
  둘째 날, '유형 연습'에서 익힌 전략을 바탕으로 난이도가 높은 '유형 정복' 문제를 풀면서 전략을 적용해 봅니다. 각 지문 하단에 수록되어 있는 구문 독해는 반드시 숙지합니다.
  셋째 날, 한 유형 전체를 복습합니다. 특히 '유형 연습'과 '유형 정복'에서 틀린 문제를 '정답·해석·해설'의 문제풀이 전략과 오답유형을 참고하여 다시 한번 점검합니다.

독해실전 트레이닝
- 실전 감각을 익힐 수 있도록 정해진 시간 내(약 50분)에 '실전 연습'을 풀어 봅니다.
- '정답·해석·해설'을 참고하여 모든 문제유형의 문제풀이 전략을 복습하고 오답유형을 다시 한번 점검합니다.

	Day 1	Day 2	Day 3	Day 4	Day 5
Week 1	○독해기초	○문제유형1 유형 연습	○문제유형1 유형 정복	○문제유형1 복습	○문제유형2 유형 연습
Week 2	○문제유형2 유형 정복	○문제유형2 복습	○문제유형3 유형 연습	○문제유형3 유형 정복	○문제유형3 복습
Week 3	○문제유형4 유형 연습	○문제유형4 유형 정복	○문제유형4 복습	○문제유형5 유형 연습	○문제유형5 유형 정복
Week 4	○문제유형5 복습	○문제유형6 유형 연습	○문제유형6 유형 정복	○문제유형6 복습	○실전 연습

HACKERS Reading Intro

문제점	문제유형에 익숙하지 않다
학습기간	3주
학습목표	문제 유형에 익숙해져서 시험에 입문하자

STYLE 3 시험 입문형

독해기초 트레이닝
- 하루 동안 '독해기초 트레이닝'을 통해 영어 독해의 기초를 탄탄히 다집니다.

문제유형 트레이닝
- '문제유형 트레이닝'에서는 한 유형을 2일 동안 학습합니다.
  첫째 날, '유형 연습'에서 각 문제 유형별로 제시된 핵심전략을 집중적으로 학습한 뒤 문제를 풀어보면서 전략을 적용해 봅니다.
  둘째 날, '유형 연습'에서 익힌 전략을 바탕으로 난이도가 높은 '유형 정복' 문제를 풀면서 전략을 적용해 봅니다. 각 지문 하단에 수록되어 있는 구문 독해는 반드시 숙지합니다.

독해실전 트레이닝
- 실전 감각을 익힐 수 있도록 정해진 시간 내(약 50분)에 '실전 연습'을 풀어 봅니다.
- '정답·해석·해설'을 참고하여 모든 문제유형의 문제풀이 전략을 복습하고 오답유형을 다시 한번 점검합니다.

	Day 1	Day 2	Day 3	Day 4	Day 5
Week 1	○독해기초	○문제유형1 유형 연습	○문제유형1 유형 정복	○문제유형2 유형 연습	○문제유형2 유형 정복
Week 2	○문제유형3 유형 연습	○문제유형3 유형 정복	○문제유형4 유형 연습	○문제유형4 유형 정복	○문제유형5 유형 연습
Week 3	○문제유형5 유형 정복	○문제유형6 유형 연습	○문제유형6 유형 정복	○실전 연습	○총정리

학습방법 리딩 인트로, 이렇게 공부하면 더 좋아요!

집중력을 발휘할 수 있는 개별 학습!

1. 책에서 제시된 '학습플랜'에서 본인에게 맞는 스타일을 찾습니다. 이때 학습기간은 본인의 여건에 따라 변경이 가능합니다. 여유가 있는 사람은 해당 기간을 2배로 잡아 꼼꼼히 공부할 수 있으며, 시간이 부족한 경우 기간을 반으로 줄여 속성으로 책을 학습할 수 있습니다.
2. 문제를 다 푼 후 정답을 맞추어 보고, 틀린 부분은 왜 틀렸는지 반드시 확인하고, 오답 노트를 만들어 정리합니다.
3. goHackers.com → 해커스 Books → 리딩 Q&A에서 질문을 통해 이해가 되지 않는 부분을 짚고 넘어갑니다.
4. HackersIngang.com → MP3/자료 → 토플 → 무료 MP3/자료에서 지문녹음 MP3와 단어암기 MP3를 다운받아 그 날 학습한 지문과 단어를 반복해 들으면서 복습합니다.
5. 실전에 임하는 자세로 제한 시간을 정해 '독해실전 트레이닝'을 풀어봅니다.

건전한 자극이 되는 스터디 학습!

1. 스터디 전에 숙제로 미리 암기해야 할 단어와 예습해 올 분량을 정하고 각자 공부해 옵니다.
2. 스터디를 시작할 때 쪽지 시험으로 암기한 단어를 점검합니다. 이때 틀린 단어 개수에 따라 벌금을 매기면 더욱 동기 부여가 될 수 있습니다.
3. 예습한 부분 중 해석이 어려웠던 문장이나 답이 이해되지 않았던 문제에 대해 서로 토의합니다. 이때 각자 담당한 지문을 마스터 해 오도록 하면 토의가 올바른 방향으로 진행될 수 있습니다.
4. goHackers.com → 해커스 Books → 리딩 Q&A에서 질문을 통해 이해가 되지 않는 부분을 짚고 넘어갑니다.
5. HackersIngang.com → MP3/자료 → 토플 → 무료 MP3/자료에서 지문녹음 MP3와 단어암기 MP3를 다운받아 그 날 학습한 지문과 단어를 반복해 들으면서 복습합니다.
6. 실전에 임하는 자세로 제한 시간을 정하고 스터디 팀원들과 함께 독해 실전 트레이닝을 풀어봅니다.

HACKERS
Reading Intro

언제 어디서나 함께 하는 동영상 학습!

1. 동영상 학습은 시간에 구애를 받지 않아 나태해지기 쉬우므로 미리 공부 시간을 정해 학습 계획을 세웁니다.
2. 동영상강의를 들을 때는 강의에 집중하고, 잘 이해되지 않는 부분은 완전히 이해될 때까지 반복해서 시청합니다.
3. 궁금한 점은 HackersIngang.com → 추천교재 → 토플 → 해커스 리딩 인트로 → 교재 Q&A에서 질문하여 이해하고 넘어가도록 합니다.
4. goHackers.com → 해커스 Books → 리딩 Q&A에서 질문을 통해 이해가 되지 않는 부분을 짚고 넘어갑니다.
5. HackersIngang.com → MP3/자료 → 토플 → 무료 MP3/자료에서 지문녹음 MP3와 단어암기 MP3를 다운받아 그 날 학습한 지문과 단어를 반복해 들으면서 복습합니다.
6. 실전에 임하는 자세로 제한 시간을 정하고 독해 실전 트레이닝을 풀어봅니다.

선생님과 함께 하는 학원 학습!

1. 자신의 수준과 필요에 맞는 반을 선택하고, 수업에 빠지지 않고 정해진 숙제를 모두 하도록 노력합니다.
2. 수업 시간에는 강의에 집중하고, 잘 이해되지 않는 부분은 수업 시간이나 쉬는 시간에 선생님께 질문하여 확인하도록 합니다. 해커스 어학원생의 경우 Hackers.ac → 반별게시판을 이용할 수 있습니다.
3. goHackers.com → 해커스 Books → 리딩 Q&A에서 질문을 통해 이해가 되지 않는 부분을 짚고 넘어갑니다.
4. HackersIngang.com → MP3/자료 → 토플 → 무료 MP3/자료에서 지문녹음 MP3와 단어암기 MP3를 다운받아 그 날 학습한 지문과 단어를 반복해 들으면서 복습합니다.
5. 실전에 임하는 자세로 제한 시간을 정하고 독해 실전 트레이닝을 풀어봅니다.

학습자료 제공 · 유학정보 공유

www.goHackers.com

학습자료 제공 · 유학정보 공유

HACKERS Reading Intro

독해기초 트레이닝

문장 기본 익히기
문장 해석 연습하기

문장 기본 제대로 익히기

다섯 가지 문장 요소

독해의 기초는 문장을 정확히 파악하는 데서 시작합니다. 문장을 정확히 파악하려면 문장을 구성하는 요소를 아는 것이 중요하죠. 그러면 먼저 문장을 구성하는 다섯 가지 요소를 배워 보겠습니다.

주어와 동사

주어는 어떠한 행동이나 상태의 주체가 되는 말이며, 동사는 주어의 행동이나 상태를 나타내는 말입니다. 예를 들어, A bird sings.(새가 노래한다)에서 주어는 a bird(새)이며, 동사는 sings(노래한다)입니다.

- 맨 앞에 나서는 걸 좋아함
- 우리말에서 뒤에 '~은/는/이/가'가 붙는 말임

- 늘 주어 뒤를 졸졸 따라다님
- 우리말에서 '~다'로 끝나는 말임

목적어와 보어

목적어는 동사가 나타내는 행동의 대상이 되는 말이며, 보어는 주어나 목적어가 어떠한지, 무엇인지 등을 보충 설명해 주는 말입니다. 예를 들어, Tom eats cake.(Tom은 케이크를 먹는다)에서 목적어는 먹는 행동의 대상인 cake(케이크)이며, You look happy.(너는 행복해 보인다)에서 보어는 주어가 어떠한지를 설명해 주는 happy(행복한)입니다.

- 종종 특정 동사 뒤를 따라 다님
- 우리말에서 뒤에 '~을/를' 또는 '~에게'가 붙는 말임

- 종종 동사 바로 뒤나 목적어 뒤를 따라 다님

수식어

수식어는 다른 말을 꾸며주어 그 의미를 더 분명하게 합니다. 예를 들어, a book on the desk(책상 위의 책)에서 수식어는 on the desk(책상 위의)입니다. 수식어는 문장을 이루는 요소이긴 하지만 문장을 구성하는 필수 요소인 주어, 동사, 목적어, 보어와는 달리 제외하더라도 문장이 성립되는 부가적 요소입니다.

- 여기 저기 다른 요소들 사이에 끼어있는 걸 좋아함
- 꾸미고 장식하는 것을 좋아함

다섯 가지 문장 형태

모든 문장은 문장을 구성하는 필수 요소인 주어와 동사, 목적어, 보어의 조합에 따라 다섯 가지 형태를 취합니다. 이번엔 이 필수 요소들이 이루는 다섯 가지 문장 형태를 배워 보겠습니다.

기초

형태 1   주어 + 동사

주어와 동사로만 이루어진 문장입니다.

A bird sings.   새가 노래한다.
　주어　　동사

형태 2   주어 + 동사 + 보어

동사 뒤에 보어가 쓰여 주어가 어떠한지 또는 무엇인지를 보충 설명합니다.

You look happy.   너는 행복해 보인다.
주어　동사　　보어

형태 3   주어 + 동사 + 목적어

동사 뒤에 목적어가 쓰여 동사가 나타내는 행위의 대상을 나타냅니다.

Tom eats cake.   Tom은 케이크를 먹는다.
주어　동사　목적어

형태 4   주어 + 동사 + 목적어₁ + 목적어₂

주로 '주다' 라는 뜻을 가진 동사 뒤에 목적어 두 개가 쓰이며, 각각 누구에게(목적어₁) 무엇을(목적어₂) 주는지를 나타냅니다.

Jane gives children apples.   Jane은 아이들에게 사과를 준다.
주어　　동사　　목적어 1　　목적어 2

형태 5   주어 + 동사 + 목적어 + 보어

목적어 뒤에 보어가 추가되어, 목적어가 어떠한지 또는 무엇인지를 보충 설명합니다.

You make me happy.   너는 나를 행복하게 한다.
주어　동사　목적어　보어

문장 끊어읽기

이번엔 앞서 배운 다섯 가지 문장 요소와 다섯 가지 문장 형태를 바탕으로 하여 효과적인 독해를 위한 단계별 문장 끊어 읽기 전략을 배워 보겠습니다.

1단계 동사 앞에서 끊는다.

먼저 문장을 쭉 훑어보며 동사를 찾아 그 앞에서 끊습니다.
끊은 곳을 중심으로 앞은 주어가 속한 부분, 뒤는 동사가 속한 부분으로 나뉘게 됩니다.

┌─── 주어가 속한 부분 ───┐ ┌─── 동사가 속한 부분 ───┐
Last Tuesday, a woman from a small town / won a gold medal in the marathon.
　　　　　　　　　　　　　　　　　　　　　　　동사

2단계 동사 뒤에서 끊는다.

이제 동사 뒤에서 한 번 더 끊습니다. 끊은 곳 뒤는 목적어 또는 보어가 속한 부분이 됩니다.

　　　　　　　　　　　　　　　　　　　　　　┌─ 목적어 또는 보어가 속한 부분 ─┐
Last Tuesday, a woman from a small town // won / a gold medal in the marathon.
　　　　　　　　　　　　　　　　　　　　　동사

3단계 수식어를 괄호로 묶는다.

이번엔, 문장 안에 있는 수식어를 괄호 안에 묶어 넣습니다.

　　　　　　　수식어　　　　　수식어　　　　　　수식어

(Last Tuesday), a woman (from a small town) // won / a gold medal (in the marathon).
　　수식어　　　　　　　　수식어　　　　　　　　　　　　　　　수식어

4단계 문장 구조를 파악한다.

이제 문장을 복잡하게 하는 부가 요소인 수식어를 구분했으니,
문장의 필수 요소인 주어와 목적어 또는 보어를 찾아서 문장 구조를 파악합니다.

　　　　　주어　　동사　　목적어

(Last Tuesday), a woman (from a small town) / won / a gold medal (in the marathon).
　　　　　　　　　주어　　　　　　　　　　　　　동사　　　목적어

5단계 전체를 해석한다.

문장 구조를 파악했으면, 이제 문장의 필수 요소를 중심으로 문장의 핵심 의미를 파악하고 여기에 수식어를 덧붙여 해석합니다.

　수식어　주어　수식어　동사　목적어　수식어

(Last Tuesday), a woman (from a small town) / won / a gold medal (in the marathon).
　지난 화요일　　한 여자가　　작은 마을 출신의　　획득했다　금메달을　　마라톤에서

끊어읽기 연습

이제 단계별 문장 끊어읽기 전략을 적용하여 다음 문장을 해석해 보세요.

01 After lunch, those students with free time will play games in the playground.

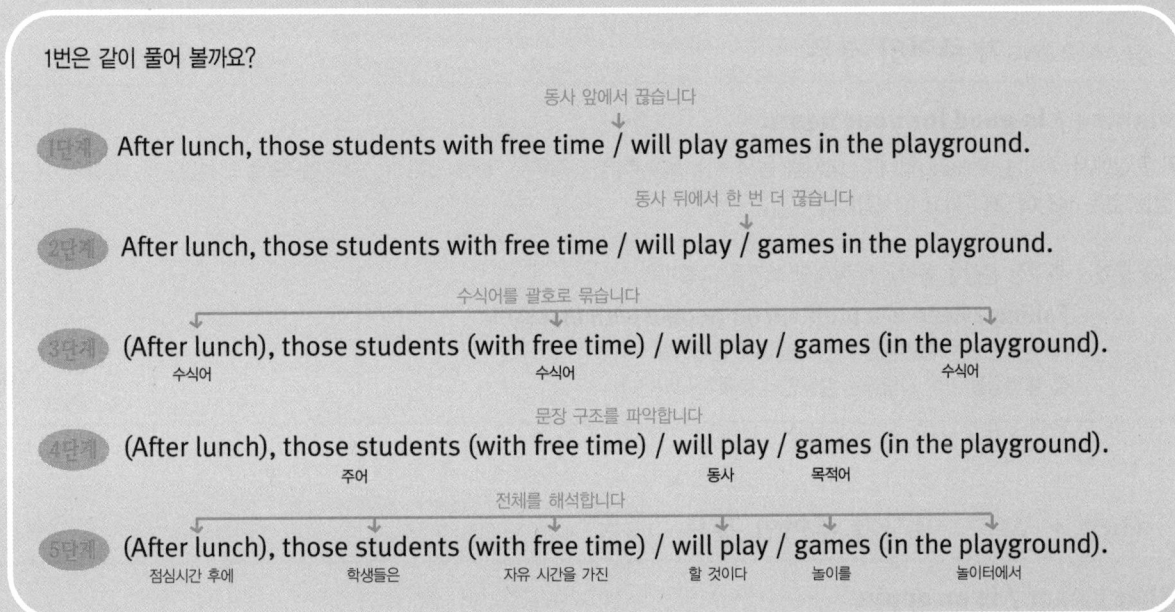

02 Yesterday, James and I met by chance in the street.

03 The next morning, the couple with a baby took the train to Toronto.

정답

02 (Yesterday), James and I / met / (by chance) (in the street).
  수식어   주어   동사   수식어   수식어
  어제   James와 나는 만났다 우연히   길에서

03 (The next morning), the couple (with a baby) / took / the train (to Toronto).
   수식어   주어   수식어   동사   목적어   수식어
  다음날 아침   그 부부는   아기를 가진   탔다   기차를   토론토로

문장 해석 연습하기   주어

 이번엔 다양한 형태의 주어를 해석하는 연습을 해볼까요?

1 동사 + ing가 주어인 경우

Walking / is good for your heart.

위 문장에서 주어는 walking입니다. 이처럼 동사 + ing가 주어인 경우 '~하는 것은', '~하기는'으로 해석합니다. 따라서 위 문장은 "걷는 것은 심장에 좋다"라고 해석합니다.

해석 문제 주어진 문장을 올바르게 해석한 보기를 고르세요.
Falling asleep is a problem for people with insomnia.
① 잠드는 것은 불면증을 가진 사람에게 문제이다.
② 불면증을 가진 사람들은 잠들면서 문제가 나타난다.

2 what + 주어 + 동사가 주어인 경우

What I want / is an apple.

위 문장에서 주어는 What I want입니다. 이처럼 what + 주어 + 동사가 주어인 경우 '~주어가 …동사하는 것은'으로 해석합니다. 따라서 위 문장은 "내가 원하는 것은 사과다"라고 해석합니다.

해석 문제 주어진 문장을 올바르게 해석한 보기를 고르세요.
What the Italian architects did was to study buildings from the Ancient Greek and Roman periods.
① 이탈리아 건축가들은 무엇을 했는가? 고대 그리스와 로마의 건물들을 연구한 것인가?
② 이탈리아 건축가들이 했던 것은 고대 그리스와 로마 시기의 건축물을 연구하는 것이었다.

3 가짜 주어 it과 진짜 주어 to + 동사원형이 쓰인 경우

It / is easy / to understand the book.

위 문장에서 주어는 it이 아니라 to understand the book입니다. it은 아무런 의미 없는 가짜 주어죠. 영어에선 주어가 길 경우 위 문장에서처럼 가짜 주어 it을 주어 자리에 두고, 긴 진짜 주어는 문장 뒤에 둡니다. 이때 가짜 주어 it은 아무 뜻이 없으므로, '그것'으로 해석하지 않도록 합니다. 위 문장과 같이 to + 동사원형이 주어인 경우 '~하는 것은', '~하기는'으로 해석합니다. 따라서 위 문장은 "그 책을 이해하는 것은 쉽다"라고 해석합니다.

해석 문제 주어진 문장을 올바르게 해석한 보기를 고르세요.
It is important to use this principle when you design large buildings.
큰 건물을 디자인 할 때 ① 이 원칙을 사용하는 것은 중요하다.
② 그것이 중요해서 이 원칙을 사용한다.

4. 가짜 주어 it과 진짜 주어 that + 주어 + 동사가 쓰인 경우

It / is certain / that Jason was here.

위 문장에서 주어는 it이 아니라 that Jason was here입니다. 주어가 길기 때문에 문장 뒤로 간 것이죠. 이처럼 that + 주어 + 동사가 문장 전체의 주어인 경우 '~주어가 …동사하는 것은'으로 해석합니다. 따라서 위 문장은 "Jason이 여기에 있었다는 것은 확실하다"라고 해석합니다.

해석 문제 주어진 문장을 올바르게 해석한 보기를 고르세요.

It was obvious that some cities were more powerful than others.
① 그것이 분명했기에 어떤 도시들은 다른 도시들보다 더 강했던 것이다.
② 일부 도시들이 다른 도시들보다 더 강했다는 것은 분명했다.

5. 가짜 주어 it과 진짜 주어 whether + 주어 + 동사가 쓰인 경우

It / is not clear / whether Sam loves Julie.

위 문장에서도 진짜 주어는 it이 아니라 whether Sam loves Julie입니다. 이처럼 whether + 주어 + 동사가 주어인 경우, '~주어가 …동사한지는'으로 해석합니다. 따라서 위 문장은 "Sam이 Julie를 사랑하는지는 분명하지 않다"라고 해석합니다.

해석 문제 주어진 문장을 올바르게 해석한 보기를 고르세요.

It is not known whether geo-engineering is a safe way to deal with global warming.
① 지구공학이 지구온난화에 대처할 안전한 방법인지는 알려지지 않았다.
② 그것은 날씨 지구공학이 지구온난화에 대처할 안전한 방법이라는 것을 알지 못한다.

정답

1. ① **Falling asleep / is a problem (for people) (with insomnia).**
   잠드는 것은   문제이다   사람들에게   불면증을 가진

2. ② **What the Italian architects did / was to study buildings (from the Ancient Greek and Roman periods).**
   이탈리아의 건축가들이 했던 것은   건축물을 연구하는 것이었다   고대 그리스와 로마 시기의

3. ① **It / is important / to use this principle (when you design large buildings).**
   중요하다   이 원칙을 사용하는 것은   큰 건물을 디자인 할 때

4. ② **It / was obvious / that some cities were more powerful than others.**
   분명했다   일부 도시들이 다른 도시들보다 더 강했다는 것은

5. ① **It / is not known / whether geo-engineering is a safe way (to deal with global warming).**
   알려지지 않았다   지구공학이 안전한 방법인지는   지구온난화에 대처할

문장 해석 연습하기 — 동사

 이번엔 다양한 형태의 동사를 해석하는 연습을 해볼까요?

1. 조동사 + have + 과거분사가 동사인 경우

James / could have spent / the rest of his life (in comfort).

위 문장에서 동사는 could have spent입니다. 이처럼 could와 같은 조동사가 have + 과거분사와 함께 쓰이면 보통 과거 일에 대한 추측이나 가정, 아쉬움 등을 나타냅니다. 위 문장의 could + have + 과거분사는 '~할 수도 있었다(그러나 그러지 않았다)'로 해석합니다. 따라서 위 문장은 "James는 안락함 속에서 여생을 **보낼 수도 있었다**(그러나 그러지 않았다)"라고 해석합니다. 비슷한 동사 형태로는 다음과 같은 것들이 있습니다.

would have 과거분사	~했을 것이다	may/might have 과거분사	~했을지도 모른다
must have 과거분사	~했음에 틀림없다	cannot/could not have 과거분사	~했을 리가 없다
should have 과거분사	~했어야만 했다(그러나 하지 않았다)		

해석 문제 주어진 문장을 올바르게 해석한 보기를 고르세요.

Scientists may have discovered evidence that could clarify the continent's past.

과학자들은 그 대륙의 과거를 밝힐 수 있는 증거를
① 발견했을지도 모른다.
② 발견하도록 허가 받았다.

2. 동사가 전치사와 함께 쓰인 경우

The song / reminds / me / of you.

위 문장에서 동사는 reminds입니다. remind는 전치사 of와 함께 remind A of B 형태로 쓰여, 'A에게 B를 생각나게 하다'라고 해석합니다. 이처럼 어떤 동사들은 전치사와 함께 쓰여 복합적인 의미를 갖기도 하므로 해석에 주의해야 합니다. 위 문장은 "그 노래는 **나에게 너를 생각나게 한다**"라고 해석합니다. 이와 비슷하게 전치사와 함께 쓰이는 동사로는 다음과 같은 것들이 있습니다.

inform A of B	A에게 B를 알리다	provide A with B	A에게 B를 제공하다
deprive A of B	A에게서 B를 빼앗다	replace A with B	A를 B로 교체하다
accuse A of B	A를 B로 고소하다, 비난하다	compare A with B	A를 B와 비교하다
warn A of B	A에게 B를 경고하다	prevent A from B	A를 B하지 못하게 하다

해석 문제 주어진 문장을 올바르게 해석한 보기를 고르세요.

Weather forecasters warned coastal residents of the imminent tropical storm.

기상청은
① 곧 닥쳐올 폭풍우의 해안 주민들에게 경고했다.
② 해안 주민들에게 곧 닥쳐올 폭풍우를 경고했다.

3 '주다'라는 뜻의 동사가 be + 과거분사로 쓰인 경우

The little girl / was given / a teddy bear.

위 문장에서 동사는 was given입니다. 일반적으로 be + 과거분사는 '~동사되(어지)다'로 해석합니다. 그러나 give(주다), teach(가르쳐주다), tell(말해주다) 등과 같이 '주다'라는 뜻의 동사가 be + 과거분사로 쓰인 경우 '~되(어지)다'가 아니라 '**받다**', '**배우다**', '**듣다**' 등과 같이 원래의 뜻과 정반대의 뜻으로 해석합니다. 따라서 위 문장은 "그 작은 소녀는 곰 인형을 **받았다**"라고 해석합니다.

해석 문제 주어진 문장을 올바르게 해석한 보기를 고르세요.

Students were taught the importance of honesty.

학생들은 정직의 중요성을 ① 배웠다.
② 가르쳤다.

4 '~라고 말하다/생각하다'라는 뜻의 동사가 be + 과거분사로 쓰인 경우

The old man / is said / to be 100 years old.

위 문장에서 동사는 is said이며 뒤에 to be 100 years old가 있습니다. say(~라고 말하다), think(~라고 생각하다), consider(~라고 여기다)와 같이 '**~라고 말하다/생각하다**' 라는 뜻의 동사가 be + 과거분사로 쓰인 경우, 대개 뒤에 to + 동사원형이 오며, '**~to+동사원형라고 …동사되다/지다**'로 해석합니다. 따라서 위 문장은 "그 노인은 100세라고 **말해진다**"라고 해석합니다.

해석 문제 주어진 문장을 올바르게 해석한 보기를 고르세요.

The structures are considered to be monuments of an unknown civilization.

그 구조물은 알려지지 않은 문명의 ① 유물이라고 여겨진다.
② 유물이 되기 위해 고려되고 있다.

정답

1. ① Scientists / may have discovered / evidence (that could clarify the continent's past).
   과학자들은   발견했을지도 모른다   증거를   그 대륙의 과거를 밝힐 수 있는
2. ② Weather forecasters / warned / coastal residents / of the imminent tropical storm.
   기상청은   경고했다   해안 주민들에게   곧 닥쳐올 폭풍우를
3. ① Students / were taught / the importance (of honesty).
   학생들은   배웠다   중요성을   정직의
4. ① The structures / are considered / to be monuments (of an unknown civilization).
   그 구조물은   여겨진다   유물이라고   알려지지 않은 문명의

문장 해석 연습하기   목적어

이번엔 다양한 형태의 목적어를 해석하는 연습을 해볼까요?

1 동사 + ing가 목적어인 경우

Tom / likes / singing.

위 문장에서 목적어는 singing입니다. 이처럼 **동사 + ing**가 목적어인 경우 '~하는 것을', '~하기(를)'이라고 해석합니다. 따라서 위 문장은 "Tom은 **노래하는 것을** 좋아한다"라고 해석합니다. 마찬가지로 to + 동사원형도 '~하는 것을', '~하기(를)'라는 뜻의 목적어가 될 수 있습니다. 따라서 Jane wants to play tennis는 "Jane은 테니스 치기를 원한다"라고 해석합니다.

해석 문제 주어진 문장을 올바르게 해석한 보기를 고르세요.
Scientists have begun searching for the source of the water pollution.
과학자들은 ① 출발하여 수질 오염의 원인을 찾아 다니고 있다.
② 수질 오염의 원인을 찾기 시작했다.

2 that + 주어 + 동사가 목적어인 경우

I / think / that it is important.

위 문장에서 think의 목적어는 that it is important입니다. 이처럼 **that + 주어 + 동사**가 목적어인 경우 '~주어가 …동사하다는 것을', 또는 '~주어가 …동사하다고'로 해석합니다. 따라서 위 문장은 "나는 **그것이 중요하다고** 생각한다"라고 해석합니다. 보통 that + 주어 + 동사의 형태로 쓰이지만 종종 that이 생략되고 주어 + 동사만 쓰이기도 합니다.

해석 문제 주어진 문장을 올바르게 해석한 보기를 고르세요.
Several records suggest that the texts were burned by Muslims.
① 몇몇 기록이 그것을 제안하여 이슬람교도에 의해 그 원전들이 불태워졌다.
② 몇몇 기록은 그 원전들이 이슬람교도에 의해 불태워졌다는 것을 암시한다.

3 의문사 + 주어 + 동사가 목적어인 경우

Father / knows / when you arrived.

위 문장에서 목적어는 when you arrived입니다. 이처럼 **의문사 + 주어 + 동사**가 목적어인 경우 '의문사(언제, 왜, 무엇을, 어떻게, 어디서) ~주어가 …동사한지(를)'로 해석합니다. 따라서 위 문장은 "아버지는 **언제 네가 도착했는지를** 안다"라고 해석합니다.

해석 문제 주어진 문장을 올바르게 해석한 보기를 고르세요.
No one knows why the Library of Alexandria disappeared.
① 아무도 왜 알렉산드리아 도서관이 사라졌는지 모른다.
② 아무도 모른다. 왜 알렉산드리아 도서관이 사라진 것일까?

4 whether + 주어 + 동사가 목적어인 경우

I / do not know / whether she wants to go.

위 문장에서 목적어는 whether she wants to go입니다. 이처럼 whether + 주어 + 동사가 목적어인 경우 '~주어가 …동사하는지 아닌지(를)' 이라고 해석합니다. 따라서 위 문장은 "나는 그녀가 가기를 원하는지 아닌지 모른다"로 해석합니다.

해석 문제   주어진 문장을 올바르게 해석한 보기를 고르세요.

Researchers do not know whether the Clovis was the earliest people to cross the land bridge.

Clovis 족이 그 육교를 건넌 최초의
① 민족인지 아닌지를 학자들은 알지 못한다.
② 민족이지만 학자들은 그것을 알지 못한다.

5 가짜 목적어 it과 진짜 목적어 to + 동사원형이 쓰인 경우

James / found / it / easy / to climb the tree.

위 문장의 진짜 목적어는 it이 아니라 to climb the tree이며 easy는 이 목적어를 보충 설명하는 보어입니다. 이처럼 영어에서는 to climb the tree처럼 목적어가 길 경우에는, 아무 뜻 없는 가짜 목적어 it은 동사 뒤에 두고, 긴 **진짜 목적어는 문장 맨 뒤에** 둡니다. 이 때 it은 해석하지 않고 뒤에 있는 **진짜 목적어를 동사 뒤의 가짜 목적어(it) 자리에 넣어 해석**합니다. 따라서 위 문장은 "James는 **그 나무에 오르는 것이 쉽다는 것을 깨달았다**"로 해석합니다.

해석 문제   주어진 문장을 올바르게 해석한 보기를 고르세요.

New technology made it possible to photograph Pluto.
① 새로운 기술이 그것을 만들었기에 명왕성을 촬영하는 것이 가능했다.
② 새로운 기술은 명왕성을 촬영하는 것을 가능하게 했다.

정답

1. ② Scientists / have begun / searching for the source (of the water pollution).
   과학자들은   시작했다   원인을 찾기   수질 오염의

2. ② Several records / suggest / that the texts were burned (by Muslims).
   몇몇 기록은   암시한다   그 원전들이 불태워졌다는 것을   이슬람교도들에 의해

3. ① No one / knows / why the Library of Alexandria disappeared.
   아무도   알지 못한다   왜 알렉산드리아 도서관이 사라졌는지를

4. ① Researchers / do not know / whether the Clovis was the earliest people (to cross the land bridge).
   학자들은   알지 못한다   Clovis 족이 최초의 민족인지 아닌지를   그 육교를 건넌

5. ② New technology / made / it / possible / to photograph Pluto.
   새로운 기술은   만들었다   가능하게   명왕성을 촬영하는 것을

문장 해석 연습하기 — 보어

 이번엔 다양한 형태의 보어를 해석하는 연습을 해볼까요?

1. that + 주어 + 동사가 보어인 경우

The truth / is / that I do not want to leave.

위 문장에서 보어는 that I do not want to leave입니다. 이처럼 that + 주어 + 동사가 보어인 경우 '~주어가 …동사하다는 것'으로 해석합니다. 따라서 위 문장은 "사실은 나는 떠나기를 원하지 않는다는 것이다"라고 해석합니다.

[해석 문제] 주어진 문장을 올바르게 해석한 보기를 고르세요.

The reason is that North Americans have become aware of soybean's health benefits.
이유는
① 저것이다. 북미인들은 콩의 건강상의 혜택을 알게 되었다.
② 북미인들이 콩의 건강상의 혜택을 알게 되었다는 것이다.

2. to + 동사원형이 보어인 경우

I / want / our team / to win.

위 문장에서 to win은 목적어 our team을 보충 설명해 주는 보어입니다. to win이 없다면 '나는 우리 팀을 원한다'가 되지만, 보어 to win이 목적어의 의미를 보충해 주어 '나는 우리 팀이 이기는 것을 원한다'가 됩니다. 이처럼 to + 동사원형이 보어인 경우 '~하기', '~하는 것'으로 해석합니다. 따라서 위 문장은 "나는 우리 팀이 **이기는 것을** 원한다"라고 해석합니다.

[해석 문제] 주어진 문장을 올바르게 해석한 보기를 고르세요.

A sticky substance allows the stigma to hold the pollen.
끈적거리는 물질은
① 암술머리가 화분을 붙들고 있는 것을 가능하게 한다.
② 암술머리를 허용하고 화분을 붙들고 있다.

3. 동사원형이 보어인 경우

She / makes / me / laugh.

위 문장에서 laugh는 목적어 me를 보충 설명해 주는 보어입니다. 이처럼 동사원형이 보어로 쓰인 경우 '~하게', '~하는 것'으로 해석합니다. 따라서 위 문장은 "그녀는 나를 웃게 한다"라고 해석합니다. 주로 make, have, let과 같이 '~하게 하다', '시키다'라는 의미의 동사나, see, watch, hear와 같이 '보다', '듣다'라는 의미의 동사가 쓰인 경우 목적어 뒤에 동사원형이 보어로 옵니다.

[해석 문제] 주어진 문장을 올바르게 해석한 보기를 고르세요.

Portraits in the fourth century made the model appear beautiful.
① 4세기의 초상화는 모델을 아름다워 보이게 했다.
② 4세기에 만들어진 초상화는 모델이 아름다워 보였다.

4. 현재분사가 보어인 경우

I / heard / birds / singing.

위 문장에서 singing은 목적어 birds를 보충 설명해 주는 보어입니다. 이처럼 동사 + ing 형태의 현재분사가 보어인 경우 '~하고 있는 것'이라 해석합니다. 따라서 위 문장은 "나는 새들이 **노래하고 있는 것**을 들었다"라고 해석합니다.

해석 문제 주어진 문장을 올바르게 해석한 보기를 고르세요.

The scientist found himself spending a lot of time observing children.

그 과학자는
① 스스로 깨달아 더 많은 시간을 아이들을 관찰하며 보냈다.
② 자신이 많은 시간을 아이들을 관찰하며 보내고 있는 것을 깨달았다.

5. 과거분사가 보어인 경우

Alex / always kept / the door / closed.

위 문장에서 closed는 목적어 door를 보충 설명해 주는 보어입니다. 이처럼 과거분사가 보어인 경우 '~된', '~되어 진'으로 해석합니다. 따라서 위 문장은 "Alex는 항상 문을 **닫아** 두었다"라고 해석합니다.

해석 문제 주어진 문장을 올바르게 해석한 보기를 고르세요.

People did not want any physical flaws included in the painting.

사람들은 어떠한 신체적 결점도
① 그림 속에 포함되는 것을 원하지 않았다.
② 원하지 않았지만 그림에는 포함시켰다.

정답

1. ② The reason / is / that North Americans / have become aware / of soybean's health benefits.
   이유는 ~이다 북미인들이 알게 되었다는 것 콩의 건강상의 혜택을

2. ① A sticky substance / allows / the stigma / to hold the pollen.
   끈적거리는 물질은 가능하게 한다 암술머리가 화분을 붙들고 있는 것을

3. ① Portraits (in the fourth century) / made / the model / appear beautiful.
   초상화는 4세기의 만들었다 모델을 아름다워 보이게

4. ② The scientist / found / himself / spending / a lot of time (observing children).
   그 과학자는 깨달았다 자신이 보내고 있는 것을 많은 시간을 아이들을 관찰하며

5. ① People / did not want / any physical flaws / included (in the painting).
   사람들은 원하지 않았다 어떠한 신체적 결점도 포함되는 것을 그림 속에

문장 해석 연습하기 수식어 (1)

이번엔 다양한 형태의 수식어를 해석하는 연습을 해볼까요?

1 현재분사가 수식어인 경우

I / know / the kid (making a snowman).

위 문장에서 making은 앞의 kid를 꾸며주는 수식어입니다. 이처럼 동사 + ing 형태의 현재분사가 수식어인 경우 '~하는', '~하고 있는'으로 해석합니다. 덧붙여 현재분사와 같이 변형된 동사 형태도 일반 동사처럼 목적어나 보어, 수식어를 동반합니다. 이 경우 동반된 목적어나 보어, 수식어를 동사와 함께 한 덩어리로 묶어 해석합니다.

위 문장의 a snowman(눈사람)은 making(만드는)에 동반된 목적어이므로 making과 함께 하나의 수식어로 묶어 '눈사람을 만드는'으로 해석합니다. 따라서 위 문장은 "나는 **눈사람을 만드는** 그 아이를 안다"라고 해석합니다.

해석 문제 주어진 문장을 올바르게 해석한 보기를 고르세요.

People living in villages and towns can keep larger pieces of art.
① 사람들이 마을에 살아서 소도시들은
② 마을과 소도시에 사는 사람들은
더 큰 예술 작품을 간직할 수 있다.

2 과거분사가 수식어인 경우

The car (parked on the sidewalk) / is / mine.

위 문장에서 parked는 앞에 있는 the car를 꾸며주는 수식어입니다. 이처럼 과거분사가 수식어인 경우 '~된', '~되어진'으로 해석합니다. on the side walk(보도에)는 parked(주차된)에 동반된 수식어이므로 parked와 하나로 묶어 '보도에 주차된'으로 해석합니다. 따라서 위 문장은 "**보도에 주차된** 차는 내 것이다"라고 해석합니다.

해석 문제 주어진 문장을 올바르게 해석한 보기를 고르세요.

Very strong windstorms called tornadoes usually strike southern areas of the United States.
① 토네이도라 불리는 매우 강한 바람은
② 매우 강한 바람은 토네이도를 불러내어
보통 미국 남부 지역을 강타한다.

3 to + 동사원형이 수식어인 경우 1 – 주어, 목적어 수식

I / need / a magazine (to read in the train).

to read는 앞의 magazine을 꾸며주는 수식어입니다. 이처럼 to + 동사원형이 목적어나 주어를 꾸며주는 수식어인 경우 '~하는', '~할'로 해석합니다. 이 문장에서도 to read(읽을)에 동반된 수식어 in the train(기차에서)을 하나로 묶어 '기차에서 읽을'로 해석합니다. 따라서 위 문장은 "나는 **기차에서 읽을** 잡지가 필요하다"라고 해석합니다.

해석 문제 주어진 문장을 올바르게 해석한 보기를 고르세요.

Animals have developed different ways to cope with cold weather.
동물들은 ① 추운 날씨를 극복할 다양한 방법을 발전시켰다.
② 다양한 방법을 발전시켜 추운 날씨를 극복한다.

4. to + 동사원형이 수식어인 경우 2 – 동사 수식

Tom / tried / his best (to win).

위 문장에서 to win은 수식어입니다. 그러나 앞에서 배운 것처럼 '~할'로 해석하면 'Tom은 이길 최선을 다했다'가 되어 해석이 자연스럽지 않습니다. 이것은 to win이 목적어 his best가 아닌 동사 tried를 꾸며주기 때문입니다. 이처럼 to + 동사원형이 동사를 꾸며주는 수식어인 경우 '~하기 위해'라고 해석합니다. 따라서 위 문장은 "Tom은 **이기기 위해** 최선을 다했다"라고 해석합니다.

해석 문제 주어진 문장을 올바르게 해석한 보기를 고르세요.

Modern weather forecasting uses powerful computers to create accurate weather maps.
① 현대 날씨 예보의 용도는 강력한 컴퓨터로 기상도를 만드는 것이다.
② 현대 날씨 예보는 정확한 기상도를 만들기 위해 강력한 컴퓨터를 이용한다.

5. 전치사 + 명사가 수식어인 경우

I / saw / a bird (on a tree).

위 문장에서 on a tree는 앞의 bird를 꾸며주는 수식어입니다. on(~위에), in(~안에), with(~를 가지고)와 같은 전치사는 명사나 같이 쓰이는데, 이처럼 전치사 + 명사가 앞에 있는 말을 꾸며주는 수식어인 경우 '~하는', '~의'로 해석합니다. 따라서 위 문장은 "나는 **나무 위에 있는** 새를 보았다"로 해석합니다.

해석 문제 주어진 문장을 올바르게 해석한 보기를 고르세요.

Until the early twentieth century, women in the United States were not allowed to vote.
20세기 초까지,
① 여성이 미국에 갈 경우 투표가 허락되지 않았다.
② 미국의 여성은 투표하는 것이 허락되지 않았다.

정답

1. ② **People (living in villages and towns) / can keep / larger pieces of art.**
   사람들은   마을과 소도시에 사는   간직할 수 있다   더 큰 예술 작품을

2. ① **Very strong windstorms (called tornadoes) / usually strike / southern areas of the United States.**
   매우 강한 바람은   토네이도라 불리는   보통 강타한다   미국 남부 지역을

3. ① **Animals / have developed / different ways (to cope with cold weather).**
   동물들은   발전시켰다   다양한 방법을   추운 날씨를 극복할

4. ② **Modern weather forecasting / uses / powerful computers (to create accurate weather maps).**
   현대 날씨 예보는   이용한다   강력한 컴퓨터를   정확한 기상도를 만들기 위해

5. ② **(Until the early twentieth century), women (in the United States) / were not allowed to vote.**
   20세기 초까지   여성은   미국의   투표하는 것이 허락되지 않았다

문장 해석 연습하기 수식어(2)

이번엔 다양한 형태의 긴 수식어를 해석하는 연습을 해볼까요?

1 who/that/which + 동사가 수식어인 경우

I / know / the man (who won the award).

위 문장에서 who won the award는 앞의 man을 꾸며주는 수식어입니다. 이처럼 who/that/which + 동사가 앞에 있는 말을 꾸며주는 수식어인 경우 '~하는', '~한'으로 해석합니다. 따라서 위 문장은 "나는 **그 상을 받은** 남자를 안다"라고 해석합니다.

해석 문제 주어진 문장을 올바르게 해석한 보기를 고르세요.

The Incan empire was ruled by a king who lived in the capital city.

잉카 제국은
① 왕에 의해서 누가 수도에 살지가 결정되었다.
② 수도에 사는 왕에 의해 통치되었다.

2 (that/which) + 주어 + 동사가 수식어인 경우

I / bought / the car (that I wanted).

위 문장에서 that I wanted는 앞의 car를 꾸며주는 수식어입니다. 이처럼 that/which + 주어 + 동사가 앞에 있는 말을 꾸며주는 수식어인 경우 '~주어가 …동사한'으로 해석합니다. 따라서 위 문장은 "나는 **내가 원했던** 차를 샀다"라고 해석합니다. 주어 + 동사 앞에 있는 that이나 which는 종종 생략되기도 하지만 해석에는 변화가 없습니다.

해석 문제 주어진 문장을 올바르게 해석한 보기를 고르세요.

These paintings may have been a way to decorate the caves that early humans inhabited.

이 그림들은
① 초기 인류가 거주했던 동굴을 장식하는 한 방법이었을지 모른다.
② 동굴을 장식하는 한 방법이었기에 초기 인류가 거주했던 것이다.

3 where/when + 주어 + 동사가 수식어인 경우

I / remember / the place (where we first met).

위 문장에서 where we first met는 앞의 the place를 꾸며주는 수식어입니다. 이처럼 where/when + 주어 + 동사는 종종 앞에 있는 장소나, 시간에 관련된 말을 꾸며주는 수식어로 쓰이는데, 이 경우 '~주어가 …동사한'으로 해석합니다. 따라서 위 문장은 "나는 **우리가 처음 만난** 장소를 기억한다"라고 해석합니다.

해석 문제 주어진 문장을 올바르게 해석한 보기를 고르세요.

The paintings were found on the walls of areas where the inhabitants spent most of their time.

그 그림들은
① 거주자들이 그들 시간의 대부분을 보냈던 지역의 벽에서 발견되었다.
② 여러 지역의 벽에서 발견되었는데, 거주자들은 어디에서 그들 시간의 대부분을 보낸 것인가?

4 접속사 + 현재분사가 뒷문장 전체를 꾸미는 수식어인 경우

(While studying), he / listened to / music.

위 문장에서 While studying은 뒤에 있는 문장 전체를 꾸며주는 수식어입니다. 이처럼 접속사 + 현재분사가 he listened to music과 같은 완전한 문장의 맨 앞 또는 맨 뒤에서 수식어로 쓰인 경우, 접속사에 따라 '~하면서(while)', '~한 후에(after)', '~할 때(when)' 등으로 해석합니다. 따라서 위 문장은 "**공부하면서, 그는 음악을 들었다**"라고 해석합니다.

해석 문제 주어진 문장을 올바르게 해석한 보기를 고르세요.

After ensuring the stability of the country, the emperor reorganized the army.
① 나라의 안정을 확실하게 한 후에, 황제는 군대를 재편성했다.
② 후에 나라의 안정을 확실해진 것은 황제로 하여금 군대를 재편성하게 했다.

5 현재분사가 뒷문장 전체를 꾸미는 수식어인 경우

(Going home), I / saw / a rabbit.

위 문장에서 Going home은 뒤에 있는 문장 전체를 꾸며주는 수식어입니다. 종종 현재분사는 접속사 없이 단독으로 I saw a rabbit과 같은 완전한 문장을 꾸며주는 수식어로 쓰입니다. 이처럼 현재분사가 문장 전체를 꾸며주는 수식어인 경우 문맥에 따라 '~하면서', '~한 후에', '~할 때' 등으로 해석합니다. 따라서 위 문장은 "**집에 가면서, 나는 토끼를 보았다**"라고 해석합니다.

해석 문제 주어진 문장을 올바르게 해석한 보기를 고르세요.

Traveling along set trails, the worker ants create a series of interconnected trails.
① 정해진 길을 따라 이동하면서, 일개미들은 일련의 서로 연결된 길을 만든다.
② 정해진 길을 따라 이동하는 것은 일개미들이 일련의 서로 연결된 길을 만들게 한다.

정답

1. ② The Incan empire / was ruled (by a king) / who lived in the capital city.
   잉카 제국은 통치되었다 왕에 의해 수도에 사는

2. ① These paintings / may have been a way (to decorate the caves) / (that early humans inhabited).
   이 그림들은 한 방법이었을지 모른다 동굴을 장식하는 초기 인류가 거주했던

3. ① The paintings / were found (on the walls of areas) (where the inhabitants spent most of their time).
   그 그림들은 발견되었다 지역의 벽에서 거주자들이 그들 시간의 대부분을 보내는

4. ① (After ensuring the stability of the country), the emperor / reorganized / the army.
   나라의 안정을 확실하게 한 후에 황제는 재편성했다 군대를

5. ① (Traveling along set trails), the worker ants / create / a series of interconnected trails.
   정해진 길을 따라 이동하면서 일개미들은 만든다 서로 연결된 일련의 길을

www.goHackers.com

학습자료 제공 · 유학정보 공유

HACKERS Reading Intro

문제유형 트레이닝

1. **세부 정보 파악하기**
   일치·불일치 문제

2. **단어의 의미와 대상 파악하기**
   어휘/지시어 문제

3. **문장의 핵심 파악하기**
   문장 간략화 문제

4. **문장간 연결 파악하기**
   삽입 문제

5. **숨은 의미 파악하기**
   추론/수사적 의도 문제

6. **글 전체의 구조와 내용 파악하기**
   요약/정보 분류표 문제

www.goHackers.com
학습자료 제공 · 유학정보 공유

1. 세부 정보 파악하기

일치 · 불일치 문제

1. 세부 정보 파악하기
일치·불일치 문제

꼼꼼히 비교해보자!

교직원이 학생의 지원서와 지원자격을 자세히 비교하며 살펴 본 결과, 학생의 지원서가 지원 자격과 일치하지 않는다는 사실을 알아냈군요. 독해 시험에서는 이와 같이 지문과 보기를 꼼꼼히 비교하여 서로 내용이 일치하는지를 구별하는 일치·불일치 문제가 출제됩니다. 이 문제 유형에 대해 좀 더 알아볼까요?

 이렇게 나와요!

일치·불일치 문제 유형

일치·불일치 문제에서는 지문에서 언급된 특정 사실을 묻는 질문에 대해 가장 정확하게 답을 한 보기를 골라야 합니다. 일치 문제에서는 지문의 내용과 일치하는 보기를 선택해야 하며, 불일치 문제에서는 지문의 내용과 다르거나 지문에 언급되지 않은 내용의 보기를 선택해야 합니다. 문제 유형은 다음과 같습니다.

일치 문제 유형

According to paragraph #, who/when/where/what/how/why ⬬ ?
#단락에 따르면, 누가/언제/어디서/무엇을/어떻게/왜 ⬬ 했는가?

According to paragraph #/the passage, which of the following is true about ⬬ ?
#단락/지문에 따르면, 다음 중 ⬬ 에 관해 사실인 것은?

불일치 문제 유형

According to paragraph #, all of the following are true EXCEPT...
#단락에 따르면, 다음 중 사실이 아닌 것은?

According to paragraph #, which of the following is NOT true about ⬬ ?
#단락에 따르면, 다음 중 ⬬ 에 관해 사실이 아닌 것은?

 이렇게 풀어요!

① 지문과 보기를 비교해서 일치·불일치하는 것을 찾아요!
② 키워드를 찾아요!

유형 연습

> **1 지문과 보기를 비교해서 일치·불일치하는 것을 찾아요!**
>
> ✦ 일치·불일치 문제를 풀기 위해서는 지문의 내용과 보기의 내용을 비교해서 서로 일치하는지 여부를 알 수 있어야 합니다.
>
> ✦ 지문과 다른 내용이나 지문에서 언급되지 않은 내용을 포함하는 보기는 불일치 보기입니다.

다음 글을 읽고 보기 문장이 지문과 일치하면 T(True), 불일치하면 F(False)라고 쓰세요.

01 Dadaism developed during World War I, and most of its supporters were opposed to war. It was a cultural movement that attracted many artists and writers.

다다이즘 지지자의 대부분은 전쟁에 반대하였다
내용 비교

⇨ 다다이즘은 1차 세계 대전 참전자들의 큰 지지를 받았다. _____

Voca Dadaism[dá:da:izm] 다다이즘 supporter[səpɔ́:rtər] 지지자 be opposed to ~에 반대하다
cultural[kʌ́ltʃərəl] 문화적인 movement[mú:vmənt] 운동 attract[ətrǽkt] 매료하다

02 In North America, students usually take a personality test. Unlike most tests in school, a personality test is designed to provide information about the student's character and emotions.

⇨ 북미에서는 학생들이 성격 검사를 받는 일이 흔하다. _____

Voca personality[pə̀rsənǽləti] 성격 design[dizáin] 고안하다 provide[prəváid] 제공하다 emotion[imóuʃən] 감성

03 Gravity is an invisible force that attracts two objects toward each other. The strength of the force is determined by the mass of each object.

⇨ 중력은 두 물체의 질량을 합한 값이다. _____

Voca gravity[grǽvəti] 중력 invisible[invízəbl] 보이지 않는 force[fɔ:rs] 힘 attract[ətrǽkt] 끌어당기다
object[ábdʒikt] 물체 toward[təwɔ́:rd] ~을 향하여 strength[stréŋkθ] 힘 determine[ditə́:rmin] 결정하다
mass[mæs] 질량

04 People who are unable to get enough sleep may suffer from insomnia. In most cases, falling asleep is a problem for people with this medical condition.

⇨ 불면증 환자는 수면 중에 자주 깨어난다. _____

Voca be unable to do ~을 할 수 없다   enough[ináf] 충분한   suffer from ~로 고통 받다   insomnia[insámniə] 불면증
medical[médikəl] 의학의   condition[kəndíʃən] 상태

05 In Central Asia, the traditional form of music is overtone singing. Overtone singers use their throat muscles to produce three distinct musical notes at the same time.

⇨ 배음 창법으로 한 사람이 동시에 세 가지 음을 낼 수 있다. _____

Voca overtone singing 배음 창법   throat[θrout] 목구멍   muscle[mʌsl] 근육   distinct[distíŋkt] 다른, 별개의
note[nout] 음

06 A child that has grown up in isolation from other people is known as a feral child. In a few cases, feral children have been raised by wild animals.

⇨ 일부 야생아들은 야생동물의 보호를 받으며 자라난다. _____

Voca isolation[àisəléiʃən] 고립   be known as ~로 알려지다   feral[fíərəl] 야생의   raise[reiz] 기르다
wild[waild] 야생의

07 Schizophrenia is a mental disorder that occurs in a small percentage of the human population. It has a negative effect on the way that a person thinks and acts.

⇨ 정신 분열증은 사람의 사고 과정뿐 아니라 행동 양식에도 영향을 끼친다. _____

Voca schizophrenia[skìtsəfríːniə] 정신 분열증   mental[méntl] 정신의   disorder[disɔ́ːrdər] 장애
occur[əkə́ːr] 발생하다   percentage[pərséntidʒ] 비율   population[pàpjuléiʃən] 인구   the way (that) ~하는 방식

유형 연습

❷ 키워드를 찾아요!

✦ 일치·불일치 문제를 풀기 위해서는 문제해결에 단서가 되는 문제의 키워드가 지문 어디에 위치하는지 찾을 수 있어야 합니다.

✦ 문제의 키워드는 문제에서 중심 내용이 되는 단어로, 이와 동일하거나 비슷한 의미를 가진 단어를 지문에서 찾아 그 주변을 살펴보면 문제에 대한 답을 얻을 수 있습니다.

다음 글을 읽고 질문에 답하세요.

08 The Aztec Empire expanded during the period from 1325 until 1502. Unfortunately, a battle with Spanish invaders led to its **destruction** in the summer of 1521.

　　　　　　　　　　　　　　　　　　　　　　키워드와 비슷한 의미의 단어

When was the Aztec Empire **destroyed**?
문제의 키워드
(A) 1325
(B) 1502
(C) 1521

Voca　expand[ikspǽnd] 확장하다　unfortunately[ʌnfɔ́ːrtʃənətli] 불행히도　invader[invéidər] 침략자　lead to ~로 이끌다
　　　　destruction[distrʌ́kʃən] 멸망

09 The first oil well was built in Central Asia. However, other regions soon became the focus of the oil industry, including the United States and the Middle East.

Where was the earliest oil well constructed?
(A) Central Asia
(B) The United States
(C) The Middle East

Voca　oil well 유정　Central Asia 중앙아시아　focus[fóukəs] 중심　industry[índəstri] 산업
　　　　the Middle East 중동　construct[kənstrʌ́kt] 세우다, 건설하다

10 Permafrost is soil that remains frozen for most of the year. The thickness of the permafrost is determined by the temperature of the soil and the amount of plants on the surface.

All of the following affect the thickness of permafrost EXCEPT

(A) the temperature of the ground
(B) the type of material in the soil
(C) the quantity of surface vegetation

Voca permafrost[pə́:rməfrɔ̀:st] 영구 동토   remain[riméin] (계속) ~한 상태로 있다   frozen[fróuzn] 언
determine[ditə́:rmin] 결정하다   surface[sə́:rfis] 지면, 표면   affect[əfékt] 영향을 미치다

11 It is not known whether geo-engineering is a safe way to deal with global warming. Some people feel it is dangerous because it will permanently change the planet.

Why do people believe geo-engineering is dangerous?

(A) It is not fully understood.
(B) It will increase global warming.
(C) It has a permanent effect.

Voca geo-engineering 지구공학   deal with ~에 대처하다   global warming 지구온난화
permanently[pə́:rmənəntli] 영구적으로   the planet 지구

12 People had to take two traditional exams to work for the government in Tang China. The first covered knowledge of old documents, while the second tested their writing skills.

Potential government workers in Tang China were tested on all of the following EXCEPT

(A) their understanding of Chinese customs
(B) their knowledge of ancient texts
(C) their ability to write

Voca traditional[trədíʃənl] 전통적인   government[gʌ́vərnmənt] 정부   cover[kʌ́vər] ~을 다루다
knowledge[nάlidʒ] 지식   document[dάkjumənt] 문서

정답 p. 152

[01~03] 다음 글을 읽고 질문에 답하세요.

Italian Architecture

Italian architects during the Renaissance were very interested in the architecture of Ancient Greece and Rome. What they did was to study buildings from this period, as well as ancient documents on the subject. They also examined old drawings and paintings of buildings. This led to the development of a brand-new style of architecture that became popular throughout Europe.

The Italian Renaissance style was based on the Greek and Roman principles of symmetry and proportion. Symmetry means that the various parts of a building are balanced with each other. For example, putting a window on the left side of a building requires a window to be situated on the right side as well. Proportion refers to the relationship between the sizes of the different elements of a structure, such as the walls, roofs, or domes. This principle was very important when designing large and complicated buildings.

Although all Italian architects followed these rules, there was a great diversity in building styles. This is because most Italian architects were professional artists who later became interested in architecture. For example, Raphael, Michelangelo, and Leonardo Da Vinci designed many of the most famous buildings of this period. Each used his previous experience as an artist to create a unique building style.

---

during + 특정 기간을 나타내는 말: ~ 동안(의)

during은 뒤에 특정 기간을 나타내는 말이 와서 '~동안(의)'이라는 뜻으로 쓰입니다. 그러나 이때 during은 '여름 동안에', '1차 세계 대전 동안에'와 같이 무엇이 '언제' 일어났는지를 의미할 뿐, 7일 동안, 10년 동안과 같이 '얼마나 오래' 지속되었는지를 의미하지는 않습니다. 이렇게 지속된 시간을 나타낼 때는 for 7 days, for 10 years와 같이 for를 씁니다.

Italian architects / during the Renaissance / were very interested / in the architecture of
이탈리아 건축가들은   르네상스 시대 동안의   매우 관심 있었다
Ancient Greece and Rome.
고대 그리스와 로마의 건축에

01 According to paragraph 1, all of the following are methods used by Renaissance architects to learn about Greek and Roman architecture EXCEPT

(A) researching historical structures
(B) writing documents about the topic
(C) examining texts produced in the past
(D) viewing architectural pictures

02 According to paragraph 2, how did symmetry influence the design of a building?

(A) It made it possible to include more parts in a structure.
(B) It determined the arrangement of the components of a building.
(C) It limited the size of the various sections of a structure.
(D) It allowed for buildings to include complex features.

03 According to paragraph 3, Italian architecture was diverse because Italian architects

(A) followed a variety of basic principles
(B) were trained by several famous Renaissance artists
(C) copied other well-known structures
(D) used their artistic experience to develop new styles

정답 p. 157

Vocabulary

지문 architecture[á:rkitèktʃər] 건축 architect[á:rkitèkt] 건축가 Renaissance[rènəsá:ns] 르네상스
be interested in ~에 관심이 있다 ancient[éinʃənt] 고대의 as well as ~도 마찬가지로 document[dákjumənt] 문서
subject[sʌ́bdʒikt] 주제 examine[igzǽmin] 조사하다 lead to ~로 이끌다 brand-new 새로운
be based on ~에 기반하다 principle[prínsəpl] 원칙 symmetry[símətri] 대칭 proportion[prəpɔ́:rʃən] 비율
various[vέəriəs] 다양한 balance[bǽləns] 균형을 맞추다 require[rikwáiər] 요구하다 be situated on ~에 위치하다
refer to ~를 지칭하다 relationship[riléiʃənʃip] 관계 element[éləmənt] 요소 structure[strʌ́ktʃər] 구조, 구조물
roof[ru:f] 천장 dome[doum] 원형 천장 complicated[kámpləkèitid] 복잡한 diversity[daivə́:rsəti] 다양성
professional[prəféʃənl] 전문의, 직업의 previous[prí:viəs] 예전의 experience[ikspí:əriəns] 경험 unique[ju:ní:k] 독특한

01 method[méθəd] 방법 historical[histɔ́:rikəl] 역사적인

02 influence[ínfluəns] 영향을 미치다 determine[ditə́:rmin] 결정하다 arrangement[əréindʒmənt] 배열
component[kəmpóunənt] 구성요소 limit[límit] 제한하다 section[sékʃən] 구역 complex[kámpleks] 복잡한
feature[fí:tʃər] 특징

03 a variety of 다양한 copy[kápi] 모방하다 well-known 잘 알려진 artistic[a:rtístik] 예술적인

1. 세부 정보 파악하기 **47**

[04~06] 다음 글을 읽고 질문에 답하세요.

Athens and Sparta

The Ancient Greek civilization lasted from 800 BC until 146 BC. During this period, Greece was divided into hundreds of city-states. Although they all had a common language, culture, and religion, each had their own laws. They were politically independent and had their own governments. However, some were more powerful than others. The two most important city-states in Ancient Greece were Athens and Sparta.

Athens is best known for its democratic system of government. Not only were its citizens able to elect officials, but they could also vote on all new laws. Athens was also an important center of trade. It had many trading ships that traveled throughout the Mediterranean. Over time, Athens developed a very strong navy to protect its merchants. This combination of naval and commercial power allowed Athens to influence weaker city-states in the region.

In contrast, Sparta was a monarchy that had the best army in Ancient Greece. Spartan citizens spent most of their lives serving the government. All males were required to join the army at the age of seven. They had to serve in the military until they turned sixty. As a result, they became very proficient soldiers. So powerful was the Spartan army that Sparta was able to conquer many other states.

---

 most: 대부분, 대다수

most는 보통 다른 말을 꾸며주어 the most delicious(가장 맛있는), the most votes(가장 많은 득표) 같이 '가장', '가장 많은' 이라는 뜻으로 쓰이지만, 다른 말을 꾸미지 않고 단독으로 쓰일 때는 '대부분', '대다수'의 뜻으로 쓰입니다.

Spartan citizens / spent / most / of their lives / serving the government.
스파르타 시민들은 보냈다 대부분을 그들 생애의 정부를 위해 일하면서

04 According to paragraph 1, which of the following is NOT true about the Greek city-states?

(A) They used the same language.
(B) They had similar customs.
(C) They believed in shared gods.
(D) They had identical legal systems.

05 According to paragraph 2, Athens created a strong navy to

(A) protect its democratic system
(B) increase its volume of trade
(C) guard its many traders
(D) conquer nearby states

06 According to paragraph 3, which of the following is true about the Spartan army?

(A) Both men and women had to join it at a young age.
(B) It was the most powerful military force in Greece.
(C) Soldiers were allowed to retire from it at the age of 65.
(D) It was not victorious in many battles.

정답 p. 157

Vocabulary

지문 civilization[sìvəlizéiʃən] 문명   last[læst] 지속하다   city-state 도시국가   politically[pəlítikəli] 정치적으로
be known for ~로 알려져 있다   democratic[dèməkrǽtik] 민주적인   elect[ilékt] 선출하다
Mediterranean[mèditəréiniən] 지중해의   navy[néivi] 해군   protect[prətékt] 보호하다   merchant[mə́ːrtʃənt] 상인
combination[kàmbənéiʃən] 결합   influence[ínfluəns] 영향을 끼치다   monarchy[mánərki] 군주국, 군주정치
serve[səːrv] ~를 위해 일하다   proficient[prəfíʃənt] 능숙한   conquer[káŋkər] 정복하다

04 custom[kʌ́stəm] 관습, 풍습   identical[aidéntikəl] 동일한   share[ʃɛər] 함께하다, 공유하다   legal[líːgəl] 법률의
05 volume[váljuːm] 양, 부피   guard[gɑːrd] 지키다   nearby[níərbái] 주변의, 가까운
06 retire[ritáiər] 은퇴하다   victorious[viktɔ́ːriəs] 승리를 거둔

유형 정복

[07~09] 다음 글을 읽고 질문에 답하세요.

Origin of the Moon

The Earth's moon is unique in the solar system. Its width is just over one quarter of that of the Earth. All other moons are much smaller in comparison to the planets they orbit. In addition, the distance of the moon from the Earth is much farther than is typical. Because of these characteristics, many scientists are interested in how the moon was created. They have developed two different theories to explain the origin of the moon.

The first of these theories was developed by a German astronomer in the 1950s. He argued that the moon was once a small planet that orbited around the Sun. However, when the moon came close to the Earth, it was captured by the Earth's gravity. As a result, the moon began to orbit the Earth.

However, modern scientists have developed a new theory about the origin of the moon. They believe that the moon was created when the Earth collided with an enormous asteroid. This event caused several large pieces of rock to break off from the Earth. These pieces began to orbit the Earth. Eventually, they joined together to create the moon.

⭐ **much + 비교급: 훨씬 더 ~한**

much나 far, still, even, a lot과 같은 단어가 faster, better, more beautiful 등의 비교급과 함께 쓰이면 '훨씬', '더욱' 등을 의미합니다.

All other moons / are much smaller / in comparison to the planets / they orbit.
다른 모든 위성은   훨씬 더 작다   행성과 비교하여   그들이 도는

07 According to paragraph 1, scientists are interested in the origin of the moon because

(A) it is unlike other moons in the solar system
(B) it has a large width compared to that of the Earth
(C) it has an orbit similar to that of other planets
(D) it is located very close to the Earth

08 According to paragraph 2, why did the moon begin to orbit the Earth?

(A) It was the only planet near the Sun.
(B) It was influenced by the Sun.
(C) It was similar to the Earth.
(D) It was affected by the Earth's gravity.

09 According to paragraph 3, all of the following contributed to the creation of the moon EXCEPT

(A) an asteroid crashing into the Earth
(B) big chunks of the Earth detaching from it
(C) pieces of the Earth going into orbit
(D) portions of the Earth joining with the moon

정답 p. 157

Vocabulary

지문 origin[ɔ́:ridʒin] 기원　moon[mu:n] 달, 위성　unique[ju:ní:k] 독특한　solar system 태양계　width[widθ] 직경, 폭　quarter[kwɔ́:rtər] 4분의 1　in comparison to ~와 비교하여　orbit[ɔ́:rbit] 궤도를 그리며 돌다　distance[dístəns] 거리　typical[típikəl] 전형적인　characteristic[kæ̀riktərístik] 특징　create[kriéit] 생성하다　theory[θí:əri] 이론　astronomer[əstránəmər] 천문학자　once[wʌns] 한때　planet[plǽnit] 행성　capture[kǽptʃər] 붙잡다　gravity[grǽvəti] 중력　collide with ~와 충돌하다　enormous[inɔ́:rməs] 거대한　asteroid[ǽstərɔ̀id] 소행성　piece[pi:s] 조각　break off 떨어져 나가다　eventually[ivéntʃuəli] 결국　join[dʒɔin] 결합하다

07 unlike[ʌnláik] ~와 같지 않은　compared to ~와 비교하여　locate[lóukeit] 위치하다
08 influence[ínfluəns] 영향을 끼치다　affect[əfékt] 영향을 끼치다
09 crash[kræʃ] 충돌하다　chunk[tʃʌŋk] 큰 덩어리　detach[ditǽtʃ] 분리시키다　portion[pɔ́:rʃən] 일부, 부분

1. 세부 정보 파악하기　51

VOCABULARY LIST

앞서 배운 어휘 중 필수 어휘를 선별하여 정리했습니다. 음성 파일을 들으며 어휘를 암기한 후, 퀴즈를 통해 실력을 점검해보세요.

*해커스인강(HackersIngang.com)에서 무료 단어암기 MP3를 다운로드 할 수 있습니다.

supporter [səpɔ́ːrtər]	지지자		element [éləmənt]	요소
be opposed to	~에 반대하다		structure [strʌ́ktʃər]	구조, 구조물
cultural [kʌ́ltʃərəl]	문화적인		complicated [kámpləkèitid]	복잡한
movement [múːvmənt]	운동		diversity [divə́ːrsəti]	다양성
attract [ətrǽkt]	매료하다		professional [prəféʃənl]	전문의, 직업의
personality [pə̀ːrsənǽləti]	성격		previous [príːviəs]	예전의
provide [prəváid]	제공하다		unique [juːníːk]	독특한
emotion [imóuʃən]	감성		determine [ditə́ːrmin]	결정하다
suffer from	~로 고통 받다		arrangement [əréindʒmənt]	배열
condition [kəndíʃən]	상태		component [kəmpóunənt]	구성요소
distinct [distíŋkt]	다른, 별개의		complex [kəmpléks]	복잡한
mental [méntəl]	정신의		feature [fíːtʃər]	특징
occur [əkə́ːr]	발생하다		last [læst]	지속하다
percentage [pərséntidʒ]	비율		democratic [dèməkrǽtik]	민주적인
expand [ikspǽnd]	확장하다		elect [ilékt]	선출하다
unfortunately [ʌnfɔ́ːrtʃənitli]	불행히도		protect [prətékt]	보호하다
affect [əfékt]	영향을 미치다		combination [kàmbənéiʃən]	결합
permanently [pə́ːrmənəntli]	영구적으로		influence [ínfluəns]	영향을 끼치다
traditional [trədíʃənl]	전통적인		serve [səːrv]	~를 위해 일하다
cover [kʌ́vər]	~을 다루다		proficient [prəfíʃənt]	능숙한
knowledge [nálidʒ]	지식		identical [aidéntikəl]	동일한
examine [igzǽmin]	조사하다		origin [ɔ́ːridʒin]	기원
principle [prínsəpl]	원칙		typical [típikəl]	전형적인
proportion [prəpɔ́ːrʃən]	비율		characteristic [kæ̀riktərístik]	특징
various [vɛ́əriəs]	다양한		theory [θíːəri]	이론
require [rikwáiər]	요구하다		unlike [ʌnláik]	~와 같지 않은
refer to	~를 지칭하다		compared to	~와 비교하여

VOCABULARY REVIEW QUIZ

 각 단어의 알맞은 뜻을 찾아 연결해 보세요.

01 previous · · ⓐ 전통적인
02 examine · · ⓑ 상태
03 condition · · ⓒ 지속하다
04 last · · ⓓ 능숙한
05 traditional · · ⓔ 조사하다
 · ⓕ 예전의

06 expand · · ⓐ 동일한
07 complex · · ⓑ 요구하다
08 knowledge · · ⓒ 지식
09 identical · · ⓓ 확장하다
10 feature · · ⓔ 복잡한
 · ⓕ 특징

 다음 낱말 퍼즐을 완성해 보세요.

가로열쇠

01 ~을 다루다
05 요소
07 발생하다
08 제공하다
09 문화적인
10 다양성

세로열쇠

02 다양한
03 ~와 같지 않은
04 다른, 별개의
06 지지자

유형 1
유형 2
유형 3
유형 4
유형 5
유형 6

정답: 01 ⓕ 02 ⓔ 03 ⓑ 04 ⓒ 05 ⓐ 06 ⓓ 07 ⓔ 08 ⓒ 09 ⓐ 10 ⓕ
01 cover 02 various 03 unlike 04 distinct 05 element 06 supporter 07 occur 08 provide 09 cultural 10 diversity

1. 세부 정보 파악하기 53

www.goHackers.com
학습자료 제공·유학정보 공유

2. 단어의 의미와 대상 파악하기

어휘/지시어 문제

2. 단어의 의미와 대상 파악하기
어휘/지시어 문제

비슷한 말과 지칭하는 말을 찾자!

귀가 어두운 할머니를 위해 '여자친구'를 '애인'이라는 비슷한 말로 바꾸어 다시 한번 말하고 있네요.

또한 할머니는 현재 여자친구를 '얘'로, 이전에 데려온 다른 여자친구를 '걔'라는 말을 사용해 지칭했고요.

독해 시험에서는 이와 같이 단어의 동의어를 찾는 어휘 문제와 문장 속에서 지시어가 가리키는 대상을 찾는 지시어 문제가 출제됩니다. 이 두 가지 문제 유형에 대해 좀 더 알아볼까요?

 이렇게 나와요!

어휘 문제 유형

어휘 문제에서는 문제로 출제된 단어와 의미가 가장 유사한 단어를 보기에서 선택해야 합니다. 문제로 출제된 단어는 지문에서 음영 표시가 되어 있습니다. 문제 유형은 다음과 같습니다.

> The word ⬤ in the passage is closest in meaning to...
> 지문의 단어 ⬤ 와 의미상 유사한 것은?

지시어 문제 유형

지시어 문제에서는 문제로 출제된 지시어가 지문에서 어느 단어를 가리키고 있는지를 찾아 보기에서 선택해야 합니다. 지시어란 앞서 언급한 단어를 다른 말로 지칭하여 표현하는 단어로서, 주로 it, they와 같은 대명사가 지시어로 사용됩니다. 문제 유형은 다음과 같습니다.

> The word ⬤ in the passage refers to...
> 지문의 단어 ⬤ 가 가리키는 것은?

유형 1
유형 2
유형 3
유형 4
유형 5
유형 6

 이렇게 풀어요!

① 동의어를 찾아요!
② 지시어가 가리키는 대상을 찾아요!

2. 단어의 의미와 대상 파악하기 **57**

유형 연습

> **1 동의어를 찾아요!**
>
> ✧ 어휘 문제를 풀기 위해서는 문제로 출제된 단어와 가장 가까운 의미를 가진 동의어를 찾을 수 있어야 합니다.
> ✧ 평소에 단어의 개별적 의미뿐 아니라 동의어도 함께 외워두는 것이 좋습니다.

다음 글을 읽고 음영 표시된 단어의 동의어를 고르세요.

01 Global temperatures are **gradually** rising because of the increase in pollution.
↗ 문제로 출제된 단어
점차

↗ 동의어
(A) slowly 서서히   (B) significantly 상당히   (C) rapidly 빠르게

Voca global[glóubəl] 지구의   temperature[témpərətʃər] 온도   gradually[grǽdʒuəli] 점차   increase[ínkriːs] 증가
pollution[pəlúːʃən] 오염   significantly[signífikəntli] 상당히   rapidly[rǽpidli] 빠르게

02 Understanding the behavior of crowds is **vital** for police officers in big cities.

(A) difficult   (B) important   (C) obvious

Voca behavior[bihéivjər] 행동   crowd[kraud] 군중   vital[váitl] 극히 중요한   obvious[ábviəs] 분명한

03 The **ancient** rulers of Japan were involved in many wars with their neighbors.

(A) first   (B) powerful   (C) old

Voca ancient[éinʃənt] 고대의   ruler[rúːlər] 통치자   be involved in ~에 참여하다   neighbor[néibər] 이웃

04 Modern education methods must be used **uniformly** throughout the country.

(A) effectively   (B) consistently   (C) always

Voca modern[mádərn] 현대적인   method[méθəd] 방법   uniformly[júːnəfɔːrmli] 일률적으로
throughout[θruːaut] 도처에   effectively[iféktivli] 효과적으로   consistently[kənsístəntli] 일관되게

05 The Orion Nebula contains thousands of dense clouds of gas and dust.

(A) clear　　　　　　　(B) hard　　　　　　　(C) thick

Voca　Orion Nebulae 오리온 성운　contain[kəntéin] 포함하다　dense[dens] 밀집된　dust[dʌst] 먼지

06 The American Constitution makes citizenship a prerequisite to vote.

(A) necessary condition　(B) valuable lesson　(C) likely decision

Voca　constitution[kὰnstitjúːʃən] 헌법　citizenship[sítizənʃìp] 시민권　prerequisite[prìːrékwəzit] 필요조건
vote[vout] 투표하다　necessary[nésəsəri] 필요한　condition[kəndíʃən] 조건　likely[láikli] 적절한

07 Natural selection often results in the emergence of a new species.

(A) separation　　　　　(B) appearance　　　　(C) design

Voca　natural selection 자연 선택　result in ~을 초래하다　emergence[imə́ːrdʒəns] 출현　species[spíːʃiːz] 종
separation[sèpəréiʃən] 분리　appearance[əpíːərəns] 출현　design[dizáin] 고안

08 The city of Byzantium dominated the trade routes of the Middle East.

(A) created　　　　　　(B) destroyed　　　　　(C) controlled

Voca　dominate[dámənèit] 지배하다　route[ruːt] 경로　the Middle East 중동

09 Native American art is very rare in many areas of Europe.

(A) uncommon　　　　(B) inexpensive　　　　(C) unpopular

Voca　native[néitiv] 토착의, 원주민의　rare[rɛər] 드문　uncommon[ʌnkámən] 드문　inexpensive[ìnikspénsiv] 값싼
unpopular[ʌ̀npápjulər] 인기 없는

정답 p. 164

유형 연습

> **② 지시어가 가리키는 대상을 찾아요!**
>
> ✦ 지시어 문제를 풀기 위해서는 문장 속 지시어가 가리키는 지시대상이 무엇인지 알 수 있어야 합니다.
> ✦ 지시대상은 주어진 지시어보다 앞서 언급된 단어 중 지시어 자리에 대입하여 해석했을 때 가장 자연스러운 단어입니다.

다음 글을 읽고 세 개의 지시어 중 가리키는 지시대상이 다른 하나를 고르세요.

10 (Migratory birds) must travel several thousand kilometers every year. (A) They are often hunted by (predators) looking for food to feed (B) their children. However, (C) most reach their destination without experiencing any problems.

지시 대상 → Migratory birds
(A) They = migratory birds
(B) their = predators
(C) most = migratory birds

Voca migratory[máigrətɔ̀:ri] 이주하는   several[sévərəl] 몇몇의   hunt[hʌnt] 사냥하다   predator[prédətər] 포식자
feed[fi:d] 먹이다   reach[ri:tʃ] 도달하다   destination[dèstənéiʃən] 목적지   experience[ikspíːəriəns] 경험하다

11 Animals usually try not to waste energy when they look for food. (A) They will often remain still until they find something to eat. However, (B) some will search locations that held food in the past. (C) These may include areas where other animals nest.

Voca waste[weist] 낭비하다   remain[riméin] (~한 상태로) 있다   still[stil] 가만히 있는, 정지한   search[sə:rtʃ] 살피다, 찾다
location[loukéiʃən] 장소   in the past 과거에   include[inklú:d] 포함하다   nest[nest] 서식하다, 둥지를 짓다

12 Egyptian artists spent most of (A) their time decorating the tombs of important people, (B) who were usually very wealthy. However, sometimes (C) they would work on large projects for the government.

Voca Egyptian[idʒípʃən] 이집트의   decorate[dékəreit] 장식하다   tomb[tu:m] 무덤   wealthy[wélθi] 부유한
government[gʌ́vərnmənt] 정부

13 Ancient Greeks used a variety of substances to make dark marks around (A) their eyes. (B) They thought (C) these had magical powers that protected them against evil. This was the origin of modern eye makeup.

Voca Greek[gri:k] 그리스인　a variety of 다양한　substance[sʌ́bstəns] 물질　mark[mɑːrk] 표시
protect[prətékt] 보호하다　origin[ɔ́ːrədʒin] 기원　makeup[méikʌp] 화장

14 Most early American factories were located in the northeast part of the country. (A) They were usually built in cities, although (B) a few were placed near large towns. Many people lived in these places and (C) most needed jobs.

Voca early[ə́ːrli] 초기의　be located in ~에 위치하다　northeast[nɔ̀ːrθíːst] 북동의　town[taun] 마을, 소도시

15 Bat parasites are insects that feed on bats, usually while (A) they are sleeping. (B) They are very common, and (C) many carry diseases. Therefore, humans should avoid caves with a lot of bats.

Voca bat[bæt] 박쥐　parasite[pǽrəsàit] 기생충　feed on ~을 먹고 살다　while[hwail] ~하는 동안　carry[kǽri] 옮기다
disease[dizíːz] 질병　avoid[əvɔ́id] 피하다　cave[kéiv] 동굴

16 The United States has a free-market economy, although (A) it didn't have (B) one in the past. (C) This system is based on the idea that the government should not be involved in trade.

Voca free-market 자유 시장　economy[ikánəmi] 경제　system[sístəm] 체제　be based on ~에 기초하다
idea[aidíːə] 사상

정답 p. 164

[01~03] 다음 글을 읽고 질문에 답하세요.

Insect Navigation

Most ants live in colonies, which are large nests that have many inhabitants. They travel several kilometers each day to find sufficient food. In order to do this, ants must be skilled in navigating through new areas.

When an ant first discovers a source of food, it will use special chemicals to create a trail leading back to the nest. Other ants will then follow the tracks to the food. This method is very slow, because the ants must travel with their antennas to the ground in order to detect the chemical trail. However, once an ant has completed the trip, it will remember landmarks and other visual clues. This will allow the ant to move much more quickly the next time it travels to the food. Some species of ant use other methods of navigation. For example, many ants can count the number of steps they take to reach a destination. An ant that does this is able to determine how far it must travel to reach its objective. Scientists hope that more research will provide further information about these striking abilities.

---

 once + 주어 + 동사: 일단 ~가 …하면

'once' 다음에 주어 + 동사가 오면, '일단 ~가 …하면'으로 해석합니다.

Once / an ant / has completed / the trip, / it will remember / landmarks and other visual clues.
일단   개미가   끝내면   여행을   개미는 기억할 것이다   표지물과 다른 시각적 표지를

01 The word They in the passage refers to

(A) ants
(B) colonies
(C) nests
(D) inhabitants

02 According to paragraph 2, how do some ant species determine distances?

(A) They check how long it takes to reach a destination.
(B) They remember the amount of steps they take.
(C) They sense special chemicals from the food.
(D) They follow other ants traveling in the same direction.

03 The word striking in the passage is closest in meaning to

(A) rare
(B) useful
(C) interesting
(D) remarkable

정답 p. 170

Vocabulary

지문 **inhabitant**[inhǽbitənt] 거주자, 서식동물　**sufficient**[səfíʃənt] 충분한　**skilled**[skild] 숙련된
　navigate[nǽvəgèit] 걸어 다니다, 항해하다　**discover**[diskʌ́vər] 발견하다　**source**[sɔːrs] 출처, 원천
　chemical[kémikəl] 화학적인　**trail**[treil] 길, 흔적　**antenna**[ænténə] 더듬이　**detect**[ditékt] 탐지하다
　complete[kəmplíːt] 끝내다　**landmark**[lǽndmàːrk] 표지물　**visual**[víʒuəl] 시각의　**species**[spíːʃiːz] 종
　destination[dèstənéiʃən] 목적지　**determine**[ditə́ːrmin] 측정하다　**objective**[əbdʒéktiv] 목적지, 목표
　provide[prəváid] 제공하다　**further**[fə́ːrðər] 한층 더, 그 이상의　**striking**[stráikiŋ] 놀라운, 인상적인　**ability**[əbíləti] 능력

02 **sense**[sens] 감지하다
03 **rare**[rɛər] 드문, 진기한　**remarkable**[rimɑ́ːrkəbl] 놀랄 만한, 주목할 만한

Merce Cunningham

Before 1950, choreography was a very inflexible art form. Traditional choreographers coordinated the movements of the dancers and carefully planned their performances. Few were willing to try new techniques. As a result, all dance shows were very similar. However, in the middle of the twentieth century, several American choreographers began experimenting with alternative styles of dance.

The most important of these choreographers was Merce Cunningham. He developed a method of choreography known as "Chance Operations." First, Cunningham made his dance routines random. This was done by using dice, cards, or coins to determine the type and number of dance movements. The next step was to create music for the performance. The composer was not allowed to see the dance routine. After this, the stage was designed by an artist who knew nothing about the music or dance movements. All three components of the performance were combined for the first time in front of an audience. By doing this, Cunningham hoped to avoid making a traditional type of dance.

These methods are now taught to choreographers in several universities, and are used by many dance companies. Most experts feel that they result in unique and complex performances.

 주어 + **be allowed** + **to** + 동사원형: ~가 …하는 것이 허락된다

원래는 주어 + allow + 목적어 + to + 동사원형 형태로 '~에게 …하는 것을 허락하다' 라는 의미를 가지나, 이 문장이 주어 + be allowed + to + 동사원형 형태로 쓰이면 '~가 …하는 것이 허락된다' 라고 해석합니다.

The composer / was not allowed / to see the dance routine.
작곡가는 허락되지 않았다 춤 동작을 보는 것이

04 The word Few in the passage refers to

(A) choreographers
(B) movements
(C) dancers
(D) performances

05 According to paragraph 2, all of the following are aspects of the Merce Cunningham method of choreography EXCEPT:

(A) The music is not related to the actions of the dancers.
(B) The dance movements are chosen at random.
(C) The stage is created by an inexperienced artist.
(D) The audience is the first to see the complete routine.

06 The word complex in the passage is closest in meaning to

(A) intricate
(B) popular
(C) beautiful
(D) dynamic

정답 p. 170

Vocabulary

지문 choreography[kɔ̀:riágrəfi] 안무법   inflexible[infléksəbl] 융통성 없는   coordinate[kouɔ́:rdəneit] 조정하다
  movement[mú:vmənt] 동작   performance[pərfɔ́:rməns] 공연   be willing to do 기꺼이 ~하다
  technique[tekní:k] 기법   similar[símələr] 비슷한, 유사한   experiment[ikspérəmənt] 실험하다, 시도하다
  alternative[ɔ:ltə́:rnətiv] 다른, 대안의   dance routine 춤 동작   random[rǽndəm] 무작위의, 임의의   dice[dais] 주사위
  determine[ditə́:rmin] 결정하다   stage[steidʒ] 무대   component[kəmpóunənt] 구성 요소   combine[kəmbáin] 결합시키다
  audience[ɔ́:diəns] 관객   avoid[əvɔ́id] 피하다   dance company 무용단   expert[ékspə:rt] 전문가
  unique[ju:ní:k] 독특한   complex[kəmpléks] 복합의

05 aspect[ǽspekt] 측면, 양상   inexperienced[ìnikspíəriənst] 미숙한, 경험이 없는   complete[kəmplí:t] 완성된, 완전한
06 intricate[íntrikət] 복잡한   dynamic[dainǽmik] 역동적인

[07~09] 다음 글을 읽고 질문에 답하세요.

The Construction of the Great Pyramid

The Great Pyramid is a burial monument that was built for the Egyptian king Khufu almost 5,000 years ago. It is the largest ancient structure on the planet, and is considered to be one of the Seven Wonders of the World. The pyramid is 150 meters tall and 230 meters wide, and it is made up of over two million massive limestone blocks. The largest of these weighs over fifteen tons.

Researchers have attempted to develop plausible theories about the methods used to transport the heavy blocks. One of these argues that thousands of people worked together to move the stones. Most likely, the king gave the Egyptian people an order to work on the pyramid during the time of the year when farming was impossible. However, some researchers believe it would have been very difficult to manage so many people. They think that the Egyptians used technology to transport the stones. For example, they may have created long wooden tracks that were coated with a slippery substance. The limestone pieces would have easily moved along these tracks. As a result, only a few workers would have been needed to move a block. Regardless of the techniques used, this structure demonstrates that ancient peoples were capable of great achievements.

---

 the + 최상급: 가장 ~한 것
the 다음에 largest(가장 큰), fastest(가장 빠른) 등과 같은 최상급이 올 경우 '가장 ~한 것'으로 해석합니다.

The largest / of these / weighs / over fifteen tons.
가장 큰 것은   이 중   무게가 나간다   15톤 이상

07 The word massive in the passage is closest in meaning to

(A) impressive
(B) huge
(C) solid
(D) unique

08 The word these in the passage refers to

(A) researchers
(B) theories
(C) methods
(D) blocks

09 According to paragraph 2, the use of slippery wooden tracks would have

(A) required a high level of technology
(B) enabled a few people to transport the stones
(C) prevented the blocks from being damaged
(D) allowed the development of other methods

정답 p. 170

Vocabulary

지문 burial monument 무덤   ancient[éinʃənt] 고대의   structure[strʌ́ktʃər] 구조물   wonder[wʌ́ndər] 불가사의
be made up of ~로 구성되다   massive[mǽsiv] 거대한   limestone[láimstòun] 석회암   block[blɑk] 블록, 돌 덩어리
weigh[wei] 무게가 나가다   plausible[plɔ́:zəbl] 그럴듯한   transport[trænspɔ́:rt] 운반하다, 수송하다
manage[mǽnidʒ] 관리하다   coat[kout] (페인트를) 칠하다   slippery[slípəri] 미끄러운   substance[sʌ́bstəns] 물질
regardless of ~에 관계없이   demonstrate[démənstrèit] 증명하다   be capable of ~할 수 있다
achievement[ətʃí:vmənt] 업적, 위업

07 impressive[imprésiv] 인상적인   huge[hju:dʒ] 거대한   solid[sɑ́lid] 고체의, 단단한
09 enable[inéibl] 가능하게 하다   damage[dǽmidʒ] 손상하다

VOCABULARY LIST

앞서 배운 어휘 중 필수 어휘를 선별하여 정리했습니다. 음성 파일을 들으며 어휘를 암기한 후, 퀴즈를 통해 실력을 점검해보세요.

*해커스인강(HackersIngang.com)에서 무료 단어암기 MP3를 다운로드할 수 있습니다.

global [glóubəl]	지구의		source [sɔːrs]	출처, 원천
gradually [grǽdʒuəli]	점차		chemical [kémikəl]	화학적인
increase [inkríːs]	증가		detect [ditékt]	탐지하다
rapidly [rǽpidli]	빠르게		visual [víʒuəl]	시각의
behavior [bihéivjər]	행동		objective [əbdʒéktiv]	목적지, 목표
obvious [ábviəs]	분명한		striking [stráikiŋ]	놀라운, 인상적인
ancient [éinʃənt]	고대의		remarkable [rimáːrkəbl]	놀랄 만한, 주목할 만한
be involved in	~에 참여하다		performance [pərfɔ́ːrməns]	공연
throughout [θruːáut]	도처에		experiment [ikspérəmənt]	실험하다, 시도하다
effectively [iféktivli]	효과적으로		alternative [ɔːltə́ːrnətiv]	다른, 대안의
consistently [kənsístəntli]	일관되게		random [rǽndəm]	무작위의, 임의의
contain [kəntéin]	포함하다		combine [kəmbáin]	결합시키다
vote [vout]	투표하다		audience [ɔ́ːdiəns]	관객
necessary [nésəsəri]	필요한		expert [ékspəːrt]	전문가
appearance [əpíːərəns]	출현		aspect [ǽspekt]	측면, 양상
dominate [dámənèit]	지배하다		inexperienced [ìnikspíəriənst]	미숙한, 경험이 없는
native [néitiv]	토착의, 원주민의		complete [kəmplíːt]	완성된, 완전한
rare [rɛər]	드문		be made up of	~로 구성되다
destination [dèstənéiʃən]	목적지		massive [mǽsiv]	거대한
decorate [dékərèit]	장식하다		transport [trænspɔ́ːrt]	운반하다, 수송하다
substance [sʌ́bstəns]	물질		manage [mǽnidʒ]	관리하다
avoid [əvɔ́id]	피하다		regardless of	~에 관계없이
inhabitant [inhǽbitənt]	거주자, 서식동물		demonstrate [démənstrèit]	증명하다
sufficient [səfíʃənt]	충분한		be capable of	~ 할 수 있다
skilled [skild]	숙련된		achievement [ətʃíːvmənt]	업적, 위업
navigate [nǽvəgèit]	걸어다니다, 항해하다		impressive [imprésiv]	인상적인
discover [diskʌ́vər]	발견하다		enable [inéibl]	가능하게 하다

VOCABULARY REVIEW QUIZ

 각 단어의 알맞은 뜻을 찾아 연결해 보세요.

01 objective · · ⓐ 무작위의, 임의의
02 random · · ⓑ 결합시키다
03 contain · · ⓒ 운반하다, 수송하다
04 obvious · · ⓓ 포함하다
05 transport · · ⓔ 목적지, 목표
· ⓕ 분명한

06 behavior · · ⓐ 행동
07 massive · · ⓑ 지배하다
08 dominate · · ⓒ 증명하다
09 demonstrate · · ⓓ 완성된, 완전한
10 complete · · ⓔ 독특한
· ⓕ 거대한

 다음 낱말 퍼즐을 완성해 보세요.

가로열쇠

01 피하다
07 관객
09 다른, 대안의
10 전문가

세로열쇠

02 인상적인
03 드문
04 실험하다, 시도하다
05 관리하다
06 충분한
08 숙련된

✦ 01 avoid 02 impressive 03 rare 04 experiment 05 manage 06 sufficient 07 audience 08 skilled 09 alternative 10 expert

✦ 01 ⓔ 02 ⓐ 03 ⓓ 04 ⓕ 05 ⓒ 06 ⓐ 07 ⓕ 08 ⓑ 09 ⓒ 10 ⓓ

2. 단어의 의미와 대상 파악하기 69

www.goHackers.com
학습자료 제공 · 유학정보 공유

3. 문장의 핵심 파악하기

문장 간략화 문제

3. 문장의 핵심 파악하기
문장 간략화 문제

핵심만 한 마디로 압축하자!!

어머니가 길게 불러준 내용을 아들이 핵심정보만 골라내 간략하게 줄였군요!

독해 시험에서도 이처럼 길고 복잡한 문장에서 핵심정보만을 파악해

간단하게 줄여야 하는 문장 간략화 문제가 출제됩니다. 이 문제 유형에 대해 좀 더 알아볼까요?

HACKERS Reading Intro

 이렇게 나와요!

문장 간략화 문제 유형

문장 간략화 문제에서는 긴 문장에서 핵심정보만을 골라내 간략하게 줄일 수 있는지를 묻습니다. 지문에는 문장 구조가 복잡하고 세부정보가 많이 들어간 긴 문장에 음영 표시가 되어 있는데, 이 문장에서 부가정보는 빼고 핵심정보를 빠짐없이 담고 있는 보기를 선택해야 합니다. 단, 이때 보기 문장은 음영 표시된 문장에서 쓰인 표현을 그대로 쓰지 않고 다른 말로 바꾸어 쓰고 있으므로 주의합니다. 문제 유형은 다음과 같습니다.

> Which of the sentences below best expresses the essential information in the highlighted sentence in the passage? *Incorrect* choices change the meaning in important ways or leave out essential information.
>
> 아래 문장 중 지문 속의 음영 표시된 문장의 핵심정보를 가장 잘 표현하고 있는 것은 무엇인가? 오답은 문장의 의미를 현저하게 바꾸거나 핵심정보를 빠뜨리고 있다.

유형 1
유형 2
유형 3
유형 4
유형 5
유형 6

 이렇게 풀어요!

① 중요하지 않은 거품을 걷어내고 핵심을 파악해요!
② 같은 내용 다른 표현을 확인해요!

3. 문장의 핵심 파악하기

유형 연습

> **❶ 중요하지 않은 거품을 걷어내고 핵심을 파악해요!**
>
> ✦ 문장 간략화 문제를 풀기 위해서는 부가정보를 담고 있는 거품을 걷어내고 문장의 핵심정보만을 파악할 수 있어야 합니다.
>
> ✦ 부가정보는 동격이나 예시와 같이 추가적이거나 세부적인 내용이므로 이를 제외하더라도 핵심정보에는 변화가 없습니다.
>
> ✦ 핵심정보를 파악할 때 중요한 정보를 빠뜨리거나 지문의 의미를 현저하게 바꾸지 않도록 합니다.

주어진 문장의 핵심정보를 담고 있는 문장을 (A)와 (B) 중에서 고르세요.

01 The primary advantage of hydroelectricity is that this method of energy production does not require fossil fuels such as oil or coal.
- 핵심정보: The primary advantage of hydroelectricity is that this method ... does not require fossil fuels
- 부가정보(거품) – 세부사항: of energy production
- 부가정보(거품) – 예시: such as oil or coal

(A) 석유와 석탄 등 화석 연료는 수력발전 과정에 사용되지 않는다.

(B) 화석 연료를 사용하지 않아도 된다는 것이 수력발전의 주된 장점이다.

Voca primary[práiməri] 주된　advantage[ədvǽntidʒ] 장점　hydroelectricity[hàidrouilektrísəti] 수력발전
method[méθəd] 방식, 방법　production[prədʌ́kʃən] 생산　require[rikwáiər] 요구하다　fossil fuel 화석 연료
coal[koul] 석탄

02 Researchers do not know whether the Clovis was the earliest group of people to move from Asia to Alaska via the Bering Land Bridge.

(A) Clovis 민족이 아시아에서 알래스카로 이동한 최초의 민족이었는지는 알려지지 않았다.

(B) Clovis 민족이 Bering Land Bridge를 건넜는지는 분명하지 않다.

Voca researcher[risə́ːrtʃər] 연구자　people[píːpl] 민족　via[víːə] ~을 통해서, 경유하여

03 The cocoa beans grown by the Aztecs had many uses, including the production of a popular beverage called chocolat.

(A) Aztec인들은 코코아 열매를 다양한 용도로 사용하였다.

(B) 코코아 열매는 Aztec인들의 음료인 chocolat을 만드는데 사용되었다.

Voca cocoa bean 코코아 열매   use[juːs] 용도   beverage[bévəridʒ] 음료

04 Scientists are searching for the source of the pollution that is threatening many species of cichlid, a type of fish commonly found in Africa.

(A) 아프리카 물고기인 cichlid는 오염으로 인해 위협받고 있다.

(B) cichlid를 위협하는 오염의 근원에 대한 조사가 이루어지고 있다.

Voca search[səːrtʃ] 조사하다   source[sɔːrs] 근원   pollution[pəljúːʃən] 오염   threat[θret] 위협하다
species[spíːʃiːz] 종   commonly[kámənli] 흔히

05 Psychologists who study infant development consider it normal that unfamiliar sounds and smells cause a baby's heart rate to increase.

(A) 새로운 소리와 냄새에 노출 되었을 때 아기의 심장 박동률은 흔히 증가한다.

(B) 대부분의 아기들은 새로운 소리와 냄새에 대해 강한 심리적 반응을 보인다.

Voca psychologist[saikálədʒist] 심리학자   infant[ínfənt] 유아   consider[kənsídər] 여기다   normal[nɔ́ːrməl] 정상적인
unfamiliar[ʌ̀nfəmíljər] 낯선, 익숙지 않은   cause[kɔːz] 초래하다   heart rate 심장 박동률   increase[inkríːs] 증가하다

06 The daguerreotype, invented in the early 1800s, was the first photographic process to become a commercial success.

(A) 은판 사진법은 1800년대 초반에 발명될 때부터 성공이 예견되었다.

(B) 은판 사진법은 최초로 상업적인 성공을 거둔 사진술이었다.

Voca daguerreotype[dəgériətàip] 은판 사진법   invent[invént] 발명하다   photographic[fòutəgrǽfik] 사진의
process[práses] 과정   commercial[kəmə́ːrʃəl] 상업적인

정답 p. 176

유형 연습

> **② 같은 내용 다른 표현을 확인해요!**
>
> ✦ 문장 간략화 문제를 풀기 위해서는 지문 속 음영 처리된 문장의 핵심정보는 그대로 담고 있으나 이를 다른 말로 간략하게 바꾸어 표현한 것을 알아볼 수 있어야 합니다.
>
> ✦ 문장을 간략하게 바꾸어 표현할 때에는 주로 문장 구조를 바꾸거나 동의어를 사용합니다.

주어진 문장의 핵심정보를 담고 있는 문장에는 O를, 중요한 정보를 빠뜨리거나 지문의 의미를 현저하게 바꾼 내용을 담고 있는 문장에는 ×를 하세요.

07 Dolphins are popular with humans because of their intelligence, friendliness, and ability to learn tricks.
돌고래는 사람들에게 인기가 좋다 / 지능 / 다른 문장 구조 / 비슷한 의미의 단어로 대체

_____ (A) Humans enjoy dolphins due to their character, skills, and cleverness.
사람들은 돌고래를 좋아한다 / 똑똑함

_____ (B) Humans admire dolphins that are capable of learning new tricks.

_____ (C) Humans really like dolphins because they are quite smart.

Voca dolphin[dάlfin] 돌고래 intelligence[intélidʒəns] 지능 friendliness[fréndlinis] 친근함 ability[əbíləti] 능력 learn[ləːrn] 배우다 trick[trik] 재주 due to ~때문에 cleverness[klévərnis] 똑똑함 admire[ədmáiər] 좋아하다 be capable of ~를 할 수 있다 quite[kwait] 꽤 smart[smɑːrt] 영리한

08 Although the tundra is both dry and windy, it supports a surprising amount of plant life and animal species.

_____ (A) Many plants and animals make their homes in the tundra.

_____ (B) Plants and animals live in the tundra despite harsh conditions.

_____ (C) Some plants and animals can survive in dry and windy places.

Voca tundra[tʌ́ndrə] 툰드라, 동토대 both A and B A와 B 모두 support[səpɔ́ːrt] 지탱하다, 부양하다 despite[dispáit] ~에도 불구하고 harsh[hɑːrʃ] 혹독한 conditions[kəndíʃəns] 환경, 상황 survive[sərváiv] 생존하다

09 The appearance of a crazy quilt is improved by covering it with colorful pieces of cloth that are too small to be used for other blankets.

_____ (A) Tiny pieces of material are used to decorate a crazy quilt.
_____ (B) Other types of blankets are larger than a crazy quilt.
_____ (C) Colorful cloth is used to make a crazy quilt.

Voca appearance[əpíərəns] 외관, 외양　crazy quilt 조각보 이불　improve[imprúːv] 향상시키다　cover[kʌ́vər] 덮다
piece[piːs] 조각　cloth[klɔːθ] 천　blanket[blǽŋkit] 담요　material[mətíəriəl] 천, 재료
decorate[dékərèit] 장식하다

10 The sea trout spends its entire adult life in the freshwaters of the United States and then travels to the ocean to reproduce.

_____ (A) The trout resides in freshwater until it goes to the sea to reproduce.
_____ (B) The American sea trout is named after its need to travel to the ocean.
_____ (C) The trout lives in American freshwater prior to reproducing.

Voca sea trout 바다 송어　spend[spend] 보내다　entire[intáiər] 전체의　freshwater 민물　travel[trǽvəl] 여행하다
ocean[óuʃən] 대양　reproduce[rìːprədjúːs] 번식하다　reside[rizáid] 거주하다　name after ~를 따서 이름짓다
prior to 이전에

11 Because chipmunks carry seeds for many kilometers while collecting food, they also help populate the forest with new trees.

_____ (A) Chipmunks gather a lot of seeds as they move through the forest.
_____ (B) The seeds that chipmunks collect eventually grow into trees.
_____ (C) While feeding, chipmunks help spread seeds to start the growth of trees.

Voca chipmunk[tʃípmʌŋk] 줄무늬 다람쥐　carry[kǽri] 지니다, 운반하다　seed[siːd] 씨　while[hwail] ~하는 동안에
collect[kəlékt] 모으다　populate[pápjulèit] 거주시키다, 거주하다　forest[fɔ́ːrist] 숲　gather[gǽðər] 모으다
a lot of 많은　eventually[ivéntʃuəli] 결국, 마침내　feed[fiːd] 먹다　spread[spred] 퍼뜨리다　growth[grouθ] 성장

유형 정복

[01~03] 다음 글을 읽고 질문에 답하세요.

Desertification

Desertification causes fertile regions to change into deserts, which are areas with few plants and little water. The process is not good for humans because it reduces the amount of land suitable for farming, which can lead to shortages of food. Therefore, environmental scientists are currently trying to understand the causes of desertification.

One possible reason for desertification is that farm animals are allowed to graze on small pieces of land for a long time. This has a serious effect on the environment because the animals quickly eat all of the grass. ⁰²Once all the grass from the area is removed, the soil becomes very weak and is carried away quickly by the wind. As a result, no plants are able to grow in the region.

Another cause of desertification is the use of too much water for irrigation. When crops are routinely given excessive water, the soil cannot drain properly. ⁰³The water will instead evaporate into the surrounding air, leaving behind salts and minerals that damage the soil. As a result, a hard layer on the surface of the soil is created, which makes plant growth difficult.

---

 few/little: 거의 없는

few나 little이 관사 a 없이 쓰이면 '거의 없는'이라고 해석합니다. 그러나 a few, a little의 경우는 '조금 있는'이라고 해석해야 하므로 주의해야 합니다. 또한 few는 plant(식물)와 같이 셀 수 있는 단어 앞에 쓰이며 little은 water(물)와 같이 셀 수 없는 단어 앞에 쓰입니다.

… … areas / with few plants and little water
　　　지역　　　　식물이 거의 없고 물도 거의 없는

01 According to paragraph 1, desertification is harmful to humans because

   (A) it lowers the amount of life in deserts
   (B) it destroys supplies of food in storage
   (C) it limits the amount of available farmland
   (D) it increases moisture levels in fertile areas

02 Which of the sentences below best expresses the essential information in the highlighted sentence in the passage? *Incorrect* choices change the meaning in important ways or leave out essential information.

   (A) The wind is able to transport the soil after the grass is gone.
   (B) The strength of the soil decreases once all the grass has disappeared.
   (C) The loss of soil strength enables the wind to carry the grass away.
   (D) The wind eliminates the soil and makes it impossible for grass to grow.

03 Which of the sentences below best expresses the essential information in the highlighted sentence in the passage? *Incorrect* choices change the meaning in important ways or leave out essential information.

   (A) The toxic solids prevent the absorption of water.
   (B) The absence of water creates dangerous matter.
   (C) Poisonous materials cause the water to vaporize.
   (D) Harmful substances remain after the water disappears.

정답 p. 181

Vocabulary

지문 desertification [dèzəːrtəfikéiʃən] 사막화　fertile [fə́ːrtl] 비옥한　region [ríːdʒən] 지역　process [prάses] 과정
reduce [ridjúːs] 줄이다　suitable [súːtəbl] 적합한　shortage [ʃɔ́ːrtidʒ] 부족　graze [greiz] (가축이) 풀을 먹다
remove [rimúːv] 제거하다　irrigation [ìrəgéiʃən] 관개　crop [krαp] 작물　excessive [iksésiv] 과도한　drain [drein] 배수되다
properly [prάpərli] 적절하게　evaporate [ivǽpərèit] 증발하다　surrounding [səráundiŋ] 주위의　leave behind 남기다
mineral [mínərəl] 광물질　layer [léiər] 층　surface [sə́ːrfis] 표면

01 lower [lóuər] 줄이다, 낮추다　storage [stɔ́ːridʒ] 저장　available [əvéiləbl] 이용할 수 있는　moisture [mɔ́istʃər] 수분
02 decrease [dikríːs] 감소하다　enable [inéibl] 가능하게 하다　eliminate [ilímənèit] 제거하다
03 toxic [tάksik] 유독한　absorption [əbsɔ́ːrpʃən] 흡수　absence [ǽbsəns] 부재　poisonous [pɔ́izənəs] 독성의
vaporize [véipəràiz] 증발하다　substance [sʌ́bstəns] 물질　disappear [dìsəpíər] 사라지다

3. 문장의 핵심 파악하기

유형 정복

[04~06] 다음 글을 읽고 질문에 답하세요.

Voodoo Death

⁰⁴Followers of the Voodoo religion believe that a magic spell known as a curse can cause healthy people to become sick and, in some cases, to die. There have been several famous examples of Voodoo death actually happening. As a result, Western scientists are currently studying these events. However, most experts discount the idea that magic can kill a person.

⁰⁵One explanation offered by scientists for these mysterious deaths is that the victims experience a strong reaction to a stressful situation. This theory argues that emotions can affect the body. If people believe that magic will lead to their deaths, then they will become anxious and tense. These feelings may be strong enough to make a person very sick.

The relationship between stress and illness results from how the brain reacts to danger. In most stressful situations, the brain sends special chemicals to the rest of the body. These cause the muscles to perform more effectively. However, in extremely stressful circumstances, the brain may overreact and send a large amount of chemicals. This may result in a heart attack or other serious problems.

---

 enough + to + 동사원형: ~할 만큼 충분히(한)

enough 다음에 to + 동사원형이 쓰이면 '~할 만큼 충분히(한)'로 해석합니다. 이 경우 enough + to + 동사원형은 대개 앞에 있는 말을 수식하므로 해석에 주의합니다.

These feelings / may be strong / enough to make / a person / very sick.
이러한 감정은   강할지도 모른다   만들 만큼 충분히   사람을   매우 아프게

04 Which of the sentences below best expresses the essential information in the highlighted sentence in the passage? *Incorrect* choices change the meaning in important ways or leave out essential information.

(A) Believers in Voodoo are often injured by harmful magic.
(B) Voodoo followers accept the existence of harmful magic.
(C) Voodoo followers often cause deaths with magic.
(D) Believers in Voodoo sometimes use magic to hurt other people.

05 Which of the sentences below best expresses the essential information in the highlighted sentence in the passage? *Incorrect* choices change the meaning in important ways or leave out essential information.

(A) The death of a victim will cause stress to the other people involved.
(B) A difficult situation will usually result in the death of the victim.
(C) A victim's response to an upsetting incident may explain the death.
(D) A victim's concern about death explains why these events are harmful.

06 According to paragraph 3, the brain sends chemicals to the body in stressful situations in order to

(A) remove dangerous substances
(B) prevent significant health risks
(C) lower the overall stress of the person
(D) improve the function of the muscles

정답 p. 181

Vocabulary

지문 **follower**[fálouər] 신도 **spell**[spel] 주문 **curse**[kəːrs] 저주 **currently**[kə́ːrəntli] 현재 **expert**[ékspəːrt] 전문가 **discount**[dískaunt] 무시하다, 믿지 않다 **mysterious**[mistíəriəs] 불가사의한 **victim**[víktim] 희생자 **reaction**[riǽkʃən] 반응 **lead to** ~에 이르게 하다 **anxious**[ǽŋkʃəs] 불안한 **tense**[tens] 긴장한 **result from** ~로부터 생기다, 기인하다 **chemical**[kémikəl] 화학물질 **effectively**[iféktivli] 효과적으로 **extremely**[ikstríːmli] 극도로 **circumstances**[sə́ːrkəmstænsiz] 상황 **overreact**[òuvəriǽkt] 과잉 반응하다 **result in** 초래하다 **heart attack** 심장발작

04 **injure**[índʒər] 상처를 입히다 **harmful**[háːrmfəl] 유해한 **accept**[æksépt] 인정하다 **existence**[igzístəns] 존재
05 **upsetting**[ʌpsétiŋ] 혼란스러운 **incident**[ínsədənt] 사건
06 **remove**[rimúːv] 제거하다 **prevent**[privént] 막다, 예방하다 **significant**[signífikənt] 상당한 **risk**[risk] 위험 **lower**[lóuər] 낮추다 **overall**[òuvərɔ́ːl] 전반적인 **function**[fʌ́ŋkʃən] 기능

유형 정복

[07~09] 다음 글을 읽고 질문에 답하세요.

Library of Alexandria

The Library of Alexandria is one of the most important achievements of ancient Greek civilization. Many historians believe it was founded during the third century BC, when several private collections were first made available to the public. ⁰⁷The library's collection soon grew to over 700,000 written documents because all visitors were required to donate copies of any texts they owned.

Unfortunately, the great library did not survive to the present, although no one knows why it disappeared. Some historians believe that the collection was destroyed in 47 BC, when the Roman army attacked the city. Another theory is that the library was severely damaged during a conflict between Christians and non-Christians in the fourth century AD. On the other hand, several records suggest that the texts were burned by Muslims to fuel the public baths.

Most historians agree that the loss of this institution was a tragedy. ⁰⁹For several hundred years, many cultures in Europe and the surrounding area considered the Library of Alexandria to be the most important center of scholarship. As a result, it had a marked influence on the development of Western society.

---

 consider + A + to be + B: A를 B로 여기다

consider + A + to be + B는 'A를 B로 여기다'로 해석합니다. 이 때 'to be'를 생략해도 같은 뜻으로 해석되니 유의합니다.

Many cultures / considered / the Library of Alexandria / to be the most important center of scholarship.
많은 문화권들은   여겼다   알렉산드리아 도서관을   학계의 가장 중요한 중심지로

07 Which of the sentences below best expresses the essential information in the highlighted sentence in the passage? *Incorrect* choices change the meaning in important ways or leave out essential information.

(A) Mandatory contributions by visitors helped the library's collection to expand quickly.
(B) The size of the library's collection attracted many visitors who provided new works.
(C) Visitors to the library were forced to provide copies of their written materials.
(D) The development of the library was the result of a decision to give texts to visitors.

08 According to paragraph 2, which of the following is NOT a possible cause for the disappearance of the library?

(A) The library was harmed during a religious struggle.
(B) The collection was ruined during an invasion by a foreign army.
(C) The collection was used as a source of energy.
(D) The library was converted into a bathing facility.

09 Which of the sentences below best expresses the essential information in the highlighted sentence in the passage? *Incorrect* choices change the meaning in important ways or leave out essential information.

(A) The cultural influence of Europe and its neighbors allowed the library to last for a long time.
(B) The library was the academic hub of Europe and its nearby regions for many years.
(C) The library contributed to the intellectual growth of Europe for a long period of time.
(D) The presence of the library enabled many countries to develop long-lasting cultures.

정답 p. 181

Vocabulary

지문 achievement[ətʃíːvmənt] 업적 civilization[sìvəlizéiʃən] 문명 found[faund] 설립하다 private[práivit] 개인적인
collection[kəlékʃən] 소장품 available[əvéiləbl] 이용할 수 있는 require[rikwáiər] 요구하다 donate[dóuneit] 기증하다
unfortunately[ʌnfɔ́ːrtʃənətli] 불행하게도 destroy[distrói] 파괴하다 attack[ətǽk] 공격하다 severely[sivíərli] 심하게
damage[dǽmidʒ] 훼손하다 conflict[kánflikt] 전투 fuel[fjúːəl] 연료를 때다 public bath 공중목욕탕
institution[ìnstitjúːʃən] 기관 tragedy[trǽdʒədi] 비극 surrounding[səráundiŋ] 주변의 scholarship[skálərʃip] 학문

08 struggle[strʌ́gl] 전투, 투쟁 invasion[invéiʒən] 침략 convert[kənvə́ːrt] 전환하다 facility[fəsíləti] 시설

09 last[læst] 지속되다 hub[hʌb] 중심 nearby[níərbái] 가까운 intellectual[ìntəléktʃuəl] 지적인

VOCABULARY LIST

 앞서 배운 어휘 중 필수 어휘를 선별하여 정리했습니다. 음성 파일을 들으며 어휘를 암기한 후, 퀴즈를 통해 실력을 점검해보세요.

*해커스인강(HackersIngang.com)에서 무료 단어암기 MP3를 다운로드 할 수 있습니다.

primary [práiməri]	주된	surface [sə́:rfis]	표면
production [prədʌ́kʃən]	생산	decrease [dikríːs]	감소하다
use [juːs]	용도	eliminate [ilímənèit]	제거하다
threat [θret]	위협하다	toxic [táksik]	유독한
species [spíːʃiːz]	종	absence [ǽbsəns]	부재
consider [kənsídər]	여기다	currently [kə́:rəntli]	현재
unfamiliar [ʌ̀nfəmíljər]	낯선, 익숙지 않은	victim [víktim]	희생자
invent [invént]	발명하다	reaction [riǽkʃən]	반응
commercial [kəmə́:rʃəl]	상업적인	anxious [ǽŋkʃəs]	불안한
intelligence [intélidʒəns]	지능	tense [tens]	긴장한
admire [ədmáiər]	좋아하다	extremely [ikstríːmli]	극도로
be capable of	~를 할 수 있다	circumstances [sə́:rkəmstæ̀nsiz]	상황
support [səpɔ́:rt]	지탱하다, 부양하다	injure [índʒər]	상처를 입히다
harsh [hɑːrʃ]	혹독한	incident [ínsədənt]	사건
survive [sərváiv]	생존하다	prevent [privént]	막다, 예방하다
improve [imprúːv]	향상시키다	civilization [sìvəlizéiʃən]	문명
spend [spend]	보내다	found [faund]	설립하다
entire [intáiər]	전체의	private [práivət]	개인적인
reside [rizáid]	거주하다	available [əvéiləbl]	이용할 수 있는
prior to	이전에	donate [dóuneit]	기증하다
gather [gǽðər]	모으다	conflict [kánflikt]	전투
eventually [ivéntʃuəli]	결국, 마침내	tragedy [trǽdʒədi]	비극
fertile [fə́:rtl]	비옥한	surrounding [səráundiŋ]	주변의
suitable [súːtəbl]	적합한	struggle [strʌ́gl]	전투, 투쟁
shortage [ʃɔ́:rtidʒ]	부족	invasion [invéiʒən]	침략
excessive [iksésiv]	과도한	convert [kənvə́:rt]	전환하다
properly [prápərli]	적절하게	facility [fəsíləti]	시설

VOCABULARY REVIEW QUIZ

 각 단어의 알맞은 뜻을 찾아 연결해 보세요.

01 intelligence · · ⓐ 거주하다
02 excessive · · ⓑ 과도한
03 reside · · ⓒ 주변의
04 currently · · ⓓ 현재
05 surrounding · · ⓔ 지능
· ⓕ 설립하다

06 eventually · · ⓐ 예방하다
07 available · · ⓑ 문명
08 civilization · · ⓒ 결국, 마침내
09 eliminate · · ⓓ 제거하다
10 convert · · ⓔ 전환하다
· ⓕ 이용할 수 있는

 다음 낱말 퍼즐을 완성해 보세요.

가로열쇠

02 불안한
03 개인적인
06 모으다
08 막다, 예방하다
10 시설

세로열쇠

01 상처를 입히다
04 비극
05 전투, 투쟁
07 기증하다
09 유독한

정답: 01 ⓔ 02 ⓑ 03 ⓐ 04 ⓓ 05 ⓒ 06 ⓒ 07 ⓕ 08 ⓑ 09 ⓓ 10 ⓔ

01 injure 02 anxious 03 private 04 tragedy 05 struggle 06 gather 07 donate 08 prevent 09 toxic 10 facility

3. 문장의 핵심 파악하기 **85**

www.goHackers.com
학습자료 제공 · 유학정보 공유

4. 문장간 연결 파악하기

삽입 문제

4. 문장간 연결 파악하기
삽입 문제

빠진 문장을 제자리에!!

중요한 문장이 빠져버려 난처하게 되었군요! 언제 어디서 만나자는 것인지 알아야

꿈에 그리던 그녀를 만나러 갈 텐데 말이죠. 이처럼 독해 시험에서도

전체 글에서 빠져 있는 한 문장을 제자리에 찾아 넣는 삽입 문제가 출제됩니다.

이 문제 유형에 대해 좀 더 알아볼까요?

이렇게 나와요!

삽입 문제 유형

삽입 문제에서는 지문에서 빠진 문장을 주고, 이 문장을 글의 흐름에 맞도록 적절한 위치에 집어넣을 수 있는지 묻습니다. 지문 내의 문장이 논리적으로 짜임새 있게 배열되어 있는지를 판단하고, 흐름이 어색한 부분에 주어진 문장을 넣을 수 있어야 합니다. 문제 유형은 다음과 같습니다.

Look at the four squares [■] that indicate where the following sentence could be added to the passage.
네 개의 네모[■]는 다음 문장이 삽입될 수 있는 부분을 나타내고 있다.

For example, they would change the model's clothes or jewelry. (삽입 문장)

Where would the sentence best fit?

Click on a square [■] to add the sentence to the passage.

이 문장은 어느 자리에 들어가는 것이 가장 적절한가?
해당 네모[■]를 클릭하여 주어진 문장을 지문에 삽입하시오.

유형 1
유형 2
유형 3
유형 4
유형 5
유형 6

 이렇게 풀어요!

① 연결고리를 활용하여 문장의 선후관계를 파악해요!
② 문장의 논리적 순서를 확인해요!

유형 연습

> **1 연결고리를 활용하여 문장의 선후관계를 파악해요!**
>
> ✦ 삽입 문제를 풀기 위해서는 문장의 연결고리를 단서로 활용하여 문장의 선후관계를 파악할 수 있어야 합니다.
> ✦ 연결어, 지시어, 대명사 등은 문장과 문장을 논리적으로 연결시키는 연결고리 역할을 합니다.

글이 자연스럽게 연결되도록 삽입 문장을 알맞은 위치에 넣으세요.

01 Jean Piaget was an influential Swiss psychologist. (A) He originally planned to study biology. (B) However, he found himself spending a lot of time observing children. (C)

⇨ This led to his research on the way that they solved problems.
　연결고리 – 지시어　　　　　　　　　　　　　　　연결고리 – 대명사

Voca influential[ìnfluénʃəl] 영향력 있는　psychologist[saikáləʤist] 심리학자　originally[ərídʒənəli] 원래
　　plan[plæn] 계획하다　biology[baiáləʤi] 생물학　observe[əbzə́ːrv] 관찰하다　research[risə́ːrtʃ] 연구
　　solve[sɑlv] 해결하다

02 The earliest movies did not have any sound. (A) They used written titles to give important information about the story to an audience. (B) These early films were usually shown with live music played by an orchestra. (C)

⇨ However, by the early 1920s, the technology was developed to include recorded music in the films.

Voca sound[saund] 소리　written[rítn] (글로) 씌어진　title[táitl] 자막　audience[ɔ́ːdiəns] 관객
　　live[laiv] 라이브의, 실황의　include[inklúːd] 포함하다

03 Termite mounds are constructed using a material called carton. (A) It is very hard and resistant to rain. (B) Because of these characteristics, people sometimes use it to build their own homes. (C)

➪ This substance is a combination of soil, wood chips, and termite saliva.

Voca termite[tə́ːrmait] 흰개미 mound[maund] 흙무더기 construct[kənstrʌ́kt] 건설하다 resistant[rizístənt] 내성이 있는
characteristic[kæ̀riktərístik] 특성, 특징 substance[sʌ́bstəns] 물질 combination[kɑ̀mbənéiʃən] 결합
chip[tʃip] 부스러기 saliva[səláivə] 침

04 Farmers use pesticides to destroy harmful insects. (A) However, these substances create many problems for the environment. (B) For example, they are often transferred into rivers or lakes. (C)

➪ As a result, many species of fish are threatened with extinction.

Voca pesticide[péstisàid] 살충제 destroy[distrɔ́i] 박멸하다, 파괴하다 harmful[háːrmfəl] 해로운
environment[invái∂rənmənt] 환경 transfer[trænsfə́ːr] 옮기다 threaten[θrétn] 위협하다
extinction[ikstíŋkʃən] 멸종

05 Soybeans have been grown throughout East Asia for thousands of years. (A) However, North Americans have begun to eat soy only recently. (B) The reason for this is that they have become aware of its health benefits. (C)

➪ Consequently, soy products have always been an important part of the diet in this region.

Voca soybean[sɔ́ibìːn] 콩 recently[ríːsntli] 최근에 become aware of ~을 알게 되다 health[helθ] 건강의
benefit[bénəfit] 유익, 이익 diet[dáiət] 식단 region[ríːdʒən] 지역

06 Natural gas is commonly used as a source of energy. (A) Therefore, many companies are trying to locate deposits of natural gas. (B) These are usually found in regions that also contain a lot of oil. (C)

➪ This is because both oil and natural gas are created by the same natural processes.

Voca natural gas 천연가스 source[sɔːrs] 원천 locate[lóukeit] 찾아내다 deposit[dipázit] 매장물
contain[kəntéin] 포함하다 natural[nǽtʃərəl] 자연의 process[práses] 과정

정답 p. 190

유형 연습

> ❷ 문장의 논리적 순서를 확인해요!
>
> ✦ 삽입 문제를 풀기 위해서는 문장이 논리적인 순서에 맞게 배열되었는지 파악할 수 있어야 합니다.
>
> ✦ 대부분의 글은 일반적 사실이나 주장이 먼저 나오고 그 뒤에 그에 따른 구체적인 설명, 예시, 근거가 나오는 구조를 갖습니다.

다음 글이 논리적으로 자연스럽게 연결되도록 순서를 바로 잡으세요.

07
(A) This method is based on the physical similarities between two or more species. — 구체적 설명
(B) For example, humans and chimpanzees are both considered to be primates. — 예시
(C) Taxonomy is the method used by scientists to classify different types of organisms. — 일반적 사실

(　　) → (　　) → (　　)

Voca method[méθəd] 방법　be based on ~에 기초를 두다　physical[fízikəl] 물리적인　species[spíːʃiːz] 종
primate[práimèit] 영장류　taxonomy[tæksánəmi] 분류법　classify[klǽsəfài] 분류하다
organism[ɔ́ːrɡənìzm] 생물

08
(A) Astronomers in the nineteenth century predicted the existence of Pluto.
(B) However, new technology made it possible to photograph Pluto for the first time in 1930.
(C) Unfortunately, telescopes from this period were not powerful enough to observe it directly.

(　　) → (　　) → (　　)

Voca astronomer[əstránəmər] 천문학자　predict[pridíkt] 예측하다　existence[igzístəns] 존재　Pluto[plúːtou] 명왕성
photograph[fóutəɡrǽf] 촬영하다　unfortunately[ʌnfɔ́ːrtʃənətli] 불행하게도　telescope[téləskòup] 망원경
period[píəriəd] 시기　observe[əbzə́ːrv] 관찰하다　directly[diréktli] 직접적으로

09 (A) For example, the first comedies and dramas were produced by the Greeks.
(B) Many aspects of the European theater style were invented in Ancient Greece.
(C) These were the inspiration for later playwrights, such as William Shakespeare.

(   ) → (   ) → (   )

Voca comedy[kámədi] 희극   drama[drá:mə] 극   aspect[ǽspekt] 측면   theater[θí:ətər] 연극
invent[invént] 발명하다   inspiration[ìnspəréiʃən] 영감   playwright[pléiràit] 극작가

10 (A) They believed that transcendentalism could be used to improve society.
(B) Transcendentalism is a philosophy that was popular in the nineteenth century.
(C) Most followers of this philosophy were wealthy and prominent Americans.

(   ) → (   ) → (   )

Voca transcendentalism[trænsendéntəlizm] 초월주의   improve[imprú:v] 개선하다   philosophy[filásəfi] 철학
prominent[prámənənt] 저명한, 유명한

11 (A) For example, they may use bonuses to increase productivity.
(B) Many companies consider this when they manage their employees.
(C) People are motivated by rewards to perform tasks that they don't enjoy.

(   ) → (   ) → (   )

Voca productivity[pròudʌktívəti] 생산성   consider[kənsídər] 고려하다   manage[mǽnidʒ] 관리하다
employee[implɔ́ií:] 직원   motivate[móutəvèit] 동기를 부여하다   reward[riwɔ́:rd] 보상

12 (A) It is covered with a substance that is very sticky.
(B) This allows it to hold the pollen that is carried by honeybees.
(C) A stigma is an important part of the flower's reproductive system.

(   ) → (   ) → (   )

Voca be covered with ~로 덮여 있다   sticky[stíki] 끈적거리는   pollen[pálən] 꽃가루
stigma[stígmə] 암술머리   reproductive[rì:prədʌ́ktiv] 생식의

Portraiture

- A portrait is a picture of a person, usually in the form of a painting or drawing.
- For many people, a portrait is considered to be a symbol of success.
- Throughout its long history, this type of art has changed significantly. ■

In Ancient Greece and Rome, accuracy was the most important quality of a portrait. People demanded that the image look exactly like the model, even if the person was not attractive. However, by the end of the fourth century AD, a new style had developed. The reason was that many people preferred portraits that made the model appear beautiful. They did not want any physical flaws included in the painting. In particular, people wished to be portrayed as the gods or heroes from mythology.

This trend continued until the beginning of the Renaissance. ■At this time, portrait styles began to change. ■European artists became interested in creating true representations of their models' faces. ■However, they often added extra details to create a more beautiful image. ■

---

 have/had + 과거분사: ~했다

have + 과거분사는 과거에 일어난 일이 현재에도 영향을 미치거나 현재에 어떤 결과로 나타날 경우에 쓰이며, had + 과거분사는 과거에 일어난 일이 그 보다 이후의 어느 과거 시점에 영향을 미치거나 어떤 결과로 나타날 경우에 쓰입니다. 그러나 해석할 때는 둘 다 간략하게 '~했다'로 해석해도 무방합니다.

By the end of the fourth century AD, / a new style / had developed.
4세기 말에 이르러　　　　　　　새로운 스타일이　　발전했다

01 Look at the four squares [■] in paragraph 1 that indicate where the following sentence could be added to the passage.

This was particularly true in the past, when portraits were very expensive.

Where would the sentence best fit?

Click on a square [■] to add the sentence to the passage.

02 According to paragraph 2, how did portrait styles change after the fourth century AD?

(A) People usually appeared in the backgrounds of portraits.
(B) People did not want their imperfections included in pictures.
(C) People wanted the images to be very accurate.
(D) People did not want to see pictures of beautiful models.

03 Look at the four squares [■] in paragraph 3 that indicate where the following sentence could be added to the passage.

For example, they would change the model's clothes or jewelry.

Where would the sentence best fit?

Click on a square [■] to add the sentence to the passage.

정답 p. 196

Vocabulary

지문 portrait[pɔ́:rtrit] 초상화　consider[kənsídər] 여기다　symbol[símbəl] 상징　success[səksés] 성공
throughout[θru:áut] ~동안　significantly[signífikəntli] 크게, 중요하게　ancient[éinʃənt] 고대의
accuracy[ǽkjurəsi] 정확성　demand[dimǽnd] 요구하다　exactly[igzǽktli] 정확하게, 꼭　even if 비록 ~라도
attractive[ətrǽktiv] 매력적인, 예쁜　reason[rí:zn] 이유　prefer[prifə́:r] 선호하다　physical[fízikəl] 외면의, 신체의
flaw[flɔ:] 결점　in particular 특히　wish[wiʃ] 원하다　hero[híərou] 영웅　mythology[miθálədʒi] 신화
trend[trend] 경향　Renaissance[rènəsá:ns] 르네상스　representation[rèprizentéiʃən] 표현, 묘사
extra[ékstrə] 추가의　detail[ditéil] 세부

01 particularly[pərtíkjulərli] 특히
02 appear[əpíər] 나타나다　imperfection[ìmpərfékʃən] 결점, 불완전함　accurate[ǽkjurət] 정확한
03 jewelry[dʒú:əlri] 보석

History of Math

The ability to count and calculate is a unique feature of humans. This talent has contributed to the development of civilization. All modern sciences are based on mathematics. However, mathematics is not a natural ability. It has a long history of development and many of its rudimentary principles were first created by the early civilizations of Mesopotamia.

Mathematics in Mesopotamia was originally used by government officials and merchants. By 7000 BC, they had begun to use clay tokens to represent goods. For example, a token could stand for one sheep or one unit of grain. This system remained unchanged for many years. ■ Eventually, the Mesopotamians began to add different shapes to the clay tokens. ■ Each shape indicated the number of goods the token represented. ■ Over time, these basic symbols developed into one of the world's first number systems. ■

By 2000 BC, the Mesopotamians had invented more complex mathematical techniques. ■ Greek and Arab scholars used the Mesopotamian methods to create advanced forms of mathematics. ■ The most important of these were geometry and algebra. ■ Historians think that this was the beginning of modern mathematics. ■

---

 the number of ~: ~의 수

the number of ~는 '~의 수' 라고 해석하면 됩니다. 그러나 형태가 유사한 a number of ~는 '많은 ~' 이라는 뜻이므로 해석할 때 주의합니다.

Each shape / indicated / the number of goods / the token represented.
각각의 모양은   가리켰다   물건의 수를   그 토큰이 나타내는

04 Look at the four squares [■] in paragraph 2 that indicate where the following sentence could be added to the passage.

These included triangles, circles, and ovals.

Where would the sentence best fit?

Click on a square [■] to add the sentence to the passage.

05 According to paragraph 2, the clay tokens were used to

(A) specify the amount of goods
(B) indicate the quality of goods
(C) identify the owners of goods
(D) determine the destination of goods

06 Look at the four squares [■] in paragraph 3 that indicate where the following sentence could be added to the passage.

For example, they were able to add, subtract, multiply and divide large numbers.

Where would the sentence best fit?

Click on a square [■] to add the sentence to the passage.

정답 p. 196

Vocabulary

지문 calculate[kǽlkjulèit] 계산하다 contribute to ~에 공헌하다 rudimentary[rù:dəméntəri] 기본의 principle[prínsəpl] 원리 government official 정부 관리 merchant[mə́:rtʃənt] 상인 clay[klei] 진흙 token[tóukən] 토큰 represent[rèprizént] 나타내다 goods[gudz] 물건 stand for ~을 나타내다 unit[jú:nit] 단위 grain[grein] 곡물 mathematical[mæ̀θəmǽtikəl] 수학의 advanced[ædvǽnst] 진보된 geometry[dʒiámətri] 기하학 algebra[ǽldʒəbrə] 대수학

04 triangle[tráiæ̀ŋgl] 삼각형 oval[óuvəl] 타원형
05 specify[spésəfài] 구체적으로 말하다 identify[aidéntəfài] 확인하다
06 subtract[səbtrǽkt] 빼다 multiply[mʌ́ltəplài] 곱하다 divide[diváid] 나누다

유형 정복

[07~09] 다음 글을 읽고 질문에 답하세요.

Louis Pasteur

■The famous French scientist Louis Pasteur was born in 1822 in a small village. ■His family was very poor, and his parents were not well-educated. ■Pasteur became a famous researcher, and he helped create the modern science of microbiology. ■

During his long career, Pasteur made several important discoveries. ■The first of these was about the effects of bacteria on drinks such as beer, wine, and milk. ■Many beverage companies were concerned because their products spoiled very quickly. ■Pasteur discovered that the food spoiled because of bacteria. ■He developed a process to prevent their growth that came to be known as pasteurization.

Pasteur continued to do research on bacteria. He proved that bacteria were responsible for infections in cuts or wounds. As a result, doctors developed methods to improve hygiene in operating rooms, such as washing their hands. Their goal was to make surgery safer for patients. Pasteur also realized that bacteria were the cause of many diseases. With this information, Pasteur created a method to produce vaccines. These are weak forms of bacteria that are used to prevent diseases.

---

 be + 감정을 나타내는 동사의 과거분사: ~하다

감정을 나타내는 동사는 보통 '~하게 하다', '~시키다' 라는 뜻을 갖습니다. 예를 들어 interest는 '흥미를 갖게 하다' 라는 뜻이며, surprise는 '놀라게 하다', concern은 '걱정시키다' 라는 뜻입니다. 이러한 감정을 나타내는 동사의 과거분사가 be 동사와 함께 쓰이면 '~하다' 라고 해석합니다. 따라서 be interested는 '흥미를 갖다', be surprised는 '놀라다', be concerned는 '걱정하다'로 해석하면 됩니다.

Many beverage companies / were concerned / because their products spoiled very quickly.
　　많은 음료 회사들은　　　　　　걱정했다　　　　왜냐하면 그들의 상품이 매우 빨리 상했기 때문에

07 Look at the four squares [■] in paragraph 1 that indicate where the following sentence could be added to the passage.

However, the principal of the local school noticed Pasteur's intelligence and sent him to study at a university in Paris.

Where would the sentence best fit?

Click on a square [■] to add the sentence to the passage.

08 According to the passage, all of the following discoveries were made by Pasteur EXCEPT

(A) the relationship between bacteria and infection
(B) the way to prevent diseases caused by bacteria
(C) a process to stop beverages from spoiling
(D) a method to heal wounds quickly

09 Look at the four squares [■] in paragraph 2 that indicate where the following sentence could be added to the passage.

This resulted in unnecessary expenses and low profits.

Where would the sentence best fit?

Click on a square [■] to add the sentence to the passage.

정답 p. 196

Vocabulary

지문 **well-educated** 교육을 잘 받은　**researcher**[risə́ːrtʃər] 연구가　**microbiology**[màikroubaiáːlədʒi] 미생물학　**career**[kəríər] 경력　**discovery**[diskʌ́vəri] 발견　**beverage**[bévəridʒ] 음료　**spoil**[spɔil] 상하다, 부패하다　**process**[práses] 방법, 과정　**prevent**[privént] 막다, 예방하다　**growth**[grouθ] 성장, 증가　**pasteurization**[pæ̀stʃərizéiʃən] 저온 살균법　**infection**[infékʃən] 감염, 전염　**wound**[wuːnd] 상처　**method**[méθəd] 방법　**improve**[imprúːv] 개선하다　**hygiene**[háidʒiːn] 위생　**operating room** 수술실　**disease**[dizíːz] 질병　**vaccine**[væksíːn] 백신

07 **principal**[prínsəpəl] 교장　**notice**[nóutis] 알아채다　**intelligence**[intélidʒəns] 총명, 지능
08 **heal**[hiːl] 낫게 하다
09 **unnecessary**[ʌnnésəseri] 불필요한　**expense**[ikspéns] 지출　**profit**[práfit] 이윤

VOCABULARY LIST

앞서 배운 어휘 중 필수 어휘를 선별하여 정리했습니다. 음성 파일을 들으며 어휘를 암기한 후, 퀴즈를 통해 실력을 점검해보세요.

*해커스인강(HackersIngang.com)에서 무료 단어암기 MP3를 다운로드할 수 있습니다.

influential [ìnfluénʃəl]	영향력 있는	in particular	특히
psychologist [saikálədʒist]	심리학자	representation [rèprizentéiʃən]	표현, 묘사
construct [kənstrʌ́kt]	건설하다	detail [ditéil]	세부
substance [sʌ́bstəns]	물질	imperfection [ìmpərfékʃən]	결점, 불완전함
combination [kàmbənéiʃən]	결합	contribute to	~에 공헌하다
resistant [rizístənt]	내성이 있는	rudimentary [rù:dəméntəri]	기본의
environment [inváiərənmənt]	환경	principle [prínsəpl]	원리
transfer [trænsfə́:r]	옮기다	represent [rèprizént]	나타내다
threaten [θrétn]	위협하다	goods [gudz]	물건
extinction [ikstíŋkʃən]	멸종	stand for	~을 나타내다
contain [kəntéin]	포함하다	unit [júːnit]	단위
species [spíːʃiːz]	종	mathematical [mæθəmǽtikəl]	수학의
classify [klǽsəfài]	분류하다	advanced [ədvǽnst]	진보된
organism [ɔ́:rgənìzm]	생물	specify [spésəfài]	구체적으로 말하다
predict [pridíkt]	예측하다	career [kəríər]	경력
existence [igzístəns]	존재	discovery [diskʌ́vəri]	발견
invent [invént]	발명하다	beverage [bévəridʒ]	음료
philosophy [filásəfi]	철학	spoil [spɔil]	상하다, 부패하다
reward [riwɔ́:rd]	보상	process [práses]	방법, 과정
significantly [signífikəntli]	크게, 중요하게	prevent [privént]	막다, 예방하다
accuracy [ǽkjurəsi]	정확성	growth [grouθ]	성장, 증가
demand [dimǽnd]	요구하다	infection [infékʃən]	감염, 전염
exactly [igzǽktli]	정확하게, 꼭	wound [wu:nd]	상처
attractive [ətrǽktiv]	매력적인, 예쁜	improve [imprú:v]	개선하다
prefer [prifə́:r]	선호하다	hygiene [háidʒi:n]	위생
physical [fízikəl]	외면의, 신체의	disease [dizí:z]	질병
flaw [flɔ:]	결점	intelligence [intélidʒəns]	총명, 지능

VOCABULARY REVIEW QUIZ

 각 단어의 알맞은 뜻을 찾아 연결해 보세요.

01 hygiene　　　　　　　　　ⓐ 기본의
02 influential　　　　　　　　ⓑ 위생
03 rudimentary　　　　　　　ⓒ 분류하다
04 advanced　　　　　　　　ⓓ 진보된
05 classify　　　　　　　　　ⓔ 영향력 있는
　　　　　　　　　　　　　　ⓕ 정확하게

06 predict　　　　　　　　　ⓐ 예측하다
07 infection　　　　　　　　ⓑ 상하다, 부패하다
08 transfer　　　　　　　　　ⓒ 선호하다
09 philosophy　　　　　　　ⓓ 옮기다
10 spoil　　　　　　　　　　ⓔ 철학
　　　　　　　　　　　　　　ⓕ 감염, 전염

 다음 낱말 퍼즐을 완성해 보세요.

가로열쇠
02 원리
04 멸종
05 개선하다
08 결합
09 질병
10 성장, 증가

세로열쇠
01 막다, 예방하다
03 방법, 과정
06 외면의, 신체의
07 발명하다

정답 01 ⓑ 02 ⓔ 03 ⓐ 04 ⓓ 05 ⓒ 06 ⓐ 07 ⓕ 08 ⓓ 09 ⓔ 10 ⓑ
01 prevent 02 principle 03 process 04 extinction 05 improve 06 physical 07 invent 08 combination 09 disease 10 growth

www.goHackers.com
학습자료 제공 · 유학정보 공유

5. 숨은 의미 파악하기

추론/수사적 의도 문제

5. 숨은 의미 파악하기
추론/수사적 의도 문제

말하는 사람의 의도를 읽자!

엄마가 '돼지우리'라는 말을 한 이유는 무엇일까요? 방이 정말 지저분하다는 것을 강조하기 위해서이지요.

'곧 손님이 오실 텐데'라는 말은 어서 청소를 해야 한다는 의미가 숨겨져 있는 것이고요.

독해 시험에서도 이처럼 글쓴이가 직접적으로 말하지 않아도 그 숨은 의미를 파악해야 하는

추론 문제와 수사적 의도 문제가 출제됩니다. 이 두 가지 문제 유형에 대해 좀 더 알아볼까요?

 이렇게 나와요!

추론 문제 알아보기

추론 문제에서는 지문에서 명확하게 드러나지 않았지만 주어진 정보를 바탕으로 추측할 수 있는 사실이 무엇인지를 묻습니다. 흔히 알고 있는 추론과 같은 개념이지만 반드시 지문의 내용을 근거로 하여 추론하는 것이 중요합니다. 문제 유형은 다음과 같습니다.

   According to the paragraph#/passage, what can be inferred about ⬬?
   #단락/지문에 따르면, ⬬에 관하여 추론할 수 있는 것은 무엇인가?

수사적 의도 문제 알아보기

수사적 의도 문제에서는 글쓴이가 특정 단어나 어구를 사용한 의도가 무엇인지를 묻습니다. 따라서 글쓴이의 입장에서 생각하여 그 의도를 파악하는 것이 중요합니다. 문제 유형은 다음과 같습니다.

   Why does the author mention ⬬ in the passage?
   지문에서 글쓴이가 ⬬을 언급한 이유는 무엇인가?

유형 1
유형 2
유형 3
유형 4
유형 5
유형 6

 이렇게 풀어요!

❶ 사실을 바탕으로 숨은 뜻을 알아내요!
❷ 글쓴이가 특정한 단어나 구를 언급한 의도를 파악해요!

유형 연습

> **1 사실을 바탕으로 숨은 뜻을 알아내요!**
>
> ✦ 추론 문제를 풀기 위해서는 주어진 정보를 바탕으로 직접 언급되지 않은 숨은 뜻을 추론할 수 있어야 합니다.
>
> ✦ 잘못된 내용을 추론하거나, 지문에서 주어진 정보를 바탕으로 알 수 없는 것까지 비약해서 추론해서는 안 됩니다.

각 문제마다 2개의 문장이 주어집니다. 두 번째 문장은 첫 번째 문장에 기반하여 추론한 내용입니다. 올바르게 추론한 경우 O를, 그렇지 않은 경우 X를 하세요.

01 The highest point that trees can grow on a mountain is the alpine timberline.
주어진 정보 – 수목 한계선은 나무가 자랄 수 있는 가장 높은 지점
→ 추론 – 수목 한계선 보다 높은 곳에서는 나무가 자랄 수 없음

⇨ 고산의 수목 한계선보다 더 높은 곳에서 살 수 있는 나무도 있다. _____

Voca alpine[ǽlpain] 고산의   timberline[tímbərlàin] 수목 한계선

02 The places where frogs live are often destroyed as cities become larger.

⇨ 도시에서는 더 이상 개구리가 살지 않는다. _____

Voca frog[frɔːg] 개구리   destroy[distrɔ́i] 파괴하다

03 Black Death was spread throughout Europe by rats.

⇨ 쥐가 없는 지역에서는 흑사병 발생률이 낮았을 것이다. _____

Voca Black Death 흑사병   spread[spréd] 퍼뜨리다   rat[ræt] 쥐

04 In most cases, a series of severe earthquakes will occur just before a volcano erupts.

⇨ An earthquake is the main cause of a volcanic eruption. _____

Voca severe[səvíər] 심한 earthquake[ə́ːrθkwèik] 지진 occur[əkə́ːr] 일어나다 volcano[vɑlkéinou] 화산
erupt[irʌ́pt] (화산이) 폭발하다 cause[kɔːz] 원인 eruption[irʌ́pʃən] 폭발

05 Orcas form groups only when they need to hunt large sea mammals.

⇨ Orcas spend most of their time living and traveling alone. _____

Voca orca[ɔ́ːrkə] 범고래 mammal[mǽməl] 포유동물

06 An animal's biological clock requires a regular pattern of daylight and darkness to function properly.

⇨ A sudden change in the amount of sunlight will cause problems with the animal's biological clock. _____

Voca biological clock 생체시계 require[rikwáiər] 필요로 하다 daylight[déilàit] 빛 function[fʌ́ŋkʃən] 기능을 하다
sudden[sʌ́dn] 갑작스런

07 Modern weather forecasting uses powerful computers to create more accurate weather maps.

⇨ Weather maps created in the past were not as precise as recent ones. _____

Voca weather forecasting 일기예보 accurate[ǽkjurit] 정확한 precise[prisáis] 정확한 recent[ríːsnt] 최근의

08 Although solar power is less efficient than regular power sources, it is popular because it doesn't cause pollution.

⇨ Regular power sources are harmful to the environment. _____

Voca solar power 태양열 발전 efficient[ifíʃənt] 효율적인 source[sɔːrs] 원천 harmful[háːrmfəl] 해로운

정답 p. 204

유형 연습

> **② 글쓴이가 특정한 단어나 구를 언급한 의도를 파악해요!**
>
> ◆ 수사적 의도 문제를 풀기 위해서는 글쓴이가 특정한 단어나 구를 언급한 의도를 파악할 수 있어야 합니다.
>
> ◆ 다음은 글쓴이의 수사적 의도를 파악하는 데 도움을 주는 단서입니다.
> - for example, for instance, such as와 같은 표현을 사용한 경우 → 예시
> - 글의 흐름상 꼭 필요하지 않은 어구를 언급한 경우 → 강조

다음 글을 읽고 질문에 답하세요.

09 There are strong bonds between babies and the people who care for them. Therefore, when toddlers are separated from their parents, they begin to panic. They behave in a number of predictable ways, such as crying, begging, or moving around a lot.
↳ 부모로부터 떨어졌을 때   ↳ 예측 가능한 행동을 한다
↳ 수사적 의도를 파악하는 단서 - 예시

글쓴이가 crying, begging, or moving around를 언급한 이유는 무엇인가?

(A) 아기가 부모 앞에서 보이는 전형적인 반응을 설명하기 위해
(B) 아기가 강한 유대감을 느낄 때 어떻게 행동하는지 예를 들기 위해
(C) 아기가 부모로부터 떨어졌을 때 보이는 반응의 예를 보여주기 위해

Voca bond[band] 유대감   care for ~을 보살피다   toddler[tádlər] 아기   separate[sépərèit] 분리하다, 떼어놓다
behave[bihéiv] 행동하다   predictable[pridíktəbl] 예측할 수 있는   beg[beg] 간청하다

10 Redwood trees are often bigger than a 747 airplane. In fact, they are considered the largest living trees on the planet, weighing more than 500 tons each. They also grow taller than a six-story building.

글쓴이가 a 747 airplane을 언급한 이유는 무엇인가?

(A) Redwood 나무의 엄청난 크기를 보여주기 위해
(B) 비행기가 Redwood 나무로 만들어진다는 것을 제시하기 위해
(C) Redwood 나무의 무게를 설명하기 위해

Voca consider[kənsídər] ~로 여기다   living[líviŋ] 살아있는   weigh[wei] 무게가 나가다   story[stɔ́:ri] (건물의) 층

11 After Alexander the Great died, Greece became less powerful, but its culture continued to be important. As a result, cities built in places as distant as Afghanistan and Pakistan were influenced by Greek culture. Even after they were taken over by the Romans, the traditions remained.

글쓴이가 Afghanistan and Pakistan을 언급한 이유는 무엇인가?

(A) 그리스 문화와 다른 문화를 비교하기 위해
(B) 로마의 지배를 받았던 나라들의 예를 들기 위해
(C) 그리스 문화가 얼마나 멀리까지 퍼졌는지를 강조하기 위해

Voca Greece[gri:s] 그리스 powerful[páuərfəl] 강력한 as a result 결과적으로 as ~ as… …만큼이나 ~한
distant[dístənt] 먼 influence[ínfluəns] 영향을 끼치다 Greek[gri:k] 그리스의 even[í:vən] 심지어
take over 점령하다 Roman[róumən] 로마인 remain[riméin] 남다, 유지하다

12 Very strong wind storms called tornadoes commonly strike southern areas of the United States. Those capable of causing the most damage are usually quite big. They are often over 500 meters wide and powerful enough to lift up cars and trucks and throw them high up in the air.

글쓴이가 cars and trucks를 언급한 이유는 무엇인가?

(A) 자동차와 토네이도의 힘을 비교하기 위해
(B) 토네이도의 힘이 얼마나 강한지 강조하기 위해
(C) 토네이도가 자동차보다 크다는 것을 보여주기 위해

Voca storm[stɔ:rm] 폭풍 tornado[tɔ:rnéidou] 토네이도 strike[straik] 강타하다 lift up 들어 올리다
throw[θrou] 던지다 in the air 공중에

정답 p. 204

[01~03] 다음 글을 읽고 질문에 답하세요.

Women's Suffrage

In a democracy, the government is made up of people who are chosen by the citizens of the country. Therefore, the election process is one of the most important aspects of the political system. However, until the early twentieth century, women in both the United States and the United Kingdom were not allowed to vote.

In England, only a few men who owned property were allowed to participate in elections. This upset many women who also owned land and inspired them to organize political protests. They wrote letters to public officials, started fires, and became violent in order to get their demands heard. Some were even sent to jail for breaking the law and while they were in prison, many refused to eat.

With their efforts continuing in England, women in America also began to protest for equal rights. Their strategies, however, were significantly different because voters were not required to own land. As a result, a more diverse group of women, including both the wealthy and the poor, participated in protests. This increased their power and by 1920, they had earned the right to vote, several years before English women were able to.

---

 with + A + 현재분사/과거분사: A가 ~하는 가운데 / ~한 채
with + A + 현재분사/과거분사는 'A가 ~하는 가운데/~한 채'로 해석합니다.

With their efforts continuing / in England, ~
그들의 노력이 계속되는 가운데 영국에서

01 According to paragraph 1, what can be inferred about a democracy?

(A) It only allows wealthy women to vote.
(B) It was not adopted in Western countries until the 1900s.
(C) It requires the participation of members of society.
(D) It gives the same rights to all people.

02 Why does the author mention letters to public officials in the passage?

(A) To recommend a way for women to gain equal rights
(B) To suggest a way women communicated with politicians
(C) To illustrate an illegal act done by women in England
(D) To give an example of a method used by the protestors

03 According to paragraph 3, American protestors were more successful than the British because

(A) they were required to own land
(B) they added women from the UK to increase their numbers
(C) their efforts involved different classes of women
(D) they were more organized than the English

정답 p. 209

Vocabulary

지문 suffrage[sʌ́fridʒ] 투표권, 선거권 democracy[dimɑ́krəsi] 민주주의 government[gʌ́vərnmənt] 정부
be made up of ~로 구성되다 citizen[sítizən] 시민 election[ilékʃən] 선거 process[prɑ́ses] 과정 aspect[ǽspekt] 측면
political[pəlítikəl] 정치의 vote[vout] 투표하다 own[oun] 소유하다 property[prɑ́pərti] 재산
participate[pɑ:rtísəpèit] 참여하다 upset[ʌpsét] 기분을 상하게 하다 inspire[inspáiər] 고무하다
organize[ɔ́:rgənàiz] 조직하다 protest[próutest] 시위 public official 공무원 violent[váiələnt] 폭력적인
in order to ~하기 위해 demand[dimǽnd] 요구 jail[dʒeil] 감옥 break the law 법을 어기다 prison[prízn] 감옥
refuse[rifjú:z] 거부하다 equal[í:kwəl] 동등한 right[rait] 권리 strategy[strǽtədʒi] 전략
significantly[signífikəntli] 현저하게 require[rikwáiər] 요구하다 diverse[divə́:rs] 다양한 wealthy[wélθi] 부유한
earn[ə:rn] 얻다 several[sévərəl] 몇몇의

01 adopt[ədɑ́pt] 채택하다 participation[pɑ:rtìsəpéiʃən] 참여
02 recommend[rèkəménd] 추천하다 gain[gein] 얻다 communicate[kəmjú:nəkèit] 소통하다 politician[pɑ̀litíʃən] 정치인
illegal[ilí:gəl] 불법의 act[ækt] 행위
03 successful[səksésfəl] 성공적인 class[klæs] 계급

유형 정복

[04~06] 다음 글을 읽고 질문에 답하세요.

Inuit Art

For centuries, the Inuit people of Canada have created a very unique style of art. They carve material found in the Arctic, such as bones and stones, into the shapes of Arctic animals. In the past, most of the work was done to decorate their tools or to give to friends as gifts. They kept only art that was easily transported because the Inuit did not have permanent homes.

However, modern Inuit people live in villages and towns where they can keep larger pieces of art. These are made not only to please themselves, but also to sell in galleries and other venues around the world. In fact, some Inuit people even spend their lives working as full-time artists.

Many people believe that Inuit art can be a beautiful addition to the home. Moreover, both critics and art collectors think these pieces are interesting because they express a lot of emotions. As a result, art of this style is very popular and the profits help keep the Inuit economy strong.

---

 not only A but also B: A뿐 아니라 B도
문장 중에 not only가 나오면 뒤에서 but also를 찾아 'A뿐 아니라 B도'라고 해석합니다.

These are / not only to please themselves, / but also to sell in galleries.
이것들은   그들 스스로를 즐기기 위해서 뿐 아니라   화랑에서 팔기 위해 만들어지기도 한다

04 Why does the author mention bones and stones in the passage?

(A) To explain that hard material was used
(B) To contrast two types of carvings
(C) To give examples of tools used to carve objects
(D) To illustrate types of objects used for art

05 According to paragraph 1, what can be inferred about Inuit art?

(A) Bulky pieces were left behind.
(B) Works were damaged when moved.
(C) Most of the work was heavy.
(D) Small objects were not kept permanently.

06 According to the passage, all of the following are true about Inuit art EXCEPT:

(A) It provides an income for some artists.
(B) It decorates homes.
(C) It communicates a lot of feeling.
(D) It is small and fragile.

정답 p. 209

Vocabulary

지문 century[séntʃəri] 세기   unique[juːníːk] 독특한   carve A into B A를 B로 깎다   material[mətíəriəl] 재료
Arctic[áːrktik] 북극의   in the past 과거에는   decorate[dékərèit] 장식하다   transport[trænspɔ́ːrt] 운송하다
permanent[pə́ːrmənənt] 영구적인   please[pliːz] 만족시키다   venue[vénjuː] 장소   around the world 세계 곳곳의
in fact 사실상   full-time 종일 근무, 정규직   addition[ədíʃən] 추가   moreover[mɔːróuvər] 게다가   critic[krítik] 비평가
collector[kəléktər] 수집가   both A and B A와 B 둘 다   express[iksprés] 표출하다, 표현하다   emotion[imóuʃən] 감정
as a result 결과적으로   profit[práfit] 수익

04 explain[ikspléin] 설명하다   contrast[kəntrǽst] 대조하다   object[ábdʒikt] 물체   illustrate[íləstrèit] 예를 들어 설명하다
05 bulky[bʌ́lki] 부피가 큰   leave behind 뒤에 남기다   damage[dǽmidʒ] 손상을 입히다
06 income[ínkʌm] 수입, 소득   fragile[frǽdʒəl] 깨지기 쉬운

Honeybee Dance

Honeybees have developed a system of communication that helps them to tell each other about new food sources. It takes the form of a special dance, a series of movements made while flying. Scientists now believe that there are typical patterns of motions which represent key information.

A bee uses a particular flight path, for example, to indicate the location of the nectar supply. If the area is quite close to the hive, she will fly in a circle over and over again several times. On the other hand, a routine that includes an oval arc or a straight dash suggests that the food is farther away. She will also vary the angle of her body in flight to communicate the direction of the food.

In addition, dancing honeybees must carry with them a small amount of the nectar taken from the site. The smell of this encourages others to go out and find more food. The more bees that go to the site, the more nectar they can collect and return to the hive. This is important because a lot of supplies are required to feed the stationary queen and baby bees.

---

the 비교급 ~, the 비교급 …: ~할수록 더 …하다
한 문장에 the 비교급 형태가 두 번 반복되어 쓰이면 두 번째 the 비교급 앞에서 끊고 '(앞의 the 비교급 이하 내용을) 할수록, 더 (뒤의 the 비교급 이하 내용을) 하다', 즉 '~할수록 더 …하다'라고 해석합니다.

The more bees / that go to the site, / the more nectar / they can collect.
더 많은 벌이   그 장소로 갈수록   더 많은 꿀을   벌이 모을 수 있다

07 Why does the author mention an oval arc or a straight dash in the passage?

(A) To illustrate movements used to tell others about distance
(B) To demonstrate the typical behavior of a honeybee
(C) To show how the bee can give information about the direction
(D) To give an example of how honeybees fly

08 According to paragraph 3, bees are motivated to search for nectar when

(A) they see other bees going to the field
(B) they are hungry
(C) they observe a dancing bee
(D) they are attracted to a smell

09 According to paragraph 3, what can be inferred about the queen?

(A) She is responsible for caring for the young.
(B) She does not eat as much food as others.
(C) She does not search for the nectar.
(D) She is the only bee that can reproduce.

정답 p. 209

Vocabulary

지문 honeybee[hʌ́nibìː] 꿀벌 form[fɔːrm] 형태 a series of 일련의 movement[múːvmənt] 움직임 typical[típikəl] 전형적인 motion[móuʃən] 움직임 key[kiː] 중요한 particular[pərtíkjulər] 특정한 flight[flait] 비행 path[pæθ] 경로 indicate[índikèit] 나타내다 location[loukéiʃən] 위치 nectar[néktər] (꽃의) 꿀 supply[səplái] 공급 hive[haiv] 벌집 over and over 반복적으로 on the other hand 반면에 routine[ruːtíːn] 경로 straight[streit] 직선의 dash[dæʃ] 돌진 farther[fáːrðər] 더 멀리에 vary[vέəri] 바꾸다 angle[ǽŋgl] 각도 direction[dirékʃən] 방향 carry[kǽri] 지니다 site[sait] 장소 encourage[inkə́ːridʒ] 촉진하다 feed[fiːd] 먹이다 stationary[stéiʃənèri] 움직이지 않는

07 demonstrate[démənstrèit] 설명하다, 증명하다 behavior[bihéivjər] 행동, 태도
08 motivate[móutəvèit] 동기를 부여하다 search[səːrtʃ] 찾다 observe[əbzə́ːrv] 관찰하다 attract[ətrǽkt] 끌어당기다
09 responsible[rispʌ́nsəbl] 책임 있는 reproduce[rìːprədjúːs] 재생하다

VOCABULARY LIST

 앞서 배운 어휘 중 필수 어휘를 선별하여 정리했습니다. 음성 파일을 들으며 어휘를 암기한 후, 퀴즈를 통해 실력을 점검해보세요.

*해커스인강(HackersIngang.com)에서 무료 단어암기 MP3를 다운로드할 수 있습니다.

단어	뜻	단어	뜻
destroy [distrɔ́i]	파괴하다	demand [dimǽnd]	요구
spread [spred]	퍼뜨리다	refuse [rifjúːz]	거부하다
severe [səvíər]	심한	recommend [rèkəménd]	추천하다
occur [əkə́ːr]	일어나다	gain [gein]	얻다
cause [kɔːz]	원인	communicate [kəmjúːnəkèit]	소통하다
require [rikwáiər]	필요로 하다	class [klæs]	계급
function [fʌ́ŋkʃən]	기능을 하다	unique [juːníːk]	독특한
sudden [sʌ́dn]	갑작스런	material [mətíəriəl]	재료
precise [prisáis]	정확한	decorate [dékərèit]	장식하다
recent [ríːsnt]	최근의	transport [trænspɔ́ːrt]	운송하다
efficient [ifíʃənt]	효율적인	please [pliːz]	만족시키다
harmful [háːrmfəl]	해로운	express [iksprés]	표출하다, 표현하다
living [líviŋ]	살아있는	emotion [imóuʃən]	감정
powerful [páuərfəl]	강력한	explain [ikspléin]	설명하다
even [íːvən]	심지어	contrast [kəntrǽst]	대조하다
remain [riméin]	남다, 유지하다	object [ɑ́bdʒikt]	물체
government [gʌ́vərnmənt]	정부	illustrate [íləstrèit]	예를 들어 설명하다
citizen [sítizən]	시민	particular [pərtíkjulər]	특정한
process [prɑ́ses]	과정	indicate [índikèit]	나타내다
aspect [ǽspekt]	측면	location [loukéiʃən]	위치
political [pəlítikəl]	정치의	direction [dirékʃən]	방향
vote [vout]	투표하다	carry [kǽri]	지니다
own [oun]	소유하다	encourage [inkə́ːridʒ]	촉진하다
property [prɑ́pərti]	재산	search [səːrtʃ]	찾다
participate [pɑːrtísəpèit]	참여하다	observe [əbzə́ːrv]	관찰하다
organize [ɔ́ːrgənàiz]	조직하다	responsible [rispɑ́nsəbl]	책임 있는
protest [próutest]	시위	reproduce [rìːprədjúːs]	재생하다

VOCABULARY REVIEW QUIZ

 각 단어의 알맞은 뜻을 찾아 연결해 보세요.

01 observe · · ⓐ 재료
02 material · · ⓑ 계급
03 severe · · ⓒ 심한
04 class · · ⓓ 운송하다
05 refuse · · ⓔ 관찰하다
· ⓕ 거부하다

06 citizen · · ⓐ 표출하다, 표현하다
07 responsible · · ⓑ 시민
08 express · · ⓒ 찾다
09 search · · ⓓ 책임 있는
10 protest · · ⓔ 시위
· ⓕ 탐색하다

 다음 낱말 퍼즐을 완성해 보세요.

가로열쇠
01 소통하다
06 정확한
08 재산
09 갑작스런
10 추천하다

세로열쇠
02 독특한
03 감정
04 측면
05 참여하다
07 재생하다

◆ 01 ⓔ 02 ⓐ 03 ⓒ 04 ⓑ 05 ⓕ 06 ⓑ 07 ⓓ 08 ⓐ 09 ⓒ 10 ⓔ
◆ 01 communicate 02 unique 03 emotion 04 aspect 05 participate 06 precise 07 reproduce 08 property 09 sudden 10 recommend

5. 숨은 의미 파악하기 117

www.goHackers.com
학습자료 제공 · 유학정보 공유

6. 글 전체의 구조와 내용 파악하기

요약/정보 분류표 문제

6. 글 전체의 구조와 내용 파악하기
요약/정보 분류표 문제

 이렇게 나와요!

요약 문제 유형

요약 문제에서는 전체 글의 중심 내용을 파악하여 요약표를 완성해야 합니다. 이때, 완성될 요약표의 주제인 도입 문장을 기준으로 하여 지문의 중심 내용을 담고 있는 보기를 선택합니다. 문제 유형은 다음과 같습니다.

Directions(지시): 지문의 중심 내용을 나타내는 보기 3개를 골라 지문 요약을 완성하시오.

The policies of the Chin emperor resulted in the creation of a powerful state. (도입 문장)

-
-
-

Answer Choices (보기)

(A) China was united under the rule of the Chin dynasty.
(B) The Chin government managed the production of crops.
(C) Military power was strictly controlled.
(D) The emperor supervised the army.
(E) An effective civil service was established.
(F) The bureaucracy was used to eliminate corruption.

정보 분류표 문제 유형

정보 분류표 문제에서는 지문에서 비교되고 있는 정보를 항목별로 정리하여 분류표를 완성해야 합니다. 각 항목에 해당하는 보기를 선택하여 표를 완성합니다. 문제 유형은 다음과 같습니다.

Directions(지시): 주어진 보기에서 적절한 것을 선택하여 관계있는 항목에 연결시키시오.

Answer Choices (보기)	The Mayan Empire (항목 1)
(A) Contained self-governing cities (B) Developed a widespread road network	• •
(C) Governed by a single ruler	The Incan Empire (항목 2)
(D) Used a complicated system of writing (E) Invaded other civilizations in the area	• •

 이렇게 풀어요!

1 글의 중심 내용만 골라내요!
2 글의 내용을 항목별로 분류하여 메모해요!

유형 연습

> **① 글의 중심 내용만 골라내요!**
> ✦ 요약 문제를 풀기 위해서는 지문의 중심 내용을 파악할 수 있어야 합니다.
> ✦ 지문과 다른 내용을 담고 있거나, 지문에는 언급되었지만 도입 문장과 연관이 없는 사소한 정보를 담고 있는 문장은 중심 내용이 될 수 없습니다.

다음 글을 읽고 지문의 중심 내용을 나타내는 보기 두 개를 골라 요약표를 완성하세요.

01 Scientists are uncertain about why prehistoric humans painted pictures in caves. These paintings may have been a way to decorate the caves inhabited by early humans. In some cases, the paintings were found on the walls of areas where the inhabitants spent most of their time. On the other hand, the pictures could have been used to teach children how to hunt. Many of the paintings include images of animals being hunted.

↳ 중심 내용 ①
↳ 중심 내용 ②

↳ 도입 문장
고대 동굴벽화를 그린 목적에 대한 여러 가지 이론이 있다.

● 중심 내용 ①
● 중심 내용 ②

Answer Choices

(A) 동굴벽화는 성공적인 사냥을 기원하기 위해 그려졌을 것이다.
(B) 동굴벽화는 장식용으로 쓰였을 것이다.
(C) 동굴벽화는 교육적인 목적으로 사용되었을 것이다.

Voca prehistoric [prì:histɔ́:rik] 선사 시대의   cave [keiv] 동굴   decorate [dékərèit] 장식하다   inhabit [inhǽbit] 거주하다
inhabitant [inhǽbitənt] 거주자   include [inklú:d] 포함하다

02 There are a number of theories to explain why the dinosaurs disappeared. One theory suggests that the climate may have changed when several volcanoes released a large amount of gas into the air. The dinosaurs may have been unable to adjust to the resulting rise in global temperatures. Another likely cause is the collision of a giant asteroid with the Earth. The dust produced by this impact would have blocked the Sun for several years, making the Earth uninhabitable for the dinosaurs. The existence of a large crater near South America supports this theory.

There is much debate about why dinosaurs became extinct.

-
-

Answer Choices

(A) Volcanic gas may have changed the weather patterns of the planet.
(B) A large asteroid hitting the Earth could have caused debris to block sunlight.
(C) A large crater has been found close to South America.

Voca disappear[dìsəpíər] 사라지다   climate[kláimit] 기후   release[rilíːs] 방출하다   adjust[ədʒʌ́st] 적응하다
collision[kəlíʒən] 충돌   asteroid[ǽstərɔ̀id] 소행성   dust[dʌst] 먼지   impact[ímpækt] 충돌
block[blɑk] 가로 막다   uninhabitable[ʌ̀ninhǽbitəbl] 살기에 부적합한   existence[igzístəns] 존재
crater[kréitər] 분화구   debate[dibéit] 논쟁   extinct[ikstíŋkt] 멸종된   debris[dəbríː] 파편

유형 연습

03 The Roman city of Londinium was the largest city in Britain. It was important because of the unique geographical features of its location. Londinium was situated near one of the few places where the Thames River was narrow enough to build a bridge. This river was a major obstacle to travel throughout the region. In addition, the city's deep-water port was suitable for the merchant ships that traded with the rest of Europe. These merchants were important for the economy of Britain.

The physical characteristics of the site made Londinium significant.

-
-

Answer Choices

(A) Londinium was the biggest city in Roman-controlled Britain.

(B) Londinium was located at one of the places where the river could be crossed.

(C) Because it had a suitable port, Londinium was a center of trade.

Voca geographical[dʒìːəgrǽfikəl] 지리적인　feature[fíːtʃər] 특징　be situated 위치하다　obstacle[ábstəkl] 장애물　deep-water 수심 깊은　port[pɔːrt] 항구　suitable[súːtəbl] 적절한　merchant ship 상선

04 Thermoregulation is an organism's ability to keep its body temperature stable by adapting to external or environmental temperatures. Just like other organisms, humans have their own means of thermoregulation. When it is hot outside, sweat glands in the human body produce sweat. This evaporates and cools the body, thus reducing internal temperature. If it is cold outside, the human body adapts by finding ways to make heat. For example, the sweat glands stop working and the brain tells the muscles to shiver, which generates heat through energy release.

The body is able to maintain a stable internal temperature due to thermoregulation.

-
-

Answer Choices

(A) The human body adapts to the cold by producing heat.
(B) The human body has sweat glands that release water in response to heat.
(C) The human body lowers its temperature in hot weather by releasing sweat.

Voca thermoregulation [θə̀ːrmourèdʒuléiʃən] 체온 조절 organism [ɔ́ːrgənìzm] 생물, 생명체
temperature [témpərətʃər] 온도 stable [stéibl] 안정적인 adapt to ~에 적응하다 external [ikstə́ːrnl] 외부의
environmental [invàiərənméntl] 환경의 means [miːnz] 방법, 수단 sweat [swet] 땀 gland [glænd] 분비(샘)
produce [prədjúːs] 생산하다 evaporate [ivǽpərèit] 증발하다 reduce [ridjúːs] 줄이다 internal [intə́ːrnl] 내부의
muscle [mʌ́sl] 근육 shiver [ʃívər] 떨다 release [rilíːs] 방출하다

정답 p. 216

유형 연습

> **2 글의 내용을 항목별로 분류하여 메모해요!**
>
> ◆ 정보 분류표 문제를 풀기 위해서는 지문에서 비교되고 있는 정보를 각 항목별로 분류하여 메모할 수 있어야 합니다.
> ◆ 분류 항목과 직접적으로 관련이 없는 내용은 메모하지 않도록 합니다.

다음 글을 읽고 각 항목에 해당하는 보기를 선택하여 정보 분류표를 채우세요.

05 The Earth's solar system contains eight planets that all orbit the Sun. These are classified as either Jovian or Terrestrial planets. The Jovian planets, which are also ^{J1}known as the gas giants, are the four planets that are ^{J2}farthest from the Sun. They have the ^{J3}highest mass of all the planets. Terrestrial planets, including the Earth, are ^{T1}located in the inner section of the solar system. Although they are ^{T2}smaller than Jovian planets, they are ^{T3}much denser.

↳ 항목 1 (The Jovian planets)
↳ 항목 2 (Terrestrial planets)

Answer Choices	
(A) Have the highest temperatures ↳ 지문에 언급되지 않은 내용	**Jovian Planets** ● ●
(B) Are closest to the Sun → T1	
(C) Have the greatest mass → J3	**Terrestrial Planets**
(D) Are very compact → T3	●
(E) Are referred to as gas giants → J1	●

메모

Jovian Planets → 항목 1		Terrestrial Planets → 항목 2	
J1 known as the gas giants		T1 located in the inner section	
J2 farthest from the Sun	항목 1의 세부 사항	T2 smaller	항목 2의 세부 사항
J3 highest mass		T3 much denser	

Voca solar system 태양계   orbit[ɔ́ːrbit] 궤도를 그리며 돌다   classify[klǽsəfài] 분류하다   Jovian[dʒóuviən] 목성형의
Terrestrial[təréstriəl] 지구형의   mass[mæs] 질량   be located in ~에 위치하다   inner[ínər] 안의
section[sékʃən] 부분   dense[dens] 밀도 높은   compact[kəmpǽkt] 빽빽한   be referred to as ~로 불리다

06 Although the Mayan and Incan civilizations developed in the same region, they were very different. The Mayan Empire was a collection of independent city-states. The Mayan cities shared the same culture, and communicated using a complex writing system. In contrast, the Incan Empire was ruled by a king who lived in the capital city. An extensive road network made it easy for his commands to be sent to the other cities. Both civilizations were destroyed by Spanish invaders in the sixteenth century.

Answer Choices	The Mayan Empire
(A) Contained self-governing cities	●
(B) Developed a widespread road network	●
(C) Governed by a single ruler	The Incan Empire
(D) Used a complicated system of writing	●
(E) Invaded other civilizations in the area	●

Voca independent[ìndipéndənt] 독립적인　city-state 도시국가　complex[kəmpléks] 복잡한　capital city 수도
extensive[iksténsiv] 광범위한　command[kəmǽnd] 명령　self-govern 자치하다
widespread[wàidspréd] 광범위한, 널리 퍼진　complicated[kámpləkèitid] 복잡한　invade[invéid] 침략하다

07 There are two main theories to explain why humans are found all over the planet. The Single-Origin Theory argues that the human species evolved in Africa, and then slowly moved out to the other continents. This would have occurred about 60,000 years ago. The Multi-Region Theory suggests that humans evolved separately in different regions. However, each regional group would have interacted with the others.

Answer Choices	Single-Origin Theory
(A) Different populations mixed	●
(B) Humans existed everywhere on the planet	●
(C) Humans spread to other locations	Multi-Region Theory
(D) Humans developed in Africa	●
(E) Humans evolved in many places	●

Voca main[mein] 주요한　evolve[iválv] 진화하다　continent[kántənənt] 대륙　occur[əkə́ːr] 발생하다
separately[sépərətli] 각각　interact[ìntərǽkt] 교류하다

[01~02] 다음 글을 읽고 질문에 답하세요.

Ancient China

China was unified for the first time in 221 BC by the Chin emperor. Although the Chin Dynasty only lasted for a brief period, the emperor developed several policies that helped create a very powerful state.

The policies of the Chin emperor led to the direct involvement of the government in the agricultural activities of the Chinese people. Government officials determined planting times, organized workers for harvests, and distributed the yearly crop. This made it possible to produce sufficient food to feed the large population.

The Chin emperor also passed a law that made the government the supreme military authority in China. It became illegal for noble families to have private armies. This limited the threat of civil war. After ensuring the stability of the country, the emperor reorganized the army. All officers were selected based on military skill and were under the direct control of the emperor.

Finally, an efficient bureaucracy was created to govern China. People had to pass difficult civil service exams to work for the government. In addition, government workers had to be effective to receive a promotion. The government also increased the efficiency of the bureaucracy by making anti-corruption laws. Government officials who took bribes were severely punished.

---

 for + A + to + 동사원형: A가 ~하는 것

to + 동사원형 앞에 쓰인 'A'는 동사원형이 나타내는 행위의 주체, 즉 주어가 됩니다. 이렇게 for + A + to + 동사원형이 쓰인 경우 'A가 ~하는 것'으로 해석합니다.

It became illegal / for noble families / to have / private armies.
불법이 되었다   귀족 가문이   보유하는 것은   사병을

01 According to paragraph 3, how did the emperor lower the risk of civil war?

(A) He restructured noble families.
(B) He selected loyal officers.
(C) He banned private armies.
(D) He hired noble soldiers.

02 Directions: An introductory sentence for a brief summary of the passage is provided below. Complete the summary by selecting the THREE answer choices that express the most important ideas in the passage. Some sentences do not belong in the summary because they express ideas that are not presented in the passage or are minor ideas in the passage.

The policies of the Chin emperor resulted in the creation of a powerful state.

-
-
-

Answer Choices

(A) China was first united under the rule of the Chin dynasty.
(B) The Chin government managed the production of crops.
(C) Military power was strictly controlled by the state.
(D) The emperor supervised the armies of noble families.
(E) An effective civil service was established to run the country.
(F) The bureaucracy was used to eliminate corruption.

정답 p. 223

Vocabulary

지문 unify [júːnəfài] 통일하다 emperor [émpərər] 황제 dynasty [dáinəsti] 왕조 policy [páləsi] 정책
involvement [inválvmənt] 개입 agricultural [ægrəkʌ́ltʃərəl] 농업의 determine [ditə́ːrmin] 결정하다
planting [plǽntiŋ] 파종 harvest [háːrvist] 수확 distribute [distríbjuːt] 분배하다 sufficient [səfíʃənt] 충분한
supreme [səpríːm] 최고의 authority [əθɔ́ːrəti] 권력, 권위 illegal [ilíːgəl] 불법의 noble [nóubl] 귀족 civil war 내전
ensure [inʃúər] 확실히 하다 stability [stəbíləti] 안정 reorganize [riːɔ́ːrgənàiz] 재편성하다 bureaucracy [bjuərákrəsi] 관료제
promotion [prəmóuʃən] 승진 corruption [kərʌ́pʃən] 부패 bribe [braib] 뇌물 punish [pʌ́niʃ] 처벌하다
01 restructure [riːstrʌ́ktʃər] 재편성하다, 개혁하다 loyal [lɔ́iəl] 충성스러운 ban [bæn] 금지하다 hire [haiər] 고용하다
02 rule [ruːl] 통치 strictly [stríktli] 엄격하게 supervise [súːpərvàiz] 감독하다 eliminate [ilímənèit] 제거하다

[03~04] 다음 글을 읽고 질문에 답하세요.

Handedness

Most humans have greater control over one hand than the other. This phenomenon is known as handedness. Right-handed people are the most common, although a small percentage of the human population is left-handed. Scientists have developed several theories explaining why most humans are right-handed.

One early theory suggests that right-handedness is the result of ancient fighting techniques. In the past, warfare involved the use of a shield. A right-handed warrior held his shield over his left side, where his heart was. As this offered more protection, natural selection would have led to the survival of more right-handed people.

Another theory is based on the idea that right-handedness is most common because of social pressure. Many cultures traditionally link left-handedness with evil or bad luck. In response, parents often encourage young children who are left-handed to learn <u>how to use</u> their right hand.

A more recent theory argues that right-handedness is caused by the way that the brain operates. Human evolution has resulted in motor skills usually being managed by the left side of the brain. As the left side of the brain controls the right side of the body, most people have better control over their right hand.

---

 how + to + 동사원형: 어떻게 ~하는지

how + to + 동사원형은 '어떻게 ~하는지'라고 해석되며 주로 동사의 목적어로 쓰입니다. 이와 비슷한 것으로 what + to + 동사원형(무엇을 ~할지), where + to + 동사원형(어디로 ~할지), when + to + 동사원형(언제 ~할지) 등이 있습니다.

... parents / encourage / young children / who are left-handed / to learn / how to use / their right hand.
부모들은　　　 장려한다　　　 어린 아이들을　　　 왼손잡이인　　　　　 배우도록 어떻게 사용하는지　 그들의 오른손을

03 According to paragraph 2, a right-handed warrior was more likely to survive than a left-handed one because

(A) he used better equipment to avoid attacks
(B) he positioned his shield over his heart
(C) he held his weapon with his left hand
(D) he had more physical strength

04 Directions: An introductory sentence for a brief summary of the passage is provided below. Complete the summary by selecting the THREE answer choices that express the most important ideas in the passage. Some sentences do not belong in the summary because they express ideas that are not presented in the passage or are minor ideas in the passage.

Several theories have been created to explain why right-handedness is most common.

-
-
-

Answer Choices

(A) Right-handed people are usually more skilled than left-handed people.
(B) Right-handed people had greater chance of surviving combat in the past.
(C) Social beliefs influence the handedness of an individual.
(D) Many groups have a positive opinion of left-handedness.
(E) The function of the brain determines which hand is used.
(F) The left part of the brain controls the opposite side of the body.

정답 p. 223

Vocabulary

지문 handedness[hǽndidnis] 잘 쓰는 손   control[kəntróul] 제어, 통제   phenomenon[finámənàn] 현상
right-handed 오른손잡이의   left-handed 왼손잡이의   technique[tekníːk] 기술   warfare[wɔ́ːrfɛ̀ər] 전쟁   shield[ʃiːld] 방패
warrior[wɔ́ːriər] 전사   protection[prətékʃən] 보호   survival[sərváivəl] 생존   social[sóuʃəl] 사회적인
pressure[préʃər] 압박, 압력   link[liŋk] 연결하다   evil[íːvəl] 악   encourage[inkə́ːridʒ] 장려하다   argue[áːrgjuː] 주장하다
operate[ápərèit] 작용하다, 작동하다   evolution[èvəlúːʃən] 진화   manage[mǽnidʒ] 다루다, 조종하다

03 equipment[ikwípmənt] 장비   attack[ətǽk] 공격   position[pəzíʃən] 위치시키다   weapon[wépən] 무기
04 skilled[skild] 능숙한   combat[kámbæt] 전투   influence[ínfluəns] 영향을 끼치다   individual[ìndəvídʒuəl] 개인
positive[pázətiv] 긍정적인   function[fʌ́ŋkʃən] 기능   opposite[ápəzit] 반대의

유형 정복

[05~06] 다음 글을 읽고 질문에 답하세요.

Army Ants

Army ants are divided into two distinct families. Those that inhabit Africa are named Dorylinae, while their South American counterparts are classified as Ecitoninae. Although they share many common traits, each group uses different hunting strategies when searching for food.

African army ants form into large concentrated groups when hunting. As a group often includes over 20 million ants, it is a significant threat to animals of all sizes. Traveling along set trails, worker ants create a series of interconnected trails behind the large group of hunters. Eventually, this network combines into a vast line of ants leading back to the nest. As the worker ants travel back and forth carrying food from the hunting group to the nest, they are protected by soldier ants.

Unlike their African counterparts, the South American army ants divide into small independent groups, which create several separate trails. These form a tree-like pattern that spreads out from the nest. Ants continuously travel along the trails, bringing food captured by the hunters back to the nest. The small size of the hunting groups means that the South American ants are not harmful to creatures much larger than themselves.

---

 as + 주어 + 동사: ~가 …하기 때문에

'as + 주어 + 동사'는 '~가 …하는 것처럼', '~가 …하면서', '~가 …할 때', '~가 …하기 때문에' 등의 다양한 의미를 갖고 있으므로 해석에 유의해야 합니다. 'as + 주어 + 동사'가 원인이나 이유에 대한 내용일 경우 '~가 …하기 때문에'로 해석합니다.

As a group often includes / over 20 million ants, / it is a significant threat / to animals of all sizes.
하나의 집단은 종종 포함하기 때문에   2천만이 넘는 개미들을   그것은 중대한 위협이다   모든 크기의 동물에게

05 According to paragraph 2, why are groups of African army ants dangerous to all animals?

(A) They include many members.
(B) They create numerous trails.
(C) They prey on other animals.
(D) They are guarded by hunter ants.

06 Directions: Select the appropriate phrases from the answer choices and match them to the type of army ants to which they relate.

Answer Choices	African Army Ants
(A) Are consumed by a wide range of animals (B) Hunt in several groups with a few members (C) Remain close to the nest for protection	● ●
(D) Make a number of separate trails leading off from the nest (E) Create a giant line when carrying food to the nest (F) Combine into huge groups to hunt (G) Are not dangerous to large creatures	**South American Army Ants** ● ● ●

정답 p. 223

Vocabulary

지문 army ant 병정 개미 divide[diváid] 나누다 distinct[distíŋkt] 서로 다른, 독특한 inhabit[inhǽbit] 살다, 거주하다
  counterpart[káuntərpà:rt] 대응하는 것, 상대방 classify[klǽsəfài] 분류하다 common[kámən] 공통의 trait[treit] 특징
  strategy[strǽtədʒi] 전략 form[fɔ:rm] 대형을 짓다, 형성하다 concentrated[kánsəntrèitid] 밀집된
  significant[signífikənt] 중대한 threat[θret] 위협 set[set] 고정된 trail[treil] 경로, 자국 a series of 일련의
  interconnected[ìntərkənéktid] 상호 연결된 eventually[ivéntʃuəli] 결국 combine[kəmbáin] 결합하다
  vast[væst] 거대한 nest[nest] (곤충 따위의) 집, 둥지 back and forth 앞뒤로 protect[prətékt] 보호하다
  independent[ìndipéndənt] 독립적인 several[sévərəl] 몇몇의 separate[sépərèit] 개별적인, 분리된
  spread[spred] 뻗다, 펼치다 continuously[kəntínjuəsli] 계속 capture[kǽptʃər] 붙잡다 harmful[há:rmfəl] 해로운
  creature[krí:tʃər] 생물
05 numerous[njú:mərəs] 매우 많은 prey[prei] 잡아먹다 guard[ga:rd] 보호하다
06 consume[kənsú:m] 먹어 치우다, 소비하다 remain[riméin] 남다 giant[dʒáiənt] 거대한

VOCABULARY LIST

앞서 배운 어휘 중 필수 어휘를 선별하여 정리했습니다. 음성 파일을 들으며 어휘를 암기한 후, 퀴즈를 통해 실력을 점검해보세요.

*해커스인강(HackersIngang.com)에서 무료 단어암기 MP3를 다운로드할 수 있습니다.

prehistoric	[prìːhistɔ́ːrik]	선사 시대의	punish	[pʌ́niʃ]	처벌하다
inhabit	[inhǽbit]	거주하다	ban	[bæn]	금지하다
climate	[kláimit]	기후	supervise	[súːpərvàiz]	감독하다
release	[rilíːs]	방출하다	control	[kəntróul]	제어, 통제
adjust	[ədʒʌ́st]	적응하다	phenomenon	[finámənàn]	현상
existence	[igzístəns]	존재	survival	[sərváivəl]	생존
debate	[dibéit]	논쟁	social	[sóuʃəl]	사회적인
extinct	[ikstíŋkt]	멸종된	pressure	[préʃər]	압박, 압력
classify	[klǽsəfài]	분류하다	encourage	[inkə́ːridʒ]	장려하다
inner	[ínər]	안의	argue	[áːrgjuː]	주장하다
independent	[ìndipéndənt]	독립적인	operate	[ápərèit]	작용하다, 작동하다
complex	[kəmpléks]	복잡한	evolution	[èvəlúːʃən]	진화
extensive	[iksténsiv]	광범위한	equipment	[ikwípmənt]	장비
widespread	[wàidspréd]	광범위한, 널리 퍼진	skilled	[skild]	능숙한
invade	[invéid]	침략하다	positive	[pázətiv]	긍정적인
unify	[júːnəfài]	통일하다	function	[fʌ́ŋkʃən]	기능
policy	[páləsi]	정책	opposite	[ápəzit]	반대의
involvement	[inválvmənt]	개입	common	[kámən]	공통의
agricultural	[ǽgrəkʌ́ltʃərəl]	농업의	trait	[treit]	특징
distribute	[distríbjuːt]	분배하다	significant	[signífikənt]	중대한
supreme	[səpríːm]	최고의	interconnected	[ìntərkənéktid]	상호 연결된
authority	[əθɔ́ːrəti]	권력, 권위	vast	[væst]	거대한
illegal	[ilíːgəl]	불법의	protect	[prətékt]	보호하다
noble	[nóubl]	귀족	independent	[ìndipéndənt]	독립적인
ensure	[inʃúər]	확실히 하다	separate	[sépərət]	개별적인, 분리된
stability	[stəbíləti]	안정	numerous	[njúːmərəs]	매우 많은
reorganize	[riːɔ́ːrgənàiz]	재편성하다	consume	[kənsúːm]	먹어 치우다, 소비하다

VOCABULARY REVIEW QUIZ

각 단어의 알맞은 뜻을 찾아 연결해 보세요.

- 01 adjust
- 02 encourage
- 03 phenomenon
- 04 supervise
- 05 trait

- ⓐ 현상
- ⓑ 특징
- ⓒ 감독하다
- ⓓ 금지하다
- ⓔ 적응하다
- ⓕ 장려하다

- 06 evolution
- 07 extensive
- 08 stability
- 09 social
- 10 opposite

- ⓐ 멸종된
- ⓑ 사회적인
- ⓒ 진화
- ⓓ 반대의
- ⓔ 안정
- ⓕ 광범위한

다음 낱말 퍼즐을 완성해 보세요.

가로열쇠
- 01 농업의
- 05 권력, 권위
- 08 거대한
- 09 압박, 압력
- 10 생존

세로열쇠
- 02 통일하다
- 03 처벌하다
- 04 널리 퍼진
- 06 분류하다
- 07 매우 많은

정답: 01 ⓔ 02 ⓕ 03 ⓐ 04 ⓒ 05 ⓑ 06 ⓒ 07 ⓕ 08 ⓔ 09 ⓑ 10 ⓓ
01 agricultural 02 unify 03 punish 04 widespread 05 authority 06 classify 07 numerous 08 vast 09 pressure 10 survival

www.goHackers.com

학습자료 제공 · 유학정보 공유

HACKERS Reading Intro

독해실전 트레이닝

실전 연습

[01~08] 다음 글을 읽고 질문에 답하세요.

Insect Mimicry

Mimicry, which is common among insects, is the ability of one species to imitate the appearance or behavior of another species. The species that imitates the other is called the mimic, while the species being imitated is called the model. Researchers have discovered several types of mimicry.

The first is Batesian mimicry. With this form of mimicry, the model species has physical traits that keep predators away. Species with no such defenses have a similar appearance to achieve the same result. For example, all wasps have powerful stings that make predators such as birds avoid them. Therefore, other species that look like the wasp are also avoided by predators. The most famous Batesian mimic is the flower fly. This species is almost identical to the wasp. Although the flower fly does not have a sting, it is almost never eaten by a predator because of its appearance.

➡ Another classification is Mullerian mimicry. Often, several species of poisonous insects living in the same area will resemble each other. As each of these species has an effective defensive method, scientists were uncertain about why they imitated each other. This phenomenon is explained by the way that predators learn which species are inedible. First, a predator will try to eat an insect. If the insect is inedible, the predator will remember its appearance and avoid it in the future. The predator will also avoid other species that look like the one it has tried to eat. As a result, it is advantageous for insects that are poisonous to look like each other.

➡ Both the Batesian and Mullerian types of mimicry are used as a defense against predators. However, some predators use mimicry to hunt the model species. This is known as Aggressive mimicry. One example of a predatory mimic is Zodarion germanicum, a species of spider that feeds on large black ants. ■The spider closely resembles the appearance of its prey. ■Most importantly, it has two front legs that are similar to the antennae of the ants. ■As the spider is able to use its front legs in the same way, it can enter the nest and eat the ants.■

01 The word imitate in the passage is closest in meaning to

(A) observe
(B) copy
(C) describe
(D) favor

02 The word them in the passage refers to

(A) wasps
(B) stings
(C) predators
(D) birds

03 Which of the sentences below best expresses the essential information in the highlighted sentence in the passage? *Incorrect* choices change the meaning in important ways or leave out essential information.

(A) The body of the flower fly resembles other species that are harmful to many predators.
(B) Despite its appearance, the flower fly is very dangerous to predators that try to eat it.
(C) Predators believe that the flower fly is edible because it appears to not have a sting.
(D) The appearance of the harmless flower fly ensures that it is seldom threatened by predators.

04 According to paragraph 3, if a predator determines that an insect is inedible, it will

(A) try to eat others of the species
(B) keep away from similar looking insects
(C) attempt to find a different species
(D) hunt identical insects

Paragraph 3 is marked with an arrow [➡].

실전 연습

05 The word advantageous in the passage is closest in meaning to

(A) comparable
(B) harmful
(C) responsible
(D) beneficial

06 According to paragraph 4, why does the Zodarion germanicum spider imitate certain ants?

(A) To defend against predators
(B) To gain access to its prey's nest
(C) To hunt other species of spiders
(D) To make use of the ants' nests

Paragraph 4 is marked with an arrow [➡].

07 Look at the four squares [■] that indicate where the following sentence could be added to the passage.

The ants use these to communicate with each other.

Where would the sentence best fit?

Click on a square [■] to add the sentence to the passage.

08 Directions: An introductory sentence for a brief summary of the passage is provided below. Complete the summary by selecting the THREE answer choices that express the most important ideas in the passage. Some sentences do not belong in the summary because they express ideas that are not presented in the passage or are minor ideas in the passage. *This question is worth 2 points.*

Some species of insects imitate the appearance of other species.

-
-
-

Answer Choices

(A) Wasps resemble other species of insects to defend against predators.
(B) Insect species without defenses imitate those that have them.
(C) Inedible species in a region will often look like each other.
(D) Predators will avoid eating insects that are toxic.
(E) A predator may resemble its prey in order to hunt it more easily.
(F) Some predators interact with the model species.

Drag your answer choices to the spaces where they belong. To remove an answer choice, click on it. To review the passage, click on **View Text**.

[09~16] 다음 글을 읽고 질문에 답하세요.

Agricultural Revolution

During the eighteenth and nineteenth centuries, the total number of people in Britain increased significantly. The most important cause of the rise in population was that farming methods improved during this period of history, which has come to be known as the Agricultural Revolution. The changes that occurred increased the amount of crops that could be grown by farmers.

➡ The most significant change was the decision to stop using the traditional open-field system. With this system, farmland could be used by all members of a community. Even if the land was privately owned, other people usually had the right to use it. However, during the Agricultural Revolution, these rights were cancelled. In addition, common land was divided into private property. As a result, wealthy farmers took control of large pieces of land and spent lots of money to increase the efficiency of their new farms.

➡ One method to achieve this was to use new technology. In the early part of the Agricultural Revolution, many agricultural colleges were established. Scientists from these schools invented new machines for farmers. ■One example is the seed drill, which gave farmers the ability to plant many seeds in a short period of time. ■The combine thresher was also an important invention. ■Farmers could use the machine to harvest their crops very quickly.■

➡ In addition, scientists created new methods to grow crops. The most important of these was the Norfolk system. Under the previous system, farmers would not grow any crops on their land every third year, which was done to restore the fertility of the land. Using the Norfolk system, farmers rotated between wheat, barley, and fodder crops — such as grasses and oats — over a four-year cycle. The system ensured that the fields were continually producing. It also improved the diet of livestock, as the animals usually consumed the fodder crops. Over time the Norfolk system became the standard method used everywhere in the country. It remained the main method of farming until the early part of the twentieth century.

09 The word occurred in the passage is closest in meaning to

(A) returned
(B) appeared
(C) developed
(D) happened

10 According to paragraph 2, which of the following was a feature of the open field-system?

(A) Everyone in a village was permitted to use the farmland.
(B) Property was divided among several important individuals.
(C) Ordinary people had few rights to the local farms.
(D) People who lived in the same town purchased land together.

Paragraph 2 is marked with an arrow [➡].

11 The word increase in the passage is closest in meaning to

(A) modify
(B) boost
(C) diminish
(D) widen

12 According to paragraph 3, the combine thresher

(A) ensured that seeds were not wasted
(B) made it possible to rapidly gather the harvest
(C) increased the amount of crops grown on a farm
(D) reduced the amount of time needed to grow vegetables

Paragraph 3 is marked with an arrow [➡].

실전 연습

13 Which of the sentences below best expresses the essential information in the highlighted sentence in the passage? *Incorrect* choices change the meaning in important ways or leave out essential information.

(A) Farmers would only use the land for a short period of time under the original system of agriculture.
(B) To improve less fertile land, most farmers would not grow crops for three years.
(C) To maintain the land's productivity, farmers would not use it during the third year.
(D) Land that was unable to produce a harvest after three years was usually abandoned.

14 According to the paragraph 4, what can be inferred about fodder crops?

(A) They were rarely eaten by people.
(B) They were the most important crop.
(C) They were planted every year.
(D) They took a long time to grow.

Paragraph 4 is marked with an arrow [➡].

15 Look at the four squares [■] that indicate where the following sentence could be added to the passage.

Both inventions allowed a lot of work to be done by a few people.

Where would the sentence best fit?

Click on a square [■] to add the sentence to the passage.

16 Directions: An introductory sentence for a brief summary of the passage is provided below. Complete the summary by selecting the THREE answer choices that express the most important ideas in the passage. Some sentences do not belong in the summary because they express ideas that are not presented in the passage or are minor ideas in the passage. ***This question is worth 2 points.***

During the Agricultural Revolution, farming practices in Britain improved.

-
-
-

Answer Choices

(A) Rich farmers spent money to improve their land because they had exclusive property rights.
(B) The creation of common land benefited a large number of citizens.
(C) New technologies made it easier for farmers to plant and harvest crops.
(D) The use of the seed drill sped up the planting process significantly for wealthy farmers.
(E) Farm animals benefited from the addition of fodder crops in their diet.
(F) A new farming method allowed farmers to grow crops continuously.

Drag your answer choices to the spaces where they belong. To remove an answer choice, click on it. To review the passage, click on **View Text**.

[17~24] 다음 글을 읽고 질문에 답하세요.

Temperate Climates

The temperate climate zones of the planet are found between the tropics and the polar regions. They have four distinct seasons: summer, autumn, winter, and spring. Temperate climate zones provide the best conditions for human survival. However, weather patterns within a temperate zone vary depending on geographic location. As a result, scientists divide temperate zones into maritime and continental zones.

➡ Maritime zones are located on the west coasts of Europe, Africa, and the Americas, as well as the southeast coast of Australia. As these regions are close to the ocean, they are continually exposed to masses of wet air. This results in long periods of cloudy weather. Therefore, maritime zones receive large amounts of precipitation all year long.

The average temperature of these regions is also affected by the ocean. In the summer, the ocean is much cooler than the surrounding air. ■This causes lower temperatures than those of other areas. ■Winters are very mild because the ocean keeps much of its warmth throughout the year. ■The temperature range for maritime temperate climates is quite narrow, between -10°C and +25°C. ■Although the winters are cool, they are not cold enough to maintain continuous snow coverage on the ground.

➡ Continental zones, on the other hand, are known for cold winters and hot summers. These conditions are typically found in the interiors of the northern continents. The interior regions are far enough away from the coast that the ocean is not an important influence. Instead, they are affected by cold Arctic air in the winter and warm air from the south in the summer. Thus, summers are extremely hot, while winters are incredibly cold.

➡ Likewise, the amount of precipitation in continental zones changes depending on the season. More precipitation falls in the winter and spring than in the summer. The combination of increased precipitation and cold temperatures in the winter has an important effect. It makes it possible for a continental climate zone to support an extended period of snow coverage.

17 Why does the author mention the tropics and the polar regions in the passage?

(A) To emphasize the size of a climate zone
(B) To provide examples of other climate zones
(C) To specify the location of a climate zone
(D) To distinguish between other climate zones

18 The word distinct in the passage is closest in meaning to

(A) separate
(B) related
(C) unusual
(D) prominent

19 According to paragraph 2, all of the following are factors that cause maritime zones to receive much precipitation EXCEPT:

(A) They are near the ocean.
(B) They are affected by moist air.
(C) They are located in the west.
(D) They are covered by clouds.

Paragraph 2 is marked with an arrow [➡].

20 Which of the sentences below best expresses the essential information in the highlighted sentence in the passage? *Incorrect* choices change the meaning in important ways or leave out essential information.

(A) The interior of the region is not close enough to influence the ocean.
(B) The effects caused by the ocean become stronger near the coast.
(C) The interior regions are usually very far from the edge of the ocean.
(D) The ocean does not affect the interior regions because of their location.

21 The word Thus in the passage is closest in meaning to

(A) However
(B) Therefore
(C) In contrast
(D) Whereas

22 According to paragraph 4 and 5, continental temperate zones

(A) receive more precipitation in the summer than in the spring
(B) have cooler temperatures in the spring than the winter
(C) receive more precipitation in the winter than the summer
(D) have warmer temperatures in the spring than in summer

Paragraphs 4 and 5 are marked with arrows [➡].

23 Look at the four squares [■] that indicate where the following sentence could be added to the passage.

However, the presence of the ocean has the opposite effect in the winter.

Where would the sentence best fit?

Click on a square [■] to add the sentence to the passage.

24 Directions: Select the appropriate phrases from the answer choices and match them to the type of temperate climate zones to which they relate. *This question is worth 3 points.*

Drag your answer choices to the spaces where they belong. To remove an answer choice, click on it. To review the passage, click on **View Text**.

Answer Choices	Maritime Climate Zones
(A) Do not receive any snow in the winter (B) Are affected by the ocean (C) Have periods of continuous snow coverage (D) Are located in the interiors of all the continents (E) Experience seasonal changes in precipitation (F) Receive much precipitation throughout the year (G) Have an extreme temperature range	• •
	Continental Climate Zones
	• • •

정답 p. 232

www.goHackers.com
학습자료 제공 · 유학정보 공유

정답·해석·해설

1. 세부 정보 파악하기 일치·불일치 문제

유형 연습

> 01 F 02 T 03 F 04 F 05 T 06 T 07 T 08 (C) 09 (A) 10 (B) 11 (C) 12 (A)

01
Dadaism developed / during World War I, / and most of its
다다이즘은 발달하였다   1차 세계 대전 동안   그리고 다다이즘 지지자의 대부분은
supporters / were opposed / to war. It was a cultural movement /
지지자의   반대하였다   전쟁에   이것은 문화적 운동이었다
that attracted / many artists and writers.
매료시킨   많은 예술가와 작가를

다다이즘은 1차 세계 대전 동안에 발달하였으며, 다다이즘 지지자의 대부분은 전쟁에 반대하였다. 다다이즘은 많은 예술가와 작가를 매료시킨 문화적 운동이었다.

⇨ 다다이즘은 1차 세계 대전 참전자들의 큰 지지를 받았다. **F**

🦉 지문을 살펴보면, 다다이즘 지지자의 대부분이 전쟁에 반대하였다(most of its supporters were opposed to war)는 내용은 있지만, 다다이즘이 1차 세계 대전 참전자들의 큰 지지를 받았다는 내용은 없습니다. 따라서 보기 문장은 지문에 언급되지 않은 내용이므로 지문과 불일치(F)합니다.

02
In North America, / students usually / take a personality test.
북미에서   학생들은 일반적으로   성격검사를 받는다
Unlike most tests in school, / a personality test / is designed / to
학교에서의 대부분의 시험과는 달리   성격검사는   고안되었다
provide information / about the student's character and emotions.
정보를 제공하기 위해   학생의 성격과 감성에 대한

북미에서 학생들은 일반적으로 성격검사를 받는다. 학교에서 치르는 대부분의 시험과는 달리, 성격검사는 학생의 성격과 감성에 대한 정보를 제공하기 위해 고안되었다.

⇨ 북미에서는 학생들이 성격 검사를 받는 일이 흔하다. **T**

🦉 지문을 살펴보면, 북미에서 학생들은 일반적으로 성격검사를 받는다(In North America, students usually take a personality test)는 내용이 있습니다. 따라서 보기 문장은 지문과 일치(T)합니다.

03
Gravity is an invisible force / that attracts two objects / toward
중력은 보이지 않는 힘이다   두 물체를 끌어당기는
each other. The strength of the force / is determined / by the
서로를 향해   그 힘의 세기는   결정된다
mass of each object.
각 물체의 질량에 의해

중력은 두 물체가 서로를 끌어당기는 보이지 않는 힘이다. 그 힘의 세기는 각 물체의 질량에 의해 결정된다.

⇨ 중력은 두 물체의 질량을 합한 값이다. **F**

🦉 지문을 살펴보면, 중력의 세기는 각 물체의 질량에 의해 결정된다(The strength of the force is determined by the mass of each object)는 내용은 있지만, 중력이 두 물체의 질량을 합한 값이라는 내용은 없습니다. 따라서 보기 문장은 지문에 언급되지 않은 내용이므로 지문과 불일치(F)합니다.

정답·해석·해설

04 People / who are unable / to get enough sleep / may suffer /
사람들은   할 수 없는   충분한 수면을 취하는 것을   고통받고 있을지도 모른다
from insomnia. In most cases, / falling asleep / is a problem / for
불면증으로   대부분의 경우   잠드는 것은   문제이다
people / with this medical condition.
사람들에게   이러한 의학적 상태를 가진

충분한 수면을 취할 수 없는 사람들은 불면증에 시달리는 것일 수도 있다. 대부분의 경우, 이처럼 불면증이 있는 사람들에게는 잠드는 것이 어렵다.

⇨ 불면증 환자는 수면 중에 자주 깨어난다. __F__

🦉 지문을 살펴보면, 불면증이 있는 사람들에게는 잠드는 것이 어렵다(falling asleep is a problem for people ~)는 내용은 있지만, 불면증 환자가 수면 중에 자주 깨어난다는 내용은 없습니다. 따라서 보기 문장은 지문에 언급되지 않은 내용이므로 지문과 불일치(F)합니다.

05 In Central Asia, / the traditional form of music / is overtone
중앙아시아에서   전통적인 음악 형태는   배음 창법이다
singing. Overtone singers use / their throat muscles / to
배음 창법으로 노래하는 사람은 사용한다   그들의 목 근육을
produce / three distinct musical notes / at the same time.
만들어내기 위해   세 개의 다른 음을   동시에

중앙아시아에서 전통적인 음악 형태는 배음 창법이다. 이 창법으로 노래하는 사람은 동시에 세 개의 다른 음을 내기 위해 목 근육을 사용한다.

⇨ 배음 창법으로 한 사람이 동시에 세 가지 음을 낼 수 있다. __T__

🦉 지문을 살펴보면, 배음 창법으로 노래하는 사람은 동시에 세 개의 다른 음을 내기 위해 목 근육을 사용한다(Overtone singers use their throat muscles to produce three distinct musical notes at the same time)는 내용이 있습니다. 따라서 보기 문장은 지문과 일치(T)합니다.

06 A child / that has grown up / in isolation / from other people /
아이는   성장한   고립되어   다른 사람들로부터
is known / as a feral child. In a few cases, / feral children /
알려졌다   야생아로   몇몇의 경우   야생아들은
have been raised / by wild animals.
키워졌다   야생동물에 의해

다른 사람들로부터 고립되어 성장한 아이를 야생아라고 한다. 일부의 경우, 야생아들은 야생동물에 의해 키워졌다.

⇨ 일부 야생아들은 야생동물의 보호를 받으며 자라난다. __T__

🦉 지문을 살펴보면, 일부의 경우 야생아들은 야생동물에 의해 키워졌다(In a few cases, feral children have been raised by wild animals)는 내용이 있습니다. 따라서 보기 문장은 지문과 일치(T)합니다.

1. 세부 정보 파악하기

1. 세부 정보 파악하기 일치·불일치 문제

07 Schizophrenia is a mental disorder / that occurs / in a small
    정신 분열증은 정신 장애다   발생하는
percentage / of the human population. It has a negative effect /
적은 비율에서   인구의   그것은 부정적인 영향을 가진다
on the way / that a person thinks and acts.
방식에   사람이 사고하고 행동하는

⇨ 정신 분열증은 사람의 사고 과정뿐 아니라 행동 양식에도 영향을 끼친다.   T

정신 분열증은 전체 인구 중 적은 비율에서 나타나는 정신 장애다. 정신 분열증은 사람이 사고하고 행동하는 방식에 부정적인 영향을 준다.

🦉 지문을 살펴보면, 정신 분열증은 사람이 사고하고 행동하는 방식에 부정적인 영향을 준다(It has a negative effect on the way that a person thinks and acts)는 내용이 있습니다. 따라서 보기 문장은 지문과 일치(T)합니다.

08 The Aztec Empire / expanded / during the period / from 1325
    Aztec 제국은   확장하였다   기간 동안   1325년부터 1502년까지
until 1502. Unfortunately, / a battle with Spanish invaders / led
            불행히도   스페인 침략자들과의 전쟁은
to its destruction / in the summer of 1521.
그것의 멸망을 초래하였다   1521년 여름에

When was the Aztec Empire destroyed?

(A) 1325
(B) 1502
(C) 1521

Aztec 제국은 1325년부터 1502년까지의 기간 동안 확장하였다. 불행히도, 1521년 여름에 있었던 스페인 침략자들과의 전쟁은 Aztec 제국의 멸망을 초래하였다.

Aztec 제국은 언제 멸망하였는가?

(A) 1325
(B) 1502
(C) 1521

🦉 문제의 키워드인 destroyed(멸망하였다)와 같은 의미를 가진 destruction(멸망)이 언급된 부분을 지문에서 살펴보면, led to its destruction in ~ 1521(1521년 ~ Aztec 제국의 멸망을 초래하였다)이라는 것을 알 수 있습니다. 따라서 정답은 (C)입니다. 보기 (A)와 (B)는 지문의 내용과 다르므로 오답입니다.

정답 · 해석 · 해설

09 The first oil well / was built / in Central Asia. However, / other
    최초의 유정은   세워졌다   중앙아시아에   그러나
    regions / soon became / the focus of the oil industry, /
    다른 지역이 곧 되었다   석유 산업의 중심이
    including the United States and the Middle East.
              미국과 중동을 포함하여

    Where was the earliest oil well constructed?

    (A) Central Asia
    (B) The United States
    (C) The Middle East

    최초의 유정은 중앙아시아에 세워졌다. 그러나 곧 미국과 중동을 포함한 다른 지역이 석유 산업의 중심이 되었다.

    최초의 유정은 어디에 세워졌는가?
    (A) 중앙아시아
    (B) 미국
    (C) 중동

    🦉 문제의 키워드인 the earliest oil well(최초의 유정)과 constructed(세워졌다)와 같은 의미를 가진 the first oil well(최초의 유정)과 was built(세워졌다)가 언급된 부분을 지문에서 살펴보면, The first oil well was built in Central Asia(최초의 유정은 중앙아시아에 세워졌다)라는 것을 알 수 있습니다. 따라서 정답은 (A)입니다. 보기 (B)와 (C)는 지문의 내용과 다르므로 오답입니다.

10 Permafrost is soil / that remains frozen / for most of the year. The
    영구 동토는 토양이다   언 상태로 있는   한 해의 대부분 동안
    thickness of the permafrost / is determined / by the temperature
    영구 동토의 두께는   결정된다
    of the soil and the amount of plants / on the surface.
           토양의 온도와 식물의 양에 의해   지면 위의

    All of the following affect the thickness of permafrost EXCEPT

    (A) the temperature of the ground
    (B) the type of material in the soil
    (C) the quantity of surface vegetation

    영구 동토는 거의 일년 내내 얼어 있는 토양이다. 영구 동토의 두께는 토양의 온도와 지면 위 식물의 양에 의해 결정된다.

    다음 중 영구 동토의 두께에 영향을 주는 것이 아닌 것은?
    (A) 땅의 온도
    (B) 토양에 있는 물질의 종류
    (C) 지면 식물의 양

    🦉 문제의 키워드인 thickness of permafrost(영구 동토의 두께)가 언급된 부분을 지문에서 살펴보면, The thickness of ~ by the temperature of the soil and the amount of plants(영구 동토의 두께는 토양의 온도와 식물의 양에 의해 결정된다)라는 것을 알 수 있습니다. 따라서 보기 (A)와 (C)는 지문의 내용과 일치하므로 오답입니다. 보기 (B)는 지문에 언급되지 않은 내용이므로 정답입니다.

1. 세부 정보 파악하기 155

1. 세부 정보 파악하기 일치·불일치 문제

11 It is not known / whether geo-engineering is a safe way / to deal with global warming. Some people feel / it is dangerous / because it will permanently change / the planet.

Why do people believe geo-engineering is dangerous?
(A) It is not fully understood.
(B) It will increase global warming.
(C) It has a permanent effect.

지구공학이 지구온난화에 대처할 안전한 방법인지는 알려지지 않았다. 어떤 사람들은 지구공학이 지구를 영구적으로 바꿀 것이기 때문에 위험하다고 생각한다.

사람들은 왜 지구공학이 위험하다고 생각하는가?
(A) 충분히 이해되지 않았기 때문에
(B) 지구온난화를 가중시킬 것이기 때문에
(C) 영구적인 영향을 주기 때문에

> 문제의 키워드인 dangerous(위험한)가 언급된 부분을 지문에서 살펴보면, Some people feel ~ it will permanently change the planet(어떤 사람들은 지구공학이 지구를 영구적으로 바꿀 것이기 때문에 위험하다고 생각한다)라는 것을 알 수 있습니다. 따라서 정답은 (C)입니다. 보기 (A)와 (B)는 지문에 언급되지 않은 내용이므로 오답입니다.

12 People had to take / two traditional exams / to work for the government / in Tang China. The first covered / knowledge of old documents, / while the second tested / their writing skills.

Potential government workers in Tang China were tested on all of the following EXCEPT

(A) their understanding of Chinese customs
(B) their knowledge of ancient texts
(C) their ability to write

중국 당나라에서 정부 관리로 등용되기 위해서는 두 종류의 과거 시험을 봐야 했다. 첫 번째 시험은 고문서에 대한 지식을 다루었고 두 번째 시험은 그들의 글 솜씨를 평가하였다.

다음 중 당나라 정부 관리로 일하고자 하는 사람들을 대상으로 평가된 항목이 아닌 것은?
(A) 중국 관습에 대한 이해
(B) 고문서에 관한 지식
(C) 글 쓰는 능력

> 보기 (B)의 키워드인 ancient texts(고문서)와 같은 의미를 가진 old documents(고문서)가 언급된 부분을 지문에서 살펴보면, 첫 번째 시험은 covered knowledge of old documents(고문서에 대한 지식을 다루었다)라는 것을 알 수 있습니다. 보기 (C)의 키워드인 ability to write(글 쓰는 능력)와 같은 의미를 가진 writing skills(글 솜씨)가 언급된 부분을 지문에서 살펴보면, 두 번째 시험은 tested their writing skills(글 솜씨를 평가하였다)라는 것을 알 수 있습니다. 따라서 보기 (B)와 (C)는 지문의 내용과 일치하므로 오답입니다. 보기 (A)는 지문에 언급되지 않은 내용이므로 정답입니다.

유형 정복

01 (B) 02 (B) 03 (D) 04 (D) 05 (C) 06 (B) 07 (A) 08 (D) 09 (D)

[01~03]

Italian architects / during the Renaissance / were very interested / in the architecture of Ancient Greece and Rome. What they did / was 01-A to study buildings / from this period, / 01-C as well as ancient documents / on the subject. 01-D They also examined / old drawings and paintings of buildings. This led to the development / of a brand-new style of architecture / that became popular / throughout Europe.

르네상스 시대의 이탈리아 건축가들은 고대 그리스와 로마의 건축에 매우 관심이 많았다. 그들은 01-C건축물에 대한 고문서뿐만 아니라 이 시기의 01-A건축물을 연구했다. 그들은 또한 01-D건물의 오래된 스케치나 그림을 연구했다. 이것은 유럽 전역에서 유행한 새로운 건축 양식의 발전으로 이어졌다.

The Italian Renaissance style / was based / on the Greek and Roman principles / of symmetry and proportion. 02-B Symmetry means / that the various parts of a building / are balanced / with each other. For example, / putting a window / on the left side of a building / requires / a window to be situated / on the right side / as well. Proportion refers / to the relationship between the sizes / of the different elements of a structure, / such as the walls, roofs, or domes. This principle was very important / when designing / large and complicated buildings.

이탈리아 르네상스 양식은 그리스와 로마의 대칭과 비율의 원칙에 기반하고 있었다. 02-B대칭은 한 건물의 다양한 부분이 서로 균형을 이루는 것을 의미한다. 예를 들어, 건물의 왼쪽에 창문을 만들면 오른쪽에도 창문이 위치해야 한다. 비율은 벽, 지붕, 원형 천장과 같은 건물의 다양한 요소의 크기 사이의 관계를 지칭한다. 이 원칙은 크고 복잡한 건물을 설계할 때 매우 중요했다.

Although all Italian architects / followed these rules, / there was a great diversity / in building styles. This is because / 03-D most Italian architects / were professional artists / who later became interested

모든 이탈리아 건축가들이 이 규칙을 따랐지만 건축 양식은 매우 다양했다. 이것은 03-D대부분의 이탈리아 건축가들이 나중에 건축에 관심을 갖게 된 전문 예술가였기 때문이다.

1. 세부 정보 파악하기 일치·불일치 문제

in architecture. For example, / Raphael, Michelangelo, and
　　　　　　　　　예를 들어　　Raphael, Michelangelo, Leonardo Da Vinci는 설계했다
Leonardo Da Vinci designed / many of the most famous buildings /
　　　　　　　　　　　　　　　　　가장 유명한 건물 중 다수를
of this period. ⁰³⁻ᴰEach used / his previous experience / as an
　이 시기의　　　　 각각은 활용했다　　자신의 예전 경험을　　예술가로서의
artist / to create a unique building style.
　　　독특한 건축 양식을 창조하기 위해

예를 들어, Raphael, Michelangelo, Leonardo Da Vinci는 이 시기의 가장 유명한 건물 중 다수를 설계했다. ⁰³⁻ᴰ이들 각각은 독특한 건축 양식을 창조하기 위해 예술가로서 자신의 예전 경험을 활용했다.

---

01 According to paragraph 1, all of the following are methods used by Renaissance architects to learn about Greek and Roman architecture EXCEPT

(A) researching historical structures
(B) writing documents about the topic
(C) examining texts produced in the past
(D) viewing architectural pictures

1단락에 따르면, 르네상스 건축가들이 그리스와 로마의 건축에 대해 배우기 위해 사용한 방법이 아닌 것은?

(A) 역사적인 건축물을 연구하는 것
(B) 그리스와 로마 건축에 대한 글을 쓰는 것
(C) 과거에 만들어진 문서를 연구하는 것
(D) 건축에 관한 그림을 보는 것

🦉 **불일치 문제** 문제의 키워드인 Greek and Roman architecture(그리스와 로마의 건축)와 같은 의미를 가진 the architecture of Ancient Greece and Rome(그리스와 로마의 건축)이 언급된 부분의 주변을 지문에서 살펴보면, What they did was to study buildings ~ as well as ancient documents on the subject(그들은 건축물에 대한 고문서뿐만 아니라 이 시기의 건축물을 연구했다)라고 했으며, They also examined old drawings and paintings of buildings(그들은 또한 건물의 오래된 스케치나 그림을 연구했다)라고 했으므로 보기 (A), (C), (D)는 지문과 일치하는 내용이 되어 오답입니다. 그러나 보기 (B)는 지문에 언급되지 않은 내용이므로 정답입니다.

정답·해석·해설

02 According to paragraph 2, how did symmetry influence the design of a building?

(A) It made it possible to include more parts in a structure.
(B) It determined the arrangement of the components of a building.
(C) It limited the size of the various sections of a structure.
(D) It allowed for buildings to include complex features.

2단락에 따르면, 대칭은 건물의 디자인에 어떻게 영향을 미쳤는가?

(A) 한 건축물에 더 많은 요소를 포함하는 것을 가능하게 했다.
→ 지문에 언급되지 않은 내용
(B) 건물의 다양한 요소의 배열을 결정했다.
(C) 건축물의 다양한 부분의 크기를 제한했다. → 지문에 언급되지 않은 내용
(D) 건축물이 복잡한 요소를 포함할 수 있도록 하였다. → 지문에 언급되지 않은 내용

일치 문제 문제의 키워드인 symmetry(대칭)가 언급된 부분의 주변을 지문에서 살펴보면, Symmetry means that the various parts of a building are balanced with each other(대칭은 한 건물의 다양한 부분이 서로 균형을 이루는 것을 의미한다)라는 것을 알 수 있습니다. 또한, For example, putting a window on the left side of a building requires a window to be situated on the right side as well(예를 들어, 건물의 왼쪽에 창문을 만들면 오른쪽에도 창문이 위치해야 한다)이라고 하였습니다. 따라서 보기 (B)는 지문의 내용과 일치하므로 정답입니다.

03 According to paragraph 3, Italian architecture was diverse because Italian architects

(A) followed a variety of basic principles
(B) were trained by several famous Renaissance artists
(C) copied other well-known structures
(D) used their artistic experience to develop new styles

3단락에 따르면, 이탈리아 건축가들이 _____했기 때문에 이탈리아 건축은 다양성을 띠었다.

(A) 다양한 기본 원칙을 따랐다
→ 지문과 다른 내용
(B) 몇몇의 유명한 르네상스 예술가들에게 훈련 받았다 → 지문에 언급되지 않은 내용
(C) 잘 알려진 다른 건축물을 모방했다
→ 지문에 언급되지 않은 내용
(D) 새로운 양식을 개발하는 데 그들의 예술적 경험을 활용했다

일치 문제 문제의 키워드인 diverse(다양한)와 같은 의미를 가진 diversity(다양성)가 언급된 부분의 주변을 지문에서 살펴보면, most Italian architects were professional artists who later became interested in architecture(대부분의 이탈리아 건축가들은 나중에 건축에 관심을 갖게 된 전문 예술가였다)라는 것을 알 수 있습니다. 또한 Each used his previous experience as an artist to create a unique building style(이탈리아 건축가들은 독특한 건축 양식을 창조하기 위해 예술가로서 자신의 예전 경험을 활용했다)이라는 것을 알 수 있습니다. 따라서 보기 (D)는 지문의 내용과 일치하므로 정답입니다.

유형 1
유형 2
유형 3
유형 4
유형 5
유형 6

1. 세부 정보 파악하기 159

1. 세부 정보 파악하기 일치·불일치 문제

[04~06]

The Ancient Greek civilization / lasted / from 800 BC until 146 BC. During this period, / Greece was divided / into hundreds of city-states. Although they all had / 04-Aa common language, 04-Bculture, and 04-Creligion, / each had / their own laws. They were politically independent / and had their own governments. However, / some were more powerful / than others. The two most important city-states / in Ancient Greece / were Athens and Sparta.

Athens is best known / for its democratic system / of government. Not only were its citizens able / to elect officials, / but they could also vote / on all new laws. Athens was also an important center / of trade. It had many trading ships / that traveled / throughout the Mediterranean. Over time, / 05-CAthens developed / a very strong navy / to protect its merchants. This combination / of naval and commercial power / allowed Athens / to influence / weaker city-states / in the region.

In contrast, / 06-BSparta was a monarchy / that had the best army / in Ancient Greece. Spartan citizens spent / most of their lives / serving the government. All males were required / to join the army / at the age of seven. They had to serve / in the military / until they turned sixty. As a result, / they became / very proficient soldiers. So powerful was the Spartan army / that Sparta was able to conquer / many other states.

고대 그리스 문명은 기원전 800년에서 기원전 146년까지 지속되었다. 이 기간 동안 그리스는 수백 개의 도시국가로 나뉘었다. 이 도시국가들은 모두 04-A공통적인 언어와 04-B문화, 04-C종교를 가지고 있었지만, 각각 그들만의 법을 가지고 있었다. 그들은 정치적으로 독립적이었고 자신들만의 정부를 갖추고 있었다. 그러나 일부는 다른 도시 국가보다 더 강하였다. 고대 그리스에서 가장 영향력 있는 두 도시국가는 아테네와 스파르타였다.

아테네는 민주적인 정부 체제로 가장 잘 알려져 있다. 시민들은 관리를 선출할 수 있었을 뿐만 아니라 모든 새로운 법안에 대해 투표도 할 수 있었다. 아테네는 또한 중요한 무역 중심지였다. 아테네는 지중해를 가로질러 항해하는 많은 교역선을 소유하고 있었다. 시간이 흐름에 따라, 05-C아테네는 자국 상인들을 보호하기 위해 막강한 해군을 발전시켰다. 이 같은 해군력과 상업적 힘이 합쳐져 아테네는 그 지역의 다른 약한 도시국가들에게 영향력을 끼칠 수 있었다.

대조적으로, 06-B스파르타는 고대 그리스에서 최고의 군대를 가진 군주국가였다. 스파르타 시민들은 정부를 위해 일하면서 생애의 대부분을 보냈다. 모든 남자들은 7세의 나이에 군에 입대하도록 요구되었다. 그들은 60세가 될 때까지 군복무를 해야만 했다. 그 결과 그들은 매우 능숙한 군인이 되었다. 스파르타 군대는 너무나 막강했기 때문에 스파르타는 다른 많은 도시국가들을 점령할 수 있었다.

정답 · 해석 · 해설

04 According to paragraph 1, which of the following is NOT true about the Greek city-states?

(A) They used the same language.
(B) They had similar customs.
(C) They believed in shared gods.
(D) They had identical legal systems.

1단락에 따르면, 그리스 도시국가에 대한 내용이 아닌 것은?

(A) 그들은 같은 언어를 사용하였다.
(B) 그들은 유사한 관습을 가지고 있었다.
(C) 그들은 같은 신을 믿었다.
(D) 그들은 동일한 법체계를 가지고 있었다.

> 🦉 **불일치 문제** 문제의 키워드인 Greek city-states(그리스 도시국가)와 같은 의미를 가진 Greece ~ city-states(그리스는 도시국가로 ~)가 언급된 부분을 지문에서 살펴보면, they all had a common language, culture and religion(이 도시국가들은 모두 공통적인 언어와 문화, 종교를 가지고 있었다)이라는 것을 알 수 있습니다. 따라서 보기 (A), (B), (C)는 지문의 내용과 일치하므로 오답입니다. 그러나 보기 (D)는 지문의 each had their own laws(각각 그들만의 법을 가지고 있었다)라는 내용과 다르므로 정답입니다.

05 According to paragraph 2, Athens created a strong navy to

(A) protect its democratic system
(B) increase its volume of trade
(C) guard its many traders
(D) conquer nearby states

2단락에 따르면, 아테네는 _____하기 위해 강력한 해군을 발전시켰다.

(A) 민주적 체제를 보호하다
  → 지문과 다른 내용
(B) 무역량을 늘리다
  → 지문에 언급되지 않은 내용
(C) 많은 상인들을 보호하다
(D) 주변 국가를 정복하다
  → 지문에 언급되지 않은 내용

> 🦉 **일치 문제** 문제의 키워드인 strong navy(강력한 해군)가 언급된 부분을 지문에서 살펴보면, Athens developed a very strong navy to protect its merchants(아테네는 자국 상인들을 보호하기 위해 막강한 해군을 발전시켰다)라는 것을 알 수 있습니다. 따라서 보기 (C)는 지문의 내용과 일치하므로 정답입니다.

06 According to paragraph 3, which of the following is true about the Spartan army?

(A) Both men and women had to join it at a young age.
(B) It was the most powerful military force in Greece.
(C) Soldiers were allowed to retire from it at the age of 65.
(D) It was not victorious in many battles.

3단락에 따르면, 다음 중 스파르타 군대에 관한 내용으로 사실인 것은?

(A) 남녀 모두 어린 나이에 입대해야만 했다. → 지문과 다른 내용
(B) 그리스에서 가장 강력한 군대였다.
(C) 군인들은 65세의 나이에 제대할 수 있었다. → 지문과 다른 내용
(D) 많은 전쟁에서 승리를 거두지 못했다. → 지문과 다른 내용

> 🦉 **일치 문제** 문제의 키워드인 Spartan army(스파르타 군대)와 같은 의미를 가진 Sparta was ~ the best army(스파르타는 최고의 군대를 ~)가 언급된 부분을 지문에서 살펴보면, Sparta ~ had the best army in Ancient Greece(스파르타는 고대 그리스에서 최고의 군대를 가졌다)라는 것을 알 수 있습니다. 따라서 보기 (B)는 지문의 내용과 일치하므로 정답입니다.

1. 세부 정보 파악하기

1. 세부 정보 파악하기 일치·불일치 문제

[07~09]

07-A The Earth's moon is unique / in the solar system. Its width / is just over one quarter / of that of the Earth. All other moons / are much smaller / in comparison to the planets / they orbit. In addition, / the distance of the moon / from the Earth / is much farther / than is typical. Because of these characteristics, / many scientists / are interested / in how the moon was created. They have developed / two different theories / to explain the origin of the moon.

The first of these theories / was developed / by a German astronomer / in the 1950s. He argued / that the moon was once a small planet / that orbited around the Sun. However, / when the moon came close / to the Earth, / 08-D it was captured / by the Earth's gravity. As a result, / the moon began / to orbit the Earth.

However, / modern scientists have developed / a new theory / about the origin of the moon. They believe / 09-A that the moon was created / when the Earth collided / with an enormous asteroid. This event caused / several large 09-B pieces of rock / to break off / from the Earth. 09-C These pieces began / to orbit the Earth. Eventually, / they joined together / to create the moon.

07-A 태양계에서 지구의 달은 독특하다. 달의 직경은 지구 직경의 4분의 1을 조금 넘는다. 다른 모든 위성은 그들이 공전하는 행성과 비교했을 때 훨씬 더 작다. 게다가 지구로부터 달까지의 거리는 보통의 경우보다 훨씬 더 멀다. 이러한 특징 때문에, 많은 과학자들은 달이 어떻게 생성되었는지에 대해 관심을 가지고 있다. 그들은 달의 기원을 설명하기 위해 두 개의 다른 이론을 전개하였다.

이 중 첫 번째 이론은 1950년대에 독일인 천문학자에 의해 전개되었다. 그는 달이 한때는 태양 주위를 도는 작은 행성이었다고 주장하였다. 그러나, 달이 지구에 가까이 왔을 때, 08-D 달은 지구의 중력에 붙잡혔다. 그 결과 달은 지구 주위를 돌기 시작하였다.

그러나, 현대의 과학자들은 달의 기원에 관한 새로운 이론을 전개하였다. 그들은 09-A 지구가 거대한 소행성과 충돌했을 때 달이 생겨났다고 믿는다. 이 충돌로 인하여 몇몇의 큰 09-B 암석 조각이 지구로부터 떨어져 나오게 되었다. 09-C 이 조각들은 지구 주위를 돌기 시작하였다. 결국, 이 조각들이 결합해 달을 형성하였다.

정답 · 해석 · 해설

07 According to paragraph 1, scientists are interested in the origin of the moon because

(A) it is unlike other moons in the solar system
(B) it has a large width compared to that of the Earth
(C) it has an orbit similar to that of other planets
(D) it is located very close to the Earth

1단락에 따르면, 과학자들은 _____ 때문에 달의 기원에 관심을 가지고 있다.

(A) 달은 태양계의 다른 위성들과 다르다
(B) 달은 지구보다 큰 직경을 가지고 있다
 → 지문과 다른 내용
(C) 달은 다른 행성과 유사한 궤도를 가지고 있다 → 지문에 언급되지 않은 내용
(D) 달은 지구와 매우 가까이 위치하고 있다 → 지문과 다른 내용

🦉 **일치 문제** 문제의 키워드인 scientists are interested(과학자들은 관심을 가진다)를 지문에서 찾아 주변을 살펴보면, The Earth's moon is unique ~ farther than is typical(지구의 달은 독특하다 ~ 지구로부터 달까지의 거리는 보통의 경우보다 훨씬 더 멀다) 등의 특징 때문에 과학자들이 달에 관심을 가지고 있다는 것을 알 수 있습니다. 따라서 보기 (A)는 지문의 내용과 일치하므로 정답입니다.

08 According to paragraph 2, why did the moon begin to orbit the Earth?

(A) It was the only planet near the Sun.
(B) It was influenced by the Sun.
(C) It was similar to the Earth.
(D) It was affected by the Earth's gravity.

2단락에 따르면, 달은 왜 지구 주위를 돌기 시작했는가?

(A) 달은 태양에 가까운 유일한 행성이었다. → 지문에 언급되지 않은 내용
(B) 달은 태양의 영향을 받았다.
 → 지문에 언급되지 않은 내용
(C) 달은 지구와 비슷했다.
 → 지문에 언급되지 않은 내용
(D) 달은 지구의 중력에 영향을 받았다.

🦉 **일치 문제** 문제의 키워드인 the moon begin to orbit the Earth(달은 지구 주위를 돌기 시작하다)를 지문에서 찾아 주변을 살펴보면, it was captured by the Earth's gravity(달이 지구의 중력에 붙잡혔다)라는 것을 알 수 있습니다. 따라서 보기 (D)는 지문의 내용과 일치하므로 정답입니다.

09 According to paragraph 3, all of the following contributed to the creation of the moon EXCEPT

(A) an asteroid crashing into the Earth
(B) big chunks of the Earth detaching from it
(C) pieces of the Earth going into orbit
(D) portions of the Earth joining with the moon

3단락에 따르면, 달의 생성에 기여한 것이 아닌 것은?

(A) 소행성이 지구에 충돌한 것
(B) 지구의 큰 부분이 분리된 것
(C) 지구의 조각이 궤도 안으로 들어간 것
(D) 지구의 일부가 달과 결합한 것

🦉 **불일치 문제** 문제의 키워드인 creation of the moon(달의 생성)과 같은 의미를 가진 the moon was created(달이 생성되었다)의 주변을 지문에서 살펴보면, the moon was created ~ enormous asteroid(지구가 소행성과 충돌했을 때 달이 생겨났다), pieces of rock to break off from the Earth(암석 조각이 지구로부터 떨어져 나왔다), These pieces began to orbit the Earth(이 조각들이 지구 주위를 돌기 시작하였다)라는 것을 알 수 있으므로 보기 (A), (B), (C)는 지문과 일치하는 내용이 되어 오답입니다. 그러나 보기 (D)는 지문에 언급되지 않은 내용이므로 정답입니다.

유형 1
유형 2
유형 3
유형 4
유형 5
유형 6

1. 세부 정보 파악하기

2. 단어의 의미와 대상 파악하기 어휘/지시어 문제

유형 연습

01 (A) 02 (B) 03 (C) 04 (B) 05 (C) 06 (A) 07 (B) 08 (C) 09 (A) 10 (B) 11 (C)
12 (B) 13 (C) 14 (C) 15 (A) 16 (A)

---

01 Global temperatures / are gradually rising / because of the
지구 기온이   점차 높아지고 있다   증가 때문에
increase / in pollution.
        오염의

(A) slowly
(B) significantly
(C) rapidly

오염 증가로 인해 지구 기온이 점차 높아지고 있다.

(A) 천천히
(B) 상당히
(C) 빠르게

> 지문의 gradually(점차)는 무언가 오랜 기간 동안 조금씩, 천천히 변할 경우 쓰는 말로서 slowly(천천히)와 동의어입니다. 따라서 정답은 (A)입니다.

---

02 Understanding the behavior of crowds / is vital / for police
군중의 행동을 이해하는 것이   극히 중요하다   경찰들에게는
officers / in big cities.
         큰 도시에 있는

(A) difficult
(B) important
(C) obvious

큰 도시의 경찰들에게는 군중의 행동을 이해하는 것이 극히 중요하다.

(A) 어려운
(B) 중요한
(C) 분명한

> 지문의 vital(극히 중요한)은 important(중요한)와 동의어이므로 정답은 (B)입니다.

---

03 The ancient rulers of Japan / were involved / in many wars /
고대 일본의 통치자들은   참여했다   많은 전쟁에
with their neighbors.
그들 주변국과의

(A) first
(B) powerful
(C) old

고대 일본의 통치자들은 주변국과의 많은 전쟁에 참여했다.

(A) 첫 번째의
(B) 강력한
(C) 고대의

> 지문의 ancient(고대의)는 old(고대의)와 동의어입니다. old는 '늙은', '오래된'이란 뜻 외에 '고대의'라는 뜻도 가집니다. 따라서 정답은 (C)입니다.

04 Modern education methods / must be used uniformly /
　　　현대적 교육 방법은　　　　　일률적으로 사용되어야 한다
throughout the country.
　나라 도처에서

(A) effectively
(B) consistently
(C) always

현대적 교육 방식은 전국에서 일률적으로 사용되어야 한다.
(A) 효과적으로
(B) 일관되게
(C) 항상

지문의 uniformly(일률적으로)는 '여럿이 동일하게'라는 뜻으로 consistently(일관되게)와 동의어입니다. 따라서 정답은 (B)입니다.

05 The Orion Nebulae / contain / thousands of dense clouds /
　　　오리온 성운은　　　포함한다　　수천 개의 밀집된 구름을
of gas and dust.
　가스와 먼지의

(A) clear
(B) hard
(C) thick

오리온 성운은 가스와 먼지로 이루어진 수천 개의 밀집된 구름을 포함한다.
(A) 깨끗한
(B) 딱딱한
(C) 밀집된

지문의 dense(밀집된)는 thick(밀집된)와 동의어이므로 정답은 (C)입니다.

06 The American Constitution / makes citizenship / a prerequisite /
　　　미국 헌법은　　　　　　시민권을 만든다　　　필요조건으로
to vote.
투표하는 데

(A) necessary condition
(B) valuable lesson
(C) likely decision

미국 헌법은 시민권을 투표하는 데 필요조건으로 한다.
(A) 필요한 조건
(B) 귀중한 교훈
(C) 적절한 결정

지문의 prerequisite(필요조건)은 necessary condition(필요한 조건)과 동의어이므로 정답은 (A)입니다.

2. 단어의 의미와 대상 파악하기

2. 단어의 의미와 대상 파악하기 어휘/지시어 문제

07 Natural selection / often results / in the emergence / of a new
　　　자연 선택은　　　　종종 초래한다　　　　출현을
species.
새로운 종의

(A) separation
(B) appearance
(C) design

자연 선택은 종종 새로운 종의 출현을 초래한다.
(A) 분리
(B) 출현
(C) 고안

지문의 emergence(출현)는 appearance(출현)와 동의어이므로 정답은 (B)입니다.

---

08 The city of Byzantium / dominated / the trade routes / of the
　　　Byzantium시는　　　지배했다　　　무역로를
Middle East.
중동의

(A) created
(B) destroyed
(C) controlled

Byzantium시는 중동의 무역로를 지배했다.
(A) 창조했다
(B) 파괴했다
(C) 지배했다

지문의 dominate(지배하다)는 control(지배하다)과 동의어이므로 정답은 (C)입니다.

---

09 Native American art / is very rare / in many areas of Europe.
　　　아메리카 원주민 예술은　　매우 드물다　　유럽의 많은 지역에서

(A) uncommon
(B) inexpensive
(C) unpopular

아메리카 원주민 예술은 유럽의 많은 지역에서 매우 드물다.
(A) 드문
(B) 값싼
(C) 인기 없는

지문의 rare(드문)는 uncommon(드문)과 동의어이므로 정답은 (A)입니다.

정답·해석·해설

10
Migratory birds / must travel / several thousand kilometers /
　　철새는　　　이동해야 한다　　　　수천 킬로미터를
every year. (A) They are often hunted / by predators / looking for
　　매년　　　그들은 종종 사냥된다　　　포식자에 의해　　식량을 찾는
food / to feed (B) their children. However, / (C) most / reach their
　　　그들의 새끼에게 먹일　　　　그러나　　　대부분은
destination / without experiencing any problems.
　그들의 목적지에 도달한다　　어떤 문제도 겪지 않고

철새는 매년 수천 킬로미터를 이동해야 한다. 자신의 새끼에게 먹일 식량을 찾는 포식자에게 철새는 종종 사냥된다. 그러나 대부분은 어떤 어려움도 겪지 않고 목적지에 도달한다.

🦉 지문의 단어 중에서 보기 (A)와 (C)에 대입하여 해석했을 때 가장 자연스러운 단어는 migratory birds(철새)이며, 보기 (B)에 대입하여 해석했을 때 가장 자연스러운 단어는 predators(포식자)입니다. 따라서 지칭하는 대상이 다른 하나는 (B)입니다.

11
Animals usually try / not to waste energy / when they look for
동물들은 보통 노력한다　에너지를 낭비하지 않으려고　그들이 먹이를 찾을 때
food. (A) They / will often remain still / until they find /
　　　그들은　　종종 가만히 있을 것이다　　그들이 찾을 때까지
something to eat. However, / (B) some / will search locations /
　　먹을 것을　　　　그러나　　어떤 것들은　　장소를 살펴볼 것이다
that held food / in the past. (C) These / may include areas /
먹이가 있던　　　과거에　　　이곳은　　지역을 포함할 수도 있다
where other animals nest.
다른 동물들이 서식하는

동물들은 보통 먹이를 찾을 때 에너지를 낭비하지 않으려고 노력한다. 그들은 종종 먹을 것을 찾을 때까지 가만히 있을 것이다. 그러나 어떤 동물은 과거에 먹이가 있던 장소를 살펴볼 것이다. 이곳은 다른 동물들이 서식하는 지역을 포함할 수도 있다.

🦉 지문의 단어 중에서 보기 (A)와 (B)에 대입하여 해석했을 때 가장 자연스러운 단어는 animals(동물)이며, 보기 (C)에 대입하여 해석했을 때 가장 자연스러운 단어는 locations(장소)입니다. 따라서 지칭하는 대상이 다른 하나는 (C)입니다.

12
Egyptian artists / spent most of (A) their time / decorating the
이집트 예술가들은　　그들 시간의 대부분을 보냈다　　　무덤을 장식하며
tombs / of important people, / (B) who were usually very
　　　중요한 사람들의　　　　　　보통 매우 부유했던
wealthy. However, / sometimes / (C) they would work / on large
　　　　그러나　　　　때때로　　그들은 일하곤 했다
projects / for the government.
큰 프로젝트에서　　정부를 위한

이집트 예술가들은 그들의 대부분의 시간을 주요 인사들의 무덤을 장식하며 보냈는데, 이들은 보통 매우 부유한 사람들이었다. 그러나 때때로 그들은 정부를 위한 거대한 프로젝트에 참여하곤 했다.

🦉 지문의 단어 중에서 보기 (A)와 (C)에 대입하여 해석했을 때 가장 자연스러운 단어는 Egyptian artists(이집트 예술가)이며, 보기 (B)에 대입하여 해석했을 때 가장 자연스러운 단어는 important people(주요 인사들)입니다. 따라서 지칭하는 대상이 다른 하나는 (B)입니다.

2. 단어의 의미와 대상 파악하기　**167**

2. 단어의 의미와 대상 파악하기 어휘/지시어 문제

13 Ancient Greeks used / a variety of substances / to make dark marks / around (A) their eyes. (B) They thought / (C) these had / magical powers / that protected them against evil. This was the origin / of modern eye makeup.

고대 그리스인은 그들의 눈 주위에 검은 표시를 하기 위해 다양한 물질을 사용하였다. 그들은 이 표시가 악으로부터 보호해주는 마법의 힘을 가졌다고 생각했다. 이것이 현대 눈 화장의 기원이었다.

지문의 단어 중에서 보기 (A)와 (B)에 대입하여 해석했을 때 가장 자연스러운 단어는 Ancient Greeks(고대 그리스인)이며, 보기 (C)에 대입하여 해석했을 때 가장 자연스러운 단어는 dark marks(검은 표시)입니다. 따라서 지칭하는 대상이 다른 하나는 (C)입니다.

14 Most early American factories / were located / in the northeast part of the country. (A) They / were usually built / in cities, / although (B) a few were placed / near large towns. Many people / lived in these places / and (C) most needed jobs.

대부분의 초기 미국 공장은 나라 북동부에 위치했다. 몇몇 공장은 큰 마을 근처에 위치하기도 했지만 공장은 대개 도시에 지어졌다. 많은 사람들이 이러한 지역에 살았고 대부분이 일자리를 필요로 했다.

지문의 단어 중에서 보기 (A)와 (B)에 대입하여 해석했을 때 가장 자연스러운 단어는 early American factories(초기 미국 공장)이며, 보기 (C)에 대입하여 해석했을 때 가장 자연스러운 단어는 people(사람들)입니다. 따라서 지칭하는 대상이 다른 하나는 (C)입니다.

15 Bat parasites / are insects / that feed on bats, / usually / while (A) they are sleeping. (B) They are very common, / and / (C) many / carry diseases. Therefore, / humans should avoid / caves / with a lot of bats.

박쥐 기생충은 주로 박쥐가 자고 있는 동안 박쥐에 기생해 먹고 사는 곤충이다. 박쥐 기생충은 매우 흔하며 이들 대다수가 병을 옮긴다. 따라서, 사람들은 박쥐가 많은 동굴을 피해야 한다.

지문의 단어 중에서 보기 (B)와 (C)에 대입하여 해석했을 때 가장 자연스러운 단어는 bat parasites(박쥐 기생충)이며, 보기 (A)에 대입하여 해석했을 때 가장 자연스러운 단어는 bats(박쥐)입니다. 따라서 지칭하는 대상이 다른 하나는 (A)입니다.

16 The United States / has a free-market economy, / although /
　　　　미국은　　　　　　자유 시장 경제를 갖추고 있다　　　　　비록
(A) it didn't have (B) one / in the past.　(C) This system is based /
　그것은 시장 경제를 갖추지 못했지만　　과거에는　　　이 체제는 기초하고 있다
on the idea / that the government / should not be involved /
　사상에　　　　　　정부가　　　　　　관여하지 말아야 한다는
in trade.
　무역에

과거에는 미국에 자유 시장 경제 체제가 없었지만, 오늘날 미국은 자유 시장 경제 체제를 갖추고 있다. 이 체제는 정부가 무역에 관여해서는 안된다는 사상에 기반을 두고 있다.

🦉 지문의 단어 중에서 보기 (B)와 (C)에 대입하여 해석했을 때 가장 자연스러운 단어는 a free-market economy(자유 시장 경제)이며, 보기 (A)에 대입하여 해석했을 때 가장 자연스러운 단어는 the United States(미국)입니다. 따라서 지칭하는 대상이 다른 하나는 (A)입니다.

2. 단어의 의미와 대상 파악하기　**169**

2. 단어의 의미와 대상 파악하기 어휘/지시어 문제

유형 정복

01 (A) 02 (B) 03 (D) 04 (A) 05 (C) 06 (A) 07 (B) 08 (B) 09 (B)

[01~03]

Most ants live / in colonies, / which are large nests / that have many inhabitants. They travel / several kilometers / each day / to find sufficient food. In order to do this, / ants must be skilled / in navigating / through new areas.

When an ant first discovers / a source of food, / it will use / special chemicals / to create a trail / leading back to the nest. Other ants / will then follow the tracks / to the food. This method / is very slow, / because the ants must travel / with their antennas to the ground / in order to detect / the chemical trail. However, / once an ant has completed / the trip, / it will remember / landmarks and other visual clues. This will allow / the ant / to move much more quickly / the next time / it travels / to the food. Some species of ant / use / other methods of navigation. For example, / 02-B many ants / can count / the number of steps / they take / to reach a destination. An ant / that does this / is able to determine / how far it must travel / to reach its objective. Scientists hope / that more research will provide / further information / about these striking abilities.

대부분의 개미는 콜로니 안에서 사는데, 콜로니는 많은 개미가 사는 커다란 집이다. 개미는 충분한 먹이를 찾기 위해 매일 몇 킬로미터씩 이동한다. 이를 위해 개미는 새로운 지역을 다니며 길을 찾는 데 숙련되어야 한다.

개미가 처음으로 먹이의 출처를 발견하면 집에 이르는 길을 만들기 위해 특별한 화학물질을 사용할 것이다. 그러면 다른 개미들이 먹이로 이어지는 그 길을 따라올 것이다. 이 방법은 개미가 화학물질로 된 이 길을 탐지하기 위해 더듬이를 땅에 향한 채 이동해야 하기 때문에 매우 더디다. 그러나 일단 개미가 여행을 끝내면, 표지물과 다른 시각적 표지를 기억할 것이다. 이는 다음 번에 개미가 먹이로 이동할 때 훨씬 더 빨리 움직일 수 있게 할 것이다. 어떤 개미 종은 다른 길 찾기 방법을 사용한다. 예를 들어, 02-B많은 개미는 목적지에 도달하기 위해 밟은 걸음 수를 셀 수 있다. 이러한 능력을 가진 개미는 목적지에 도달하기 위해 얼마만큼 멀리 이동해야 하는지 측정할 수 있다. 과학자들은 더 많은 연구를 통해 이 놀라운 능력에 대해 좀 더 많은 정보를 얻을 수 있을 것으로 기대한다.

정답·해석·해설

01 The word They in the passage refers to

(A) ants
(B) colonies
(C) nests
(D) inhabitants

지문의 단어 They가 가리키는 것은?

(A) 개미
(B) 콜로니
(C) 개미집
(D) 거주자

🦉 **지시어 문제** 보기 중에서 지시어 They에 대입하여 해석했을 때 가장 자연스러운 단어는 ants(개미)이므로 정답은 (A)입니다.

02 According to paragraph 2, how do some ant species determine distances?

(A) They check how long it takes to reach a destination.
(B) They remember the amount of steps they take.
(C) They sense special chemicals from the food.
(D) They follow other ants traveling in the same direction.

2단락에 따르면, 일부 개미 종은 어떻게 거리를 측정하는가?

(A) 목적지에 도달하는 데 걸리는 시간을 확인한다. → 지문과 다른 내용
(B) 밟은 걸음 수를 기억한다.
(C) 먹이에서 특별한 화학물질을 감지한다. → 지문과 다른 내용
(D) 같은 방향으로 이동하는 다른 개미를 따라간다. → 지문에 언급되지 않은 내용

🦉 **일치 문제** 문제의 키워드인 determine distances(거리를 측정하다)와 같은 의미를 가진 determine how far it must travel(얼마만큼 멀리 이동해야 하는지 측정하다)이 언급된 부분의 주변을 지문에서 살펴보면, many ants can count the number of steps they take to reach a destination(많은 개미는 목적지에 도달하기 위해 밟은 걸음 수를 셀 수 있다)이라는 것과 An ant that does this is able to determine how far it must travel ~(이러한 능력을 가진 개미는 얼마만큼 멀리 이동해야 하는지 측정할 수 있다)이라는 것을 알 수 있습니다. 따라서 보기 (B)는 지문의 내용과 일치하므로 정답입니다.

03 The word striking in the passage is closest in meaning to

(A) rare
(B) useful
(C) interesting
(D) remarkable

지문의 단어 striking과 의미상 유사한 것은?

(A) 드문
(B) 유용한
(C) 흥미로운
(D) 놀랄 만한

🦉 **어휘 문제** 지문의 striking(놀라운)은 remarkable(놀랄 만한)과 동의어이므로 정답은 (D)입니다.

2. 단어의 의미와 대상 파악하기 어휘/지시어 문제

[04~06]

Before 1950, choreography was a very inflexible art form. Traditional choreographers coordinated the movements of the dancers and carefully planned their performances. Few were willing to try new techniques. As a result, all dance shows were very similar. However, in the middle of the twentieth century, several American choreographers began experimenting with alternative styles of dance.

The most important of these choreographers was Merce Cunningham. He developed a method of choreography known as "Chance Operations." First, [05-B]Cunningham made his dance routines random. This was done by using dice, cards, or coins to determine the type and number of dance movements. The next step was to create music for the performance. [05-A]The composer was not allowed to see the dance routine. After this, the stage was designed by an artist who knew nothing about the music or dance movements. [05-D]All three components of the performance were combined for the first time in front of an audience. By doing this, Cunningham hoped to avoid making a traditional type of dance.

These methods are now taught to choreographers in several universities, and are used by many dance companies. Most experts feel that they result in unique and complex performances.

1950년 이전에 안무법은 매우 융통성이 없는 예술형식이었다. 전통 안무가들은 무용수의 동작을 맞추고 공연을 신중히 계획하였다. 새로운 기법을 시도하려는 안무가는 거의 없었다. 결과적으로, 모든 춤 공연은 매우 비슷했다. 그러나 20세기 중엽에 몇몇의 미국 안무가들이 다른 방식의 안무로 실험을 하기 시작했다.

이들 안무가 중에서 가장 중요한 사람은 Merce Cunningham이다. 그는 "Chance Operations"로 알려진 안무 방법을 개발하였다. 먼저, [05-B]Cunningham은 춤 동작을 무작위로 만들었다. 이는 춤 동작의 유형과 횟수를 결정하기 위해 주사위나 카드, 혹은 동전을 사용하여 이루어졌다. 다음 단계는 공연을 위한 음악을 만드는 것이었다. [05-A]작곡가는 춤 동작을 보는 것이 허락되지 않았다. 그 후에 음악이나 춤 동작에 대해 전혀 알지 못하는 예술가에 의해 무대가 설계되었다. [05-D]공연의 세 가지 요소 모두는 관객 앞에서 처음으로 결합되었다. 이렇게 하여 Cunningham은 전통적 형식의 춤에서 탈피하기를 원했다.

이러한 방법은 현재 몇몇의 대학에서 안무가에게 전수되고 있으며 많은 무용단에서 사용되고 있다. 대부분의 전문가는 이것이 독특하고 복합적인 공연을 탄생시켰다고 생각한다.

정답·해석·해설

04
The word Few in the passage refers to
(A) choreographers
(B) movements
(C) dancers
(D) performances

지문의 단어 Few가 가리키는 것은?
(A) 안무가
(B) 움직임
(C) 무용수
(D) 공연

🦉 **지시어 문제** 보기 중에서 지시어 Few에 대입하여 해석했을 때 가장 자연스러운 단어는 choreographers(안무가)이므로 정답은 (A)입니다.

05
According to paragraph 2, all of the following are aspects of the Merce Cunningham method of choreography EXCEPT:
(A) The music is not related to the actions of the dancers.
(B) The dance movements are chosen at random.
(C) The stage is created by an inexperienced artist.
(D) The audience is the first to see the complete routine.

2단락에 따르면, 다음 중 Merce Cunningham의 안무 방법에 대한 특징이 아닌 것은?
(A) 음악은 무용수의 동작과 연관성이 없다.
(B) 춤 동작은 임의적으로 선택된다.
(C) 무대는 미숙한 미술가에 의해 만들어진다.
(D) 완성된 안무를 처음으로 보는 사람은 관객이다.

🦉 **불일치 문제** 문제의 키워드 the Merce Cunningham method of choreography(Merce Cunningham의 안무 방법)와 같은 의미를 가진 a method of choreography(안무 방법)가 언급된 부분의 주변을 살펴보면, The composer was not ~ dance routine(작곡가는 춤 동작을 보는 것이 허락되지 않았다)이라고 했으며, Cunningham made ~ routines random(Cunningham은 춤 동작을 무작위로 만들었다)이라고 했으며 또한, All three components ~ for the first time ~ audience(공연의 세 가지 요소 모두는 관객 앞에서 처음으로 결합되었다)라고 했으므로 보기 (A), (B), (D)는 지문과 일치하는 내용이 되어 오답입니다. 그러나 보기 (C)는 지문에서 언급된 the stage was ~ by an artist who knew nothing ~(음악이나 춤 동작에 대해 전혀 알지 못하는 예술가에 의해 무대가 설계되었다)이라는 내용과 다르므로 정답입니다.

06
The word complex in the passage is closest in meaning to
(A) intricate
(B) popular
(C) beautiful
(D) dynamic

지문의 단어 complex와 의미상 유사한 것은?
(A) 복잡한
(B) 인기 있는
(C) 아름다운
(D) 역동적인

🦉 **어휘 문제** 지문의 complex(복합의)는 여러가지 요소가 합쳐져 있는 상태를 나타나는 단어로 intricate(복잡한)와 동의어입니다. 따라서 정답은 (A)입니다.

2. 단어의 의미와 대상 파악하기 173

2. 단어의 의미와 대상 파악하기 어휘/지시어 문제

[07~09]

The Great Pyramid / is a burial monument / that was built / for
대 피라미드는   무덤이다   지어진
the Egyptian king Khufu / almost 5,000 years ago. It is the largest
이집트의 Khufu 왕을 위해   거의 5,000년 전에
ancient structure / on the planet, / and is considered / to be one
이것은 가장 큰 고대의 구조물이다   지구상에서   그리고 여겨진다
of the Seven Wonders of the World. The pyramid / is 150 meters
세계 7대 불가사의 중 하나라고   이 피라미드는   높이가 150미터이고
tall / and 230 meters wide, / and it is made up / of over two
       너비가 230미터이다   그리고 구성 되어 있다
million massive limestone blocks. The largest of these /
200만 개 이상의 거대한 석회 블록으로   이 중 가장 큰 것은
weighs / over fifteen tons.
무게가 나간다   15톤 이상

대 피라미드는 거의 5,000년 전에 이집트의 Khufu 왕을 위해 지어진 왕릉이다. 이것은 지구상에서 가장 큰 고대 구조물이며, 세계 7대 불가사의 중 하나로 여겨진다. 피라미드의 높이는 150미터이고, 너비는 230미터이다. 그리고 이 피라미드는 200만 개 이상의 거대한 석회 블록으로 되어 있다. 이 중 가장 큰 블록의 무게는 15톤 이상이다.

Researchers have attempted / to develop / plausible theories /
연구자들은 시도하였다   전개하는 것을   그럴듯한 이론을
about the methods / used to transport the heavy blocks. One of
방법에 대한   무거운 블록을 운반하기 위해 사용된
these argues / that thousands of people worked together /
이 중 하나는 주장한다   수천 명의 사람이 함께 일했다고
to move the stones. Most likely, / the king gave / the Egyptian
돌을 운반하기 위해   아마   왕이 주었다   이집트인들에게
people / an order / to work on the pyramid / during the time of
        명령을   피라미드를 지으라는   일년 중 그 시기 동안에
the year / when farming was impossible. However, / some
            농사 짓는 것이 불가능했던   그러나
researchers believe / it would have been very difficult / to manage
몇몇 연구자들은 믿는다   매우 어려웠을 것이라고   그토록 많은 사람을 관리하는 것이
so many people. They think / that the Egyptians / used technology /
                그들은 생각한다   이집트인들이   기술을 사용했다고
to transport the stones. For example, / they may have created /
돌을 운반하기 위해   예를 들어   그들은 만들었을지 모른다
long wooden tracks / that were coated / with a slippery substance.
긴 나무로 된 선로를   칠해져 있는   미끄러운 물질로
The limestone pieces / would have easily moved / along these
석회조각은   쉽게 움직였을 것이다   이 선로를 따라
tracks. As a result, / ⁰⁹⁻ᴮonly a few workers / would have been
         결과적으로   적은 수의 일꾼이   필요했을 것이다
needed / to move a block. Regardless of / the techniques used, /
          블록을 운반하는 데   관계없이   사용된 기술에
this structure / demonstrates / that ancient peoples / were
이 구조물은   증명한다   고대 민족이
capable / of great achievements.
이룰 수 있었다는 것을   위대한 업적을

연구자들은 무거운 블록을 운반하는 데 사용된 방법에 대한 그럴듯한 이론을 전개하고자 했다. 이 중 한 이론은 돌을 운반하기 위해 수천 명의 사람이 함께 일했다고 주장한다. 아마, 왕이 이집트인들에게 휴경기 동안 피라미드를 지으라는 명령을 내렸을 것이다. 하지만 몇몇의 연구자들은 그렇게 많은 사람을 관리하는 것이 매우 어려웠을 것이라고 믿는다. 그들은 이집트인이 돌을 운반하기 위해 기술을 사용했다고 생각한다. 예를 들어, 이집트인은 미끄러운 물질로 칠해진 긴 나무 선로를 만들었을지도 모른다. 석회조각은 이 선로를 따라 쉽게 운반될 수 있었을 것이다. 결과적으로, ⁰⁹⁻ᴮ블록을 운반하는 데 소수의 일꾼만으로 충분했을 것이다. 어떤 기술이 사용되었든 간에, 이 구조물은 고대 민족이 위대한 업적을 이룰 수 있었다는 것을 증명한다.

07 The word massive in the passage is closest in meaning to

(A) impressive
(B) huge
(C) solid
(D) unique

지문의 단어 massive와 의미상 유사한 것은?

(A) 인상적인
(B) 거대한
(C) 고체의
(D) 독특한

🦉 **어휘 문제** 지문의 massive(거대한)는 huge(거대한)와 동의어이므로 정답은 (B)입니다.

---

08 The word these in the passage refers to

(A) researchers
(B) theories
(C) methods
(D) blocks

지문의 단어 these가 가리키는 것은?

(A) 연구자
(B) 이론
(C) 방법
(D) 블록

🦉 **지시어 문제** 보기 중에서 지시어 these에 대입하여 해석했을 때 가장 자연스러운 단어는 theories(이론)이므로 정답은 (B)입니다.

---

09 According to paragraph 2, the use of slippery wooden tracks would have

(A) required a high level of technology
(B) enabled a few people to transport the stones
(C) prevented the blocks from being damaged
(D) allowed the development of other methods

2단락에 따르면, 미끄러운 나무 선로를 이용하는 방식은 _____.

(A) 고도의 기술이 요구되었다
  → 지문에 언급되지 않은 내용
(B) 적은 인원으로 돌을 운반할 수 있게 해주었다
(C) 블록의 손상을 방지해주었다
  → 지문에 언급되지 않은 내용
(D) 다른 방법의 발전을 가능하게 해주었다
  → 지문에 언급되지 않은 내용

🦉 **일치 문제** 문제의 키워드 slippery wooden tracks(미끄러운 나무 선로)와 같은 의미를 가진 wooden tracks ~ coated with a slippery substance(미끄러운 물질로 칠해진 나무 선로)가 언급된 부분의 주변을 지문에서 살펴보면, only a few workers would have been needed to move a block(블록을 운반하는 데 소수의 일꾼만으로 충분했을 것이다)이라는 것을 알 수 있습니다. 따라서 보기 (B)는 지문의 내용과 일치하므로 정답입니다.

3. 문장의 핵심 파악하기 문장 간략화 문제

유형 연습

> 01 (B)   02 (A)   03 (A)   04 (B)   05 (A)   06 (B)   07 (A) ○ (B) × (C) ×   08 (A) × (B) ○ (C) ×
> 09 (A) ○ (B) × (C) ×   10 (A) ○ (B) × (C) ×   11 (A) × (B) × (C) ○

---

01 The primary advantage of hydroelectricity / is that this method
　　　수력발전의 주된 장점은　　　　　　　　　이러한 에너지 생산 방식이
of energy production / does not require / fossil fuels such as oil
　　　　　　　　　　　요구하지 않는다는 것이다　석유나 석탄과 같은 화석 연료를
or coal.

수력발전의 주된 장점은 이러한 에너지 생산 방식이 석유나 석탄과 같은 화석 연료를 필요로 하지 않는다는 것이다.

(A) 석유와 석탄 등 화석 연료는 수력발전 과정에 사용되지 않는다.
(B) 화석 연료를 사용하지 않아도 된다는 것이 수력발전의 주된 장점이다.

> 주어진 문장에서 of energy production(에너지 생산의)과 such as oil or coal(석유나 석탄과 같은)은 부가정보이고 이를 제외한 The primary advantage of hydroelectricity is ~ does not require fossil fuels(수력발전의 주된 장점은 화석 연료를 필요로 하지 않는다는 것이다)라는 내용이 핵심정보입니다. 따라서 정답은 (B)입니다. 보기 (A)의 화석 연료가 수력발전 과정에서 사용되지 않는다는 내용은 주어진 문장과 일치하지만, 이러한 점이 수력발전의 주된 장점이라는 핵심정보를 빠뜨리고 있기 때문에 중요한 정보를 빠뜨린 오답입니다.

---

02 Researchers do not know / whether the Clovis was the earliest
　　　연구자들은 알지 못한다　　　　Clovis 민족이 최초의 민족이었는지
group of people / to move from Asia to Alaska / via the Bering
　　　　　　　　　아시아에서 알래스카로 이동한
Land Bridge.
Bering Land Bridge를 통해서

연구자들은 Clovis 민족이 Bering Land Bridge를 통해서 아시아에서 알래스카로 이동한 최초의 민족이었는지 알지 못한다.

(A) Clovis 민족이 아시아에서 알래스카로 이동한 최초의 민족이었는지는 알려지지 않았다.
(B) Clovis 민족이 Bering Land Bridge를 건넜는지는 분명하지 않다.

> 주어진 문장에서 via the Bering Land Bridge(Bering Land Bridge를 통해서)는 부가정보이고 이를 제외한 Researchers do not know ~ to move from Asia to Alaska(연구자들은 Clovis 민족이 아시아에서 알래스카로 이동한 최초의 민족이었는지 알지 못한다)라는 내용이 핵심정보입니다. 따라서 정답은 (A)입니다. 보기 (B)의 Clovis 민족이 Bering Land Bridge를 건넜는지는 분명하지 않다는 내용은 주어진 문장과 일치하지만 아시아에서 알래스카로 이동한 최초의 민족이었는지 알려지지 않았다는 핵심정보를 빠뜨리고 있기 때문에 중요한 정보를 빠뜨린 오답입니다.

정답·해석·해설

03
The cocoa beans / grown by the Aztecs / had many uses, /
코코아 열매는   Aztec인들이 재배하는   많은 용도를 가졌다
including the production of a popular beverage / called chocolat.
인기 있는 음료의 생산을 포함하여   chocolat이라고 불리는

Aztec인들이 재배한 코코아 열매는 chocolat이라고 불리는 인기 있는 음료의 생산을 포함하여 용도가 다양했다.

(A) Aztec인들은 코코아 열매를 다양한 용도로 사용하였다.
(B) 코코아 열매는 Aztec인들의 음료인 chocolat을 만드는 데 사용되었다.

🦉 주어진 문장에서 including the production of a popular beverage called chocolat(chocolat이라고 불리는 인기 있는 음료의 생산을 포함하여)은 부가정보이고 이를 제외한 The cocoa beans grown by the Aztecs had many uses(Aztec인들이 재배한 코코아 열매는 용도가 다양했다)라는 내용이 핵심정보입니다. 따라서 정답은 (A)입니다. 보기 (B)의 코코아 열매가 chocolat을 만드는 데 사용되었다는 내용은 주어진 문장과 일치하지만 코코아 열매의 용도가 다양했다는 핵심정보를 빠뜨리고 있기 때문에 중요한 정보를 빠뜨린 오답입니다.

04
Scientists are searching / for the source of the pollution / that
과학자들은 찾고 있다   오염의 근원을
is threatening / many species of cichlid, / a type of fish /
위협하고 있는   cichlid의 많은 종을   물고기의 종류인
commonly found in Africa.
아프리카에서 흔히 발견되는

과학자들은 아프리카에서 흔히 발견되는 물고기 종류인 cichlid의 많은 종을 위협하고 있는 오염원을 찾고 있다.

(A) 아프리카 물고기인 cichlid는 오염으로 인해 위협받고 있다.
(B) cichlid를 위협하는 오염의 근원에 대한 조사가 이루어지고 있다.

🦉 주어진 문장에서 a type of fish commonly found in Africa(아프리카에서 흔히 발견되는 물고기 종류)는 부가정보이고 이를 제외한 Scientist are searching for ~ many species of cichlid(과학자들은 cichlid의 많은 종을 위협하고 있는 오염원을 찾고 있다)라는 내용이 핵심정보입니다. 따라서 정답은 (B)입니다. 보기 (A)의 아프리카 물고기인 cichlid는 오염으로 인해 위협받고 있다는 내용은 주어진 문장과 일치하지만, 오염원을 찾고 있다는 핵심정보를 빠뜨리고 있으므로 중요한 정보를 빠뜨린 오답입니다.

05
Psychologists / who study infant development / consider it /
심리학자들은   유아 발달을 연구하는   여긴다
normal / that unfamiliar sounds and smells / cause / a baby's
정상적이라고   낯선 소리와 냄새가   초래하는 것을
heart rate / to increase.
아기의 심장 박동률이   증가하도록

유아 발달을 연구하는 심리학자들은 낯선 소리와 냄새가 아기의 심장 박동률을 증가시키는 것을 정상으로 여긴다.

(A) 새로운 소리와 냄새에 노출 되었을 때 아기의 심장 박동률은 흔히 증가한다.
(B) 대부분의 아기들은 새로운 소리와 냄새에 대해 강한 심리적 반응을 보인다.

🦉 주어진 문장에서 who study infant development(유아 발달을 연구하는)는 부가정보이고 이를 제외한 Psychologists consider it normal that ~ to increase(심리학자들은 낯선 소리와 냄새가 아기의 심장 박동률을 증가시키는 것을 정상으로 여긴다)라는 내용이 핵심정보입니다. 따라서 정답은 (A)입니다. 주어진 문장에 따르면, 새로운 소리와 냄새로 인해 아기의 '심장 박동률이 증가'하는 것이지 '심리적 반응'을 보이는 것은 아니므로 보기 (B)는 의미를 현저하게 바꾼 오답입니다.

3. 문장의 핵심 파악하기 177

3. 문장의 핵심 파악하기 문장 간략화 문제

06 The daguerreotype, / invented in the early 1800s, / was the
　　　　은판 사진법은　　　　　　1800년대 초기에 발명된
first photographic process / to become a commercial success.
　　최초의 사진술이었다　　　　　　　상업적 성공이 된

(A) 은판 사진법은 1800년대 초반에 발명될 때부터 성공이 예견되었다.
(B) 은판 사진법은 최초로 상업적인 성공을 거둔 사진술이었다.

1800년대 초기에 발명된 은판 사진법은 상업적 성공을 이룬 최초의 사진술이었다.

> 🦉 주어진 문장에서 invented in the early 1800s(1800년대 초기에 발명된)는 부가정보이고 이를 제외한 The daguerreotype was the first ~ to become a commercial success(은판 사진법은 상업적 성공을 이룬 최초의 사진술이었다)라는 내용이 핵심정보입니다. 따라서 정답은 (B)입니다. 주어진 문장에 따르면, 은판 사진법이 상업적 성공을 이룬 것이지 성공이 예견되었다는 것은 아니므로 보기 (A)는 지문의 의미를 현저하게 바꾼 오답입니다.

07 Dolphins are popular / with humans / because of /
　　　돌고래는 인기 있다　　사람들에게　　~때문에
their intelligence, friendliness, / and ability to learn tricks.
　　　그들의 지능과 친근함　　　　　　그리고 재주를 배우는 능력

　○　(A) Humans enjoy dolphins / due to their character, skills,
　　　　사람들은 돌고래를 좋아한다　　그들의 성격, 능력과 똑똑함 때문에
　　　　and cleverness.

　×　(B) Humans admire dolphins / that are capable /
　　　　사람들은 돌고래를 좋아한다　　　　할 수 있는
　　　　of learning new tricks.
　　　　새로운 재주를 배우는 것을

　×　(C) Humans really like / dolphins / because they are quite
　　　　사람들은 매우 좋아한다　돌고래를　　그들이 꽤 영리하기 때문에
　　　　smart.

돌고래는 지능, 친근함, 재주를 배우는 능력 때문에 사람들에게 인기가 있다.
(A) 사람들은 돌고래의 성격, 능력과 똑똑함 때문에 돌고래를 좋아한다.
(B) 사람들은 새로운 재주를 배울 수 있는 돌고래를 좋아한다.
(C) 사람들은 돌고래가 꽤 영리하기 때문에 그들을 매우 좋아한다.

> 🦉 주어진 문장의 Dolphins are popular with humans(돌고래는 사람들에게 인기가 있다)를 humans enjoy dolphins(사람들은 돌고래를 좋아한다)로, 주어진 문장의 intelligence, friendliness, and ability to learn tricks(지능, 친근함, 재주를 배우는 능력)를 character, skills, and cleverness(성격, 능력, 똑똑함)로 바꾸어 표현한 보기 (A)가 ○입니다. 보기 (B)와 (C)는 주어진 문장의 핵심정보인 돌고래가 인기 있는 세 가지 이유 중 일부만 담고 있기 때문에 ×입니다.

08

Although the tundra / is both dry and windy, / it supports
비록 툰드라는   건조하고 바람이 불지만   그것은 부양한다
a surprising amount of / plant life and animal species.
놀라운 양의   식물과 동물 종을

× (A) **Many plants and animals / make their homes / in the tundra.**
많은 동식물은   그들의 거처를 만든다   툰드라에

○ (B) **Plants and animals live / in the tundra / despite harsh conditions.**
동식물은 산다   툰드라에   혹독한 환경에도 불구하고

× (C) **Some plants and animals / can survive / in dry and windy places.**
일부 동식물은   살아남을 수 있다   건조하고 바람 부는 지역에서

비록 툰드라는 건조하고 바람이 불지만, 놀랄만큼 많은 식물과 동물을 부양한다.
(A) 많은 동식물은 툰드라에 서식한다.
(B) 혹독한 환경에도 불구하고 툰드라에는 동식물이 산다.
(C) 일부 동식물은 건조하고 바람 부는 지역에서 살아남을 수 있다.

🦉 주어진 문장의 it supports ~ plant life and animal species(많은 식물과 동물을 부양한다)를 Plants and animals live in the tundra(동식물은 툰드라에 산다)로, 주어진 문장의 dry and windy(건조하고 바람이 많이 부는)를 harsh conditions(혹독한 환경)으로 바꾸어 표현한 보기 (B)가 O입니다. 보기 (A)는 주어진 문장의 핵심정보인 툰드라의 혹독한 환경에 대한 내용을 빠뜨리고 있기 때문에, 보기 (C)는 핵심정보인 툰드라에 대한 내용을 빠뜨리고 있기 때문에 ×입니다.

09

The appearance of a crazy quilt / is improved / by covering it /
조각보 이불의 외관은   향상된다   그것을 덮음으로써
with colorful pieces of cloth / that are too small / to be used /
화려한 천 조각으로   너무 작은   사용되기에
for other blankets.
다른 이불에

○ (A) **Tiny pieces of material / are used / to decorate a crazy quilt.**
조그마한 천 조각들은   사용된다   조각보 이불을 장식하기 위해

× (B) **Other types of blankets / are larger / than a crazy quilt.**
다른 종류의 담요는   더 크다   조각보 이불보다

× (C) **Colorful cloth / is used / to make a crazy quilt.**
화려한 천은   사용된다   조각보 이불을 만들기 위해

조각보 이불의 외관은 다른 이불에 사용되기에는 너무 작은 화려한 천 조각으로 조각보 이불을 덮음으로써 향상된다.
(A) 조그마한 천 조각은 조각보 이불을 장식하는 데 사용된다.
(B) 다른 종류의 담요는 조각보 이불보다 더 크다.
(C) 화려한 천은 조각보 이불을 만드는 데 사용된다.

🦉 주어진 문장의 The appearance of a crazy quilt is improved by covering ~(조각보 이불의 외관은 ~로 덮음으로써 향상된다)을 to decorate a crazy quilt(조각보 이불을 장식하기 위해)로, 주어진 문장의 pieces of cloth that are too small(너무 작은 천 조각)을 tiny pieces of material(조그마한 천 조각)로 바꾸어 표현한 보기 (A)가 O입니다. 보기 (B)는 주어진 문장에 언급되지 않은 내용으로 지문의 의미를 현저하게 바꾸었으며, 보기 (C)는 핵심정보인 작은 천 조각에 대한 내용을 빠뜨리고 있기 때문에 ×입니다.

3. 문장의 핵심 파악하기 문장 간략화 문제

10 The sea trout spends / its entire adult life / in the freshwaters / of
바다 송어는 보낸다   그것의 전체 성인기를   민물에서
the United States / and then travels / to the ocean / to reproduce.
미국의   그리고 나서 이동한다   바다로   번식하기 위해

바다 송어는 전체 성인기를 미국의 민물에서 보내고 난 뒤 번식을 위해 바다로 이동한다.

○ (A) The trout resides / in freshwater / until it goes to the
송어는 산다   민물에서   바다로 가기 전까지
sea / to reproduce.
번식하기 위해

× (B) The American sea trout / is named / after its need / to
미국 바다 송어는   이름이 붙여졌다 그것의 필요를 따라서
travel to the ocean.
바다로 이동해야 하는

× (C) The trout lives / in American freshwater / prior to
송어는 산다   미국의 민물에   번식하기 이전에
reproducing.

(A) 송어는 번식을 위해 바다로 가기 전까지 민물에서 산다.
(B) 미국 바다 송어는 바다로 이동하려는 성향을 따라서 이름 붙여졌다.
(C) 송어는 번식하기 이전에는 미국의 민물에서 산다.

🦉 주어진 문장의 The sea trout spends its entire adult life in the freshwaters(바다 송어는 전체 성인기를 민물에서 보낸다)를 The trout resides in the freshwaters(송어는 민물에서 산다)로, 주어진 문장의 travels to the ocean to reproduce(번식을 위해 바다로 이동한다)를 goes to the sea to reproduce(번식하기 위해 바다로 간다)로 바꾸어 표현한 보기 (A)가 ○입니다. 보기 (B)는 주어진 문장에 언급되지 않은 내용으로 지문의 의미를 현저하게 바꾸었으며, 보기 (C)는 핵심정보인 송어가 바다로 간다는 내용을 빠뜨리고 있기 때문에 ×입니다.

---

11 Because chipmunks carry seeds / for many kilometers / while
줄무늬 다람쥐는 씨를 지니고 다니기 때문에   수 킬로미터에 걸쳐
collecting food, / they also help / populate the forest / with new trees.
먹이를 모으는 동안   그들은 또한 돕는다   숲에 살도록 하는 것을   새로운 나무들이

줄무늬 다람쥐는 먹이를 모으는 동안 수 킬로미터에 걸쳐 씨를 지니고 다니기 때문에, 그들은 숲에서 새로운 나무들이 자라도록 돕는다.

× (A) Chipmunks gather / a lot of seeds / as they move /
줄무늬 다람쥐는 모은다   많은 씨를   그들이 이동하면서
through the forest.
숲 속을

× (B) The seeds / that chipmunks collect / eventually / grow
씨는   줄무늬 다람쥐가 모으는   결국
into trees.
나무로 자란다

○ (C) While feeding, / chipmunks / help spread seeds / to
먹이를 먹는 동안   줄무늬 다람쥐는   씨를 퍼뜨리는 것을 돕는다
start the growth of trees.
나무의 성장을 시작하도록

(A) 줄무늬 다람쥐는 숲 속에서 이동하면서 많은 씨를 모은다.
(B) 줄무늬 다람쥐가 모으는 씨는 결국 나무로 자란다.
(C) 줄무늬 다람쥐는 먹이를 먹는 동안 씨를 퍼뜨리는 것을 도와 나무가 자라나도록 한다.

🦉 주어진 문장의 while collecting food(먹이를 모으는 동안)를 While feeding(먹이를 먹는 동안)으로, 주어진 문장의 populate the forest with new trees(새로운 나무들이 숲에서 자라도록 한다)를 start the growth of trees(나무들이 자라나도록 한다)로 바꾸어 표현한 보기 (C)가 ○입니다. 보기 (A)와 (B)는 핵심정보인 나무들이 숲에서 자라도록 돕는다라는 내용을 빠뜨리고 있기 때문에 ×입니다.

유형 정복

01 (C) 02 (A) 03 (D) 04 (B) 05 (C) 06 (D) 07 (A) 08 (D) 09 (B)

[01~03]

Desertification causes / fertile regions / to change / into deserts, / which are areas / with few plants and little water. 01-C The process is not good / for humans / because it reduces / the amount of land / suitable for farming, / which can lead to / shortages of food. Therefore, / environmental scientists / are currently trying / to understand / the causes of desertification.

사막화는 비옥한 지역을 식물과 물이 거의 없는 사막으로 바뀌게 한다. 01-C 이 과정은 농사에 적합한 땅을 줄여 식량 부족으로 이어질 수 있기 때문에 인간에게 좋지 않다. 따라서 환경학자들은 현재 사막화의 원인을 이해하려고 노력하고 있다.

One possible reason for desertification / is that farm animals are allowed / to graze / on small pieces of land / for a long time. This has / a serious effect / on the environment / because the animals quickly eat / all of the grass. 02 Once all the grass from the area / is removed, / the soil becomes very weak / and is carried away / quickly / by the wind. As a result, / no plants are able to grow / in the region.

사막화에 이르는 한 가지 가능한 원인은 농장의 가축들이 좁은 땅에서 오랫동안 풀을 뜯도록 허용된다는 것이다. 동물들이 모든 풀을 재빨리 먹어 치우기 때문에 이것은 환경에 심각한 영향력을 끼친다. 일단 이 지역의 풀이 모두 없어지고 나면 토양이 매우 약해져 바람에 빠르게 침식된다. 결과적으로 이 지역에서 어떤 식물도 자랄 수 없게 된다.

Another cause of desertification / is the use of too much water / for irrigation. When crops are routinely given / excessive water, / the soil cannot drain / properly. 03 The water will instead evaporate / into the surrounding air, / leaving behind / salts and minerals / that damage the soil. As a result, / a hard layer / on the surface of the soil / is created, / which makes / plant growth / difficult.

사막화의 또 다른 원인은 관개를 위해 물을 과도하게 사용하는 것이다. 작물에 너무 많은 물을 정기적으로 주면, 토양은 배수를 제대로 할 수 없다. 대신 이 물은 주위의 대기로 증발하고, 소금과 광물질을 남겨 토양을 상하게 할 것이다. 결과적으로, 토양의 표면에 단단한 층이 형성되고, 이것이 식물의 성장을 어렵게 한다.

3. 문장의 핵심 파악하기 181

3. 문장의 핵심 파악하기 문장 간략화 문제

01 According to paragraph 1, desertification is harmful to humans because

(A) it lowers the amount of life in deserts
(B) it destroys supplies of food in storage
(C) it limits the amount of available farmland
(D) it increases moisture levels in fertile areas

1단락에 따르면, 사막화가 인간에게 해로운 이유는 _____ 때문이다.

(A) 사막의 생명체 숫자를 줄인다
→ 지문에 언급되지 않은 내용
(B) 저장된 식량 보유고를 없앤다
→ 지문에 언급되지 않은 내용
(C) 이용할 수 있는 농경지의 양을 제한한다
(D) 비옥한 지역의 수분량을 증가시킨다
→ 지문에 언급되지 않은 내용

🦉 **일치 문제** 문제의 키워드 harmful(해로운)과 같은 의미를 가진 not good(좋지 않은)이 언급된 부분을 지문에서 살펴보면, it reduces ~ land suitable for farming(사막화는 농사에 적합한 땅을 줄인다)이라는 것을 알 수 있습니다. 따라서 보기 (C)는 지문의 내용과 일치하므로 정답입니다.

02 Which of the sentences below best expresses the essential information in the highlighted sentence in the passage? *Incorrect choices change the meaning in important ways or leave out essential information.*

(A) The wind is able to transport the soil after the grass is gone.
(B) The strength of the soil decreases once all the grass has disappeared.
(C) The loss of soil strength enables the wind to carry the grass away.
(D) The wind eliminates the soil and makes it impossible for grass to grow.

아래 문장 중 지문 속의 음영 표시된 문장의 핵심정보를 가장 잘 표현하고 있는 것은 무엇인가? 오답은 문장의 의미를 현저하게 바꾸거나 핵심정보를 빠뜨리고 있다.

(A) 풀이 없어진 후에 바람이 토양을 다른 곳으로 옮길 수 있다.
(B) 일단 풀이 모두 사라지면 토양의 힘이 감소한다. → 핵심정보가 빠진 내용
(C) 토양의 힘이 감소하면 바람이 풀을 옮길 수 있게 된다.
→ 지문의 의미를 현저하게 바꾼 내용
(D) 바람은 토양을 제거하고 풀이 자랄 수 없게 한다.
→ 지문의 의미를 현저하게 바꾼 내용

🦉 **문장 간략화 문제** 음영 표시된 문장 전체가 핵심정보로서 Once all the grass from the area is removed(일단 이 지역의 풀이 모두 없어지고 나면)를 after the grass is gone(풀이 없어진 후에)으로, the soil becomes very weak and is carried away quickly by the wind(토양이 매우 약해져 바람에 빠르게 침식된다)를 The wind is able to transport the soil(바람이 토양을 옮길 수 있다)로 간략하게 바꾸어 표현한 보기 (A)가 정답입니다.

정답·해석·해설

03 Which of the sentences below best expresses the essential information in the highlighted sentence in the passage? *Incorrect* choices change the meaning in important ways or leave out essential information.

(A) The toxic solids prevent the absorption of water.
(B) The absence of water creates dangerous matter.
(C) Poisonous materials cause the water to vaporize.
(D) Harmful substances remain after the water disappears.

아래 문장 중 지문 속의 음영 표시된 문장의 핵심정보를 가장 잘 표현하고 있는 것은 무엇인가? 오답은 문장의 의미를 현저하게 바꾸거나 핵심정보를 빠뜨리고 있다.

(A) 유독한 고체는 물의 흡수를 막는다.
  → 지문의 의미를 현저하게 바꾼 내용
(B) 물이 없으면 이로 인해 위험한 물질이 생성된다.
  → 지문의 의미를 현저하게 바꾼 내용
(C) 유독성 물질은 물을 증발하게 한다.
  → 지문의 의미를 현저하게 바꾼 내용
(D) 물이 사라진 후에는 해로운 물질이 남는다.

🦉 **문장 간략화 문제** 음영 표시된 문장 전체가 핵심정보로서 The water will ~ evaporate into the surrounding air(물은 주위의 대기로 증발할 것이다)를 the water disappears(물이 사라진다)로, leaving behind salts and minerals that damage the soil(소금과 광물질을 남겨 토양을 상하게 한다)을 Harmful substances remain(해로운 물질이 남는다)으로 간략하게 바꾸어 표현한 보기 (D)가 정답입니다.

3. 문장의 핵심 파악하기 183

3. 문장의 핵심 파악하기 문장 간략화 문제

[04~06]

⁰⁴Followers of the Voodoo religion / believe / that a magic spell / known as a curse / can cause / healthy people / to become sick / and, / in some cases, / to die. There have been several famous examples / of Voodoo death actually happening. As a result, / Western scientists / are currently studying these events. However, / most experts discount the idea / that magic can kill a person.

부두교 신도들은 저주로 알려진 마법 주문이 건강한 사람을 아프게 하고 어떤 경우에는 죽게 할 수도 있다고 믿는다. 실제로 부두 죽음이 일어났던 몇몇의 유명한 예들이 있었다. 그 결과, 서구 과학자들은 현재 이러한 사건들을 연구하고 있다. 하지만, 대부분의 전문가들은 마법이 사람을 죽일 수 있다는 생각을 무시한다.

⁰⁵One explanation / offered by scientists / for these mysterious deaths / is that the victims experience / a strong reaction / to a stressful situation. This theory argues / that emotions can affect / the body. If people believe / that magic will lead / to their deaths, / then they will become / anxious and tense. These feelings / may be strong enough / to make a person / very sick.

이러한 불가사의한 죽음에 대해 과학자들이 제시한 한 가지 설명은 희생자들이 스트레스를 주는 상황에 대해 강한 반응을 보인다는 것이다. 이 이론은 감정이 몸에 영향을 끼칠 수 있다고 주장한다. 만약 사람들이 마법이 죽음으로 이끌 수도 있다고 믿는다면 그들은 불안해지고 긴장하게 된다. 이러한 감정은 사람을 매우 아프게 만들 만큼 충분히 강할지도 모른다.

The relationship / between stress and illness / results / from how the brain reacts / to danger. ⁰⁶⁻ᴰIn most stressful situations, / the brain sends / special chemicals / to the rest of the body. These cause / the muscles / to perform more effectively. However, / in extremely stressful circumstances, / the brain may overreact / and send / a large amount of chemicals. This may result / in a heart attack or other serious problems.

스트레스와 병의 관계는 뇌가 위험에 반응하는 방식에서 기인한다. ⁰⁶⁻ᴰ스트레스가 심한 대부분의 상황에서 뇌는 신체의 다른 부분으로 특별한 화학물질을 보낸다. 이것은 근육이 더 효과적으로 기능할 수 있도록 한다. 하지만, 스트레스가 극도로 심한 상황에서는 뇌는 과잉 반응을 하고 많은 양의 화학물질을 보낼 수도 있다. 이것은 심장발작이나 다른 심각한 문제를 초래할 수 있다.

정답 · 해석 · 해설

04 Which of the sentences below best expresses the essential information in the highlighted sentence in the passage? *Incorrect* choices change the meaning in important ways or leave out essential information.

(A) Believers in Voodoo are often injured by harmful magic.
(B) Voodoo followers accept the existence of harmful magic.
(C) Voodoo followers often cause deaths with magic.
(D) Believers in Voodoo sometimes use magic to hurt other people.

아래 문장 중 지문 속의 음영 표시된 문장의 핵심정보를 가장 잘 표현하고 있는 것은 무엇인가? 오답은 문장의 의미를 현저하게 바꾸거나 핵심정보를 빠뜨리고 있다.

(A) 부두교 신도들은 유해한 마법으로 인해 종종 다친다.
 → 지문의 의미를 현저하게 바꾼 내용
(B) 부두교 신도들은 유해한 마법의 존재를 인정한다.
(C) 부두교 신도들은 종종 마법으로 죽음을 초래하기도 한다.
 → 지문의 의미를 현저하게 바꾼 내용
(D) 부두교 신도들은 때때로 마법을 이용하여 다른 사람들을 다치게 하기도 한다.
 → 지문의 의미를 현저하게 바꾼 내용

> 🦉 **문장 간략화 문제** 음영 표시된 문장에서 in some cases(어떤 경우에는)는 부가정보이고 이를 제외한 Followers of the Voodoo religion believe that a magic spell ~ healthy people to become sick and to die(부두교 신도들은 저주로 알려진 마법 주문이 건강한 사람을 아프게 하고 죽게 할 수도 있다고 믿는다)라는 내용이 핵심정보입니다. 핵심정보의 followers of the Voodoo religion(부두교의 신도들)을 Voodoo followers(부두교 신도들)로, magical spell known as a curse(저주로 알려진 마법 주문)를 harmful magic(유해한 마법)으로 간략하게 바꾸어 표현한 보기 (B)가 정답입니다.

05 Which of the sentences below best expresses the essential information in the highlighted sentence in the passage? *Incorrect* choices change the meaning in important ways or leave out essential information.

(A) The death of a victim will cause stress to the other people involved.
(B) A difficult situation will usually result in the death of the victim.
(C) A victim's response to an upsetting incident may explain the death.
(D) A victim's concern about death explains why these events are harmful.

아래 문장 중 지문 속의 음영 표시된 문장의 핵심정보를 가장 잘 표현하고 있는 것은 무엇인가? 오답은 문장의 의미를 현저하게 바꾸거나 핵심정보를 빠뜨리고 있다.

(A) 희생자의 죽음은 연관된 다른 사람들에게 스트레스를 줄 것이다.
 → 지문의 의미를 현저하게 바꾼 내용
(B) 어려운 상황은 보통 희생자의 죽음을 초래한다. → 지문의 의미를 현저하게 바꾼 내용
(C) 혼란스러운 사건에 대한 희생자의 반응이 죽음을 설명해줄 수도 있다.
(D) 죽음에 대한 희생자의 걱정은 이러한 사건들이 왜 유해한지 설명해준다.
 → 지문의 의미를 현저하게 바꾼 내용

> 🦉 **문장 간략화 문제** 음영 표시된 문장에서 offered by scientists(과학자들이 제시한)는 부가정보이고 이를 제외한 One explanation for these mysterious deaths ~ strong reaction to a stressful situation(이러한 불가사의한 죽음에 대한 한 가지 설명은 희생자들이 스트레스를 주는 상황에 대해 강한 반응을 보인다는 것이다)이라는 내용이 핵심정보입니다. 핵심정보의 One explanation for these mysterious deaths(불가사의한 죽음에 대한 한 가지 설명)를 explain the death(죽음을 설명한다)로, reaction to a stressful situation(스트레스를 주는 상황에 대한 반응)을 response to an upsetting incident(혼란스러운 사건에 대한 반응)로 간략하게 바꾸어 표현한 보기 (C)가 정답입니다.

3. 문장의 핵심 파악하기

3. 문장의 핵심 파악하기 문장 간략화 문제

06 According to paragraph 3, the brain sends chemicals to the body in stressful situations in order to

(A) remove dangerous substances
(B) prevent significant health risks
(C) lower the overall stress of the person
(D) improve the function of the muscles

3단락에 따르면, 스트레스가 심한 상황에서 뇌는 _____ 하기 위해 신체에 화학 물질을 보낸다.

(A) 위험한 물질들을 제거하다
 → 지문에 언급되지 않은 내용
(B) 심각한 건강상의 위험을 막다
 → 지문에 언급되지 않은 내용
(C) 사람의 전반적인 스트레스를 줄이다
 → 지문에 언급되지 않은 내용
(D) 근육의 기능을 향상시키다

> **일치 문제** 문제의 키워드인 the brain sends chemicals(뇌는 화학물질을 보낸다)와 stressful situations(스트레스가 심한 상황)와 같은 의미를 가진 the brain sends special chemicals(뇌는 특별한 화학 물질을 보낸다)와 most stressful situations(스트레스가 심한 대부분의 상황)가 언급된 부분의 주변을 지문에서 살펴보면, These cause the muscles to perform more effectively(이것은 근육이 더 효과적으로 기능할 수 있도록 한다)라는 것을 알 수 있습니다. 따라서 보기 (D)는 지문의 내용과 일치하므로 정답입니다.

[07~09]

The Library of Alexandria / is one of the most important achievements / of ancient Greek civilization. Many historians believe / it was founded / during the third century BC, / when several private collections / were first made available / to the public. ⁰⁷The library's collection / soon grew / to over 700,000 written documents / because all visitors were required / to donate copies of any texts / they owned.

Unfortunately, / the great library did not survive / to the present, / although / no one knows / why it disappeared. Some historians believe / that ⁰⁸⁻ᴮthe collection was destroyed / in 47 BC, / when the Roman army attacked / the city. Another theory is / that ⁰⁸⁻ᴬthe library was / severely damaged / during a conflict / between Christians and non-Christians / in the fourth century AD. On the other hand, / several records suggest / that ⁰⁸⁻ᶜthe texts were burned / by Muslims / to fuel the public baths.

Most historians agree / that the loss of this institution / was a tragedy. ⁰⁹For several hundred years, / many cultures / in Europe and the surrounding area / considered / the Library of Alexandria / to be the most important center of scholarship. As a result, / it had a marked influence / on the development of Western society.

알렉산드리아 도서관은 고대 그리스 문명의 가장 중요한 업적 중 하나다. 많은 역사가들은 몇 권의 개인 소장 도서가 일반인에게 처음으로 공개되었던 기원전 3세기에 이 도서관이 설립되었다고 믿고 있다. 모든 방문자는 자신이 소유한 어떠한 문서라도 기증해야 했기 때문에 도서관의 소장 도서는 곧 700,000부 이상으로 늘어났다.

불행히도, 그 위대한 도서관은 현재 남아있지 않다. 그러나 도서관이 사라진 이유는 아무도 모른다. 일부 역사가들은 ⁰⁸⁻ᴮ로마군이 그 도시를 습격하였을 때인 기원전 47년에 도서관의 소장 도서가 파괴되었다고 믿는다. 다른 이론에 따르면 4세기에 ⁰⁸⁻ᴬ기독교인과 비기독교인 사이의 전투 중에 도서관이 심하게 훼손되었다고 한다. 한편 몇몇의 기록에서는 ⁰⁸⁻ᶜ이슬람교도들이 공중목욕탕에 연료를 때기 위해 문서들을 태웠다고 제시하고 있다.

대부분의 역사가들은 이 도서관의 손실이 비극이었다는 것에 동의한다. 수백 년 동안 유럽과 그 주변의 많은 문화권에서는 알렉산드리아 도서관을 학계의 가장 중요한 중심지로 여겼다. 그 결과, 이 도서관은 서양사회의 발전에 두드러진 영향력을 끼쳤다.

3. 문장의 핵심 파악하기 문장 간략화 문제

07 Which of the sentences below best expresses the essential information in the highlighted sentence in the passage? *Incorrect* choices change the meaning in important ways or leave out essential information.

(A) Mandatory contributions by visitors helped the library's collection to expand quickly.
(B) The size of the library's collection attracted many visitors who provided new works.
(C) Visitors to the library were forced to provide copies of their written materials.
(D) The development of the library was the result of a decision to give texts to visitors.

아래 문장 중 지문 속의 음영 표시된 문장의 핵심정보를 가장 잘 표현하고 있는 것은 무엇인가? 오답은 문장의 의미를 현저하게 바꾸거나 핵심정보를 빠뜨리고 있다.

(A) 방문자의 의무 기증은 도서관의 소장 도서가 급속도로 증가할 수 있도록 도와주었다.
(B) 도서관의 소장 도서 규모가 새로운 도서를 제공한 많은 방문객들을 끌어들였다. → 지문의 의미를 현저하게 바꾼 내용
(C) 도서관 방문자들은 그들의 문서를 제공하도록 강요 받았다. → 핵심정보가 빠진 내용
(D) 도서관의 발전은 방문자들에게 문서를 제공하기로 한 결정의 결과 때문이다. → 지문의 의미를 현저하게 바꾼 내용

> **문장 간략화 문제** 음영 표시된 문장에서 over 700,000 written documents(700,000부 이상의 문서)가 부가정보이고 이를 제외한 The library's collection soon grew because ~ required to donate copies of any texts ~(모든 방문자는 소유한 어떤 문서라도 기증해야 했기 때문에 도서관의 소장 도서가 늘어났다)라는 내용이 핵심정보입니다. 핵심정보의 The library's collection soon grew(도서관의 소장 도서는 곧 늘어났다)를 helped the library's collection to expand quickly(소장 도서가 급속도로 증가할 수 있도록 도와주었다)로, required to donate(기증해야 했다)를 mandatory contribution(의무 기증)으로 바꾸어 표현한 보기 (A)가 정답입니다.

08 According to paragraph 2, which of the following is NOT a possible cause for the disappearance of the library?

(A) The library was harmed during a religious struggle.
(B) The collection was ruined during an invasion by a foreign army.
(C) The collection was used as a source of energy.
(D) The library was converted into a bathing facility.

2단락에 따르면, 다음 중 도서관이 사라진 원인으로 가능한 것이 아닌 것은?

(A) 도서관은 종교적인 전투 중에 훼손되었다.
(B) 소장품은 외부 군대의 침략 중에 파괴되었다.
(C) 소장품은 에너지 자원으로 쓰였다.
(D) 도서관은 목욕시설로 바뀌었다.

> **불일치 문제** 문제의 키워드 cause for the disappearance(사라진 원인)와 같은 의미를 가진 why it disappeared(왜 그것이 사라졌는지)가 언급된 부분의 주변을 지문에서 살펴보면, the collection was destroyed ~ when the Roman army attacked the city(로마군이 도시를 습격하였을 때 소장 도서들이 파괴되었다)라고 했고, the library ~ damaged during a conflict between Christians and non-Christians(기독교인과 비기독교인들 사이의 전투 중에 도서관이 훼손되었다)라고 했으며, the texts were burned by Muslims to fuel the public baths(이슬람교도들이 공중목욕탕에 연료를 때기 위해 문서들을 태웠다)라고 했으므로 보기 (A), (B), (C)는 지문과 일치하는 내용이 되어 오답입니다. 그러나 보기 (D)는 지문에 언급되지 않은 내용이므로 정답입니다.

09 Which of the sentences below best expresses the essential information in the highlighted sentence in the passage? *Incorrect* choices change the meaning in important ways or leave out essential information.

(A) The cultural influence of Europe and its neighbors allowed the library to last for a long time.
(B) The library was the academic hub of Europe and its nearby regions for many years.
(C) The library contributed to the intellectual growth of Europe for a long period of time.
(D) The presence of the library enabled many countries to develop long-lasting cultures.

아래 문장 중 지문 속의 음영 표시된 문장의 핵심정보를 가장 잘 표현하고 있는 것은 무엇인가? 오답은 문장의 의미를 현저하게 바꾸거나 핵심정보를 빠뜨리고 있다.

(A) 유럽과 주변 국가들의 문화적 영향력은 도서관이 오랫동안 지속될 수 있도록 하였다. → 지문의 의미를 현저하게 바꾼 내용
(B) 도서관은 여러 해 동안 유럽과 그 주변 지역의 학문적 중심지였다.
(C) 도서관은 오랫동안 유럽의 지적 성장에 기여하였다.
 → 지문의 의미를 현저하게 바꾼 내용
(D) 도서관의 존재는 많은 국가들이 오랫동안 지속되는 문화를 발전시킬 수 있게 하였다.
 → 지문의 의미를 현저하게 바꾼 내용

🦉 **문장 간략화 문제** 음영 표시된 문장 전체가 핵심정보로서 For several hundred years(수백 년 동안)를 for many years(여러 해 동안)로, many cultures in Europe and the surrounding area(유럽과 그 주변의 많은 문화권에서는)를 Europe and its nearby regions(유럽과 그 주변 지역)로, the Library of Alexandria to be the most important center of scholarship(알렉산드리아 도서관을 학계의 가장 중요한 중심지로)을 The library was the academic hub(그 도서관은 학문적 중심지였다)로 간략하게 바꾸어 표현한 보기 (B)가 정답입니다.

3. 문장의 핵심 파악하기 189

4. 문장간 연결 파악하기 삽입 문제

유형 연습

```
01 (C)    02 (C)    03 (A)    04 (C)    05 (A)    06 (C)    07 (C)(A)(B)    08 (A)(C)(B)    09 (B)(A)(C)
10 (B)(C)(A)    11 (C)(B)(A)    12 (C)(A)(B)
```

01 Jean Piaget / was an influential Swiss psychologist. (A) He originally planned / to study biology. (B) However, / he found / himself / spending a lot of time / observing children. (C)

→ This led / to his research / on the way / that they solved problems.

Jean Piaget는 스위스의 영향력 있는 심리학자였다. (A) 그는 원래 생물학을 공부하기로 계획했다. (B) 그러나 그는 자신이 아이들을 관찰하는 데 많은 시간을 보내는 것을 깨달았다. (C)

→ 이는 아이들이 문제를 해결하는 방법에 대한 그의 연구로 이어졌다.

> 삽입 문장에 있는 지시어 This(이것)는 셋째 문장의 spending a lot of time observing children(아이들을 관찰하는 데 많은 시간을 보내는 것)을 가리키며, 대명사 they(그들)는 셋째 문장의 children(아이들)을 가리킵니다. 아이들을 관찰하는 데 많은 시간을 보낸 것이 아이들이 문제를 해결하는 방법에 대한 연구로 이어졌다라는 내용이 되어야 글의 흐름이 자연스럽습니다. 따라서 삽입 문장은 셋째 문장 다음에 와야 하므로 정답은 (C)입니다.

02 The earliest movies / did not have / any sound. (A) They used / written titles / to give important information / about the story / to an audience. (B) These early films / were usually shown / with live music / played by an orchestra. (C)

→ However, / by the early 1920s, / the technology was developed / to include recorded music / in the films.

초기 영화에서는 아무 소리도 나지 않았다. (A) 이 영화들은 관객에게 줄거리에 대한 중요한 정보를 주기 위해 자막을 사용하였다. (B) 이러한 초기 영화는 대개 오케스트라가 연주하는 라이브 음악과 함께 상영되었다. (C)

→ 그러나 1920년대 초에 이르러 영화에 녹음된 음악을 포함시키는 기술이 개발되었다.

> 삽입 문장에 있는 연결어 However(그러나)를 통해 삽입 문장의 by the early ~ include recorded music in the films(영화에 녹음된 음악을 포함시키는 기술이 개발되었다)라는 내용 앞에는 삽입 문장과 상반되는 내용이 와야 한다는 것을 알 수 있습니다. 셋째 문장 These early films were ~ shown with live music(이러한 초기 영화는 라이브 음악과 함께 상영되었다)은 녹음된 음악을 영화에 포함시켰다는 것과 상반된 내용이므로, 삽입 문장은 셋째 문장 다음에 와야 합니다. 따라서 정답은 (C)입니다.

정답·해석·해설

03 Termite mounds / are constructed / using a material / called
흰개미 집은 만들어진다 물질을 사용하여 carton이라고 불리는

carton. (A) It is very hard / and resistant to rain. (B) Because of
그것은 매우 딱딱하다 그리고 비에 대한 방수가 된다

these characteristics, / people / sometimes use it / to build
이러한 특성 때문에 사람들은 때때로 그것을 사용한다

their own homes. (C)
그들 자신의 집을 짓기 위해

⇨ This substance is a combination / of soil, wood chips, and
이 물질은 결합이다 흙, 나무 부스러기와 흰개미 침의

termite saliva.

흰개미 집은 carton이라는 물질을 사용하여 만들어진다. (A) 이는 매우 딱딱하며 비가 와도 방수가 된다. (B) 이러한 특성 때문에 사람들은 때때로 그들의 집을 짓기 위해 이 물질을 사용한다. (C)

⇨ 이 물질은 흙, 나무 부스러기와 흰개미의 침이 결합된 것이다.

🦉 삽입 문장에 있는 지시어 This substance(이 물질)는 첫째 문장의 a material called carton(carton이라 불리는 물질)을 가리킵니다. 흰개미 집은 carton이라 불리는 물질로 만들어지는데, 이 물질은 흙, 나무 부스러기와, 흰개미 침이 결합된 것이라는 내용이 되어야 글의 흐름이 자연스럽습니다. 따라서 삽입 문장은 첫째 문장 다음에 와야 하므로 정답은 (A)입니다.

04 Farmers use pesticides / to destroy harmful insects.
농부는 살충제를 사용한다 해로운 곤충을 박멸하기 위해

(A) However, / these substances / create / many problems / for
그러나 이 물질은 만들어낸다 많은 문제를

the environment. (B) For example, / they are often transferred /
환경에 예를 들어 이것은 종종 옮겨진다

into rivers or lakes. (C)
강이나 호수로

⇨ As a result, / many species of fish / are threatened with
그 결과 많은 물고기 종이 멸종의 위기에 몰린다

extinction.

농부는 해충을 박멸하기 위해 살충제를 사용한다. (A) 그러나 이 물질은 환경에 많은 문제를 일으킨다. (B) 예를 들어, 살충제는 종종 강이나 호수로 흘러 들어간다. (C)

⇨ 그 결과 많은 물고기 종이 멸종 위기에 몰린다.

🦉 삽입 문장에 있는 연결어 As a result(결과적으로)를 통해 삽입 문장의 many species of fish ~ with extinction(많은 물고기 종이 멸종 위기에 몰린다)이라는 내용 앞에는 삽입 문장의 원인이 되는 내용이 와야 한다는 것을 알 수 있습니다. 셋째 문장의 they are often transferred into rivers or lakes(살충제는 종종 강이나 호수로 흘러 들어간다)는 물고기 멸종의 원인에 대한 내용이므로, 삽입 문장은 셋째 문장 다음에 와야 합니다. 따라서 정답은 (C)입니다.

4. 문장간 연결 파악하기 삽입 문제

05
Soybeans have been grown / throughout East Asia / for
　　콩은 재배되었다　　　　　　　동아시아 전역에서
thousands of years. (A) However, / North Americans / have
　수천년 동안　　　　　그러나　　　　북미인들은
begun / to eat soy / only recently. (B) The reason for this / is
시작했다　콩을 먹기　　최근에서야　　　이에 대한 이유는
that they have become aware / of its health benefits. (C)
　　그들이 알게 되었다는 것이다　　　콩의 건강상에 유익한 점을

→ Consequently, / soy products / have always been an important
　　결과적으로　　　콩 제품은　　　　항상 중요한 부분이었다
part / of the diet / in this region.
　　　　식단의　　　이 지역에서

콩은 동아시아 전역에서 수천년 동안 재배되었다. (A) 그러나 북미인들은 최근에서야 콩을 먹기 시작했다. (B) 그 이유는 콩이 건강에 유익한 것을 알게 되었기 때문이다. (C)

→ 결과적으로 콩 제품은 이 지역 식단에서 항상 중요한 부분이었다.

> 🦉 삽입 문장에 있는 연결어 Consequently(결과적으로)를 통해 삽입 문장의 soy products have ~ important part of the diet(콩 제품은 식단에서 항상 중요한 부분이었다)라는 내용 앞에는 삽입 문장의 원인이 되는 내용이 와야 한다는 것을 알 수 있습니다. 첫째 문장의 Soybeans have been grown ~ for thousands of years(콩은 동아시아 전역에서 수천년 동안 재배되었다)는 콩이 이 지역의 식단에서 중요했던 원인에 대한 내용이므로 삽입 문장 앞에 와야 한다는 것을 알 수 있습니다. 또한 삽입 문장에서 지시어 this region(이 지역)은 첫째 문장의 East Asia(동아시아)를 가리킵니다. 따라서 삽입 문장은 첫째 문장 다음에 와야 하므로 정답은 (A)입니다.

06
Natural gas / is commonly used / as a source of energy.
　천연가스는　　흔히 사용된다　　　　에너지원으로
(A) Therefore, / many companies / are trying / to locate /
　　따라서　　　　많은 기업은　　　노력하고 있다　찾기 위해
deposits of natural gas. (B) These are usually found / in regions /
　천연가스 매장물을　　　　이들은 보통 발견된다　　　지역에서
that also contain a lot of oil. (C)
　많은 석유도 포함하는

→ This is because / both oil and natural gas / are created / by
　이는 ~때문이다　　석유와 천연가스 둘 다　　　생성된다
the same natural processes.
　동일한 자연적 과정에 의해

천연가스는 에너지원으로 흔히 사용된다. (A) 따라서 많은 기업은 천연가스 매장물을 찾기 위해 노력하고 있다. (B) 천연가스 매장물은 대개 석유도 많이 매장되어 있는 지역에서 발견된다. (C)

→ 이는 석유와 천연가스 둘 다 동일한 자연적 과정에 의해 생성되기 때문이다.

> 🦉 삽입 문장에 있는 This is because(이는 ~때문이다)를 통해 삽입 문장의 both oil and natural gas are created by the same natural processes(석유와 천연가스 둘 다 동일한 자연적 과정에 의해 생성된다)라는 내용 앞에는 삽입 문장의 결과가 되는 내용이 와야 한다는 것을 알 수 있습니다. 셋째 문장의 These are usually found in regions that also contain a lot of oil(천연가스는 대개 석유가 많이 매장되어 있는 지역에서 발견된다)은 삽입 문장의 결과가 되는 내용이므로, 삽입 문장은 셋째 문장 다음에 와야 합니다. 따라서 정답은 (C)입니다.

07

(A) This method / is based / on the physical similarities / between
    이 방법은   기초하고 있다   물리적 유사성에
   two or more species.
   둘 혹은 그 이상의 종 사이의

(B) For example, / humans and chimpanzees / are both considered /
    예를 들어   인간과 침팬지는   둘 다 여겨진다
   to be primates.
   영장류로

(C) Taxonomy is the method / used by scientists / to classify /
    분류법은 방법이다   과학자들에 의해 사용되는   분류하기 위해
   different types of organisms.
   다양한 생물 유형을

(C) → (A) → (B)

(A) 이 방법은 둘 이상의 종 사이의 물리적 유사성에 기초를 둔다.
(B) 예를 들어, 인간과 침팬지는 둘 다 영장류로 여겨진다.
(C) 분류법은 다양한 생물 유형을 분류하기 위해 과학자들이 사용하는 방법이다.

> 보기 (C)는 분류법(Taxonomy)에 대한 정의를 내리는 일반적 진술이므로 첫 번째 자리에 옵니다. 보기 (A)는 이 분류법이 무엇에 기초하고 있는지에 대한 구체적 진술이며, (A)의 This method(이 방법)는 (C)의 Taxonomy(분류법)를 가리키므로 (A)는 (C) 다음에 와야 합니다. 보기 (B)의 경우 연결어 For example(예를 들어)을 통해 (B)가 예시 문장임을 알 수 있습니다. (B)의 인간과 침팬지(humans and chimpanzees)는 (A)에서 언급한 물리적 유사성을 갖는 종(physical similarities between two ~ species)의 구체적 예이므로 (B)는 (A) 다음에 와야 합니다. 따라서 정답은 (C) → (A) → (B)입니다.

08

(A) Astronomers / in the nineteenth century / predicted / the
    천문학자들은   19세기의   예측했다
   existence of Pluto.
   명왕성의 존재를

(B) However, / new technology / made it possible / to
    그러나   새로운 기술은   가능하게 만들었다
   photograph Pluto / for the first time / in 1930.
   명왕성을 촬영하는 것을   최초로   1930년에

(C) Unfortunately, / telescopes from this period / were not
    불행히도   이 시기의 망원경은
   powerful enough / to observe it directly.
   충분히 강력하지 않았다   직접적으로 그것을 관찰할 만큼

(A) → (C) → (B)

(A) 19세기의 천문학자들은 명왕성의 존재를 예측했다.
(B) 그러나 새로운 기술로 인해 1930년에 최초로 명왕성을 촬영하는 것이 가능하게 되었다.
(C) 불행히도, 이 시기의 망원경은 명왕성을 직접 관찰할 만큼 성능이 충분히 좋지 않았다.

> 보기 (A)는 천문학자들이 19세기에 명왕성을 예견했다(Astronomers ~ predicted the existence of Pluto)는 내용의 일반적인 진술이므로 첫 번째 자리에 옵니다. 보기 (B)의 연결어 However(그러나)를 통해 (B)의 새로운 기술이 명왕성 촬영을 가능하게 만들었다(new technology ~ possible to photograph Pluto)는 내용 앞에는 이와 상반된 내용이 와야 한다는 것을 알 수 있습니다. 보기 (C)의 명왕성을 직접 관찰하는 것이 어려웠다(not powerful enough to observe)는 명왕성의 촬영이 가능하다는 것과 상반된 내용이므로 (B)는 (C) 다음에 와야 합니다. 따라서 정답은 (A) → (C) → (B)입니다.

4. 문장간 연결 파악하기 삽입 문제

09
(A) For example, / the first comedies and dramas / were produced / by the Greeks.
예를 들어 최초의 희극과 극은 만들어졌다 그리스인에 의해

(B) Many aspects / of the European theater style / were invented / in Ancient Greece.
많은 측면은 유럽 연극 양식의 발명되었다 고대 그리스에서

(C) These were the inspiration / for later playwrights, / such as William Shakespeare.
이는 영감이 되었다 후대의 극작가들에게 William Shakespeare와 같은

(B) → (A) → (C)

(A) 예를 들어, 최초의 희극과 극은 그리스인에 의해 만들어졌다.
(B) 유럽 연극 양식의 많은 부분은 고대 그리스에서 발명되었다.
(C) 이는 William Shakespeare와 같은 후대의 극작가들에게 영감이 되었다.

> 보기 (B)는 유럽의 연극 양식이 고대 그리스에서 발명되었다(European theater style ~ invented in Ancient Greece)는 내용의 일반적 진술이므로 첫 번째 자리에 옵니다. 보기 (A)의 연결어 For example(예를 들어)을 통해 (A)가 예시 문장임을 알 수 있습니다. (A)의 the first comedies and dramas(최초의 희극과 극)는 (B)의 European theater style(유럽 연극 양식)의 구체적인 예이므로 (A)는 (B) 다음에 와야 합니다. 보기 (C)는 이들 최초의 희극과 극이 후대에 영향을 주었다는 구체적 진술이며, (C)의 지시어 These(이것)는 (A)의 first comedies and dramas(최초의 희극과 극)를 가리키므로 (C)는 (A) 다음에 와야 합니다. 따라서 정답은 (B) → (A) → (C) 입니다.

10
(A) They believed / that transcendentalism could be used / to improve society.
그들은 믿었다 초월주의가 사용될 수 있다고 사회를 개선하는데

(B) Transcendentalism is a philosophy / that was popular / in the nineteenth century.
초월주의는 철학이다 인기 있었던 19세기에

(C) Most followers / of this philosophy / were wealthy and prominent Americans.
대부분의 신봉자는 이 철학의 부유하고 저명한 미국인이었다

(B) → (C) → (A)

(A) 그들은 초월주의가 사회를 개선하는데 사용될 수 있다고 믿었다.
(B) 초월주의는 19세기에 인기 있었던 철학이다.
(C) 이 철학의 신봉자들은 대부분 부유하고 저명한 미국인이었다.

> 보기 (B)는 Transcendentalism(초월주의)에 대한 일반적 진술이므로 첫 번째 자리에 옵니다. 보기 (C)는 이 철학의 신봉자들에 대한 구체적인 진술이며, (C)의 this philosophy(이 철학)는 (B)의 Transcendentalism(초월주의)을 가리키므로 (C)는 (B) 다음에 와야 합니다. 보기 (A)는 이 철학의 신봉자들에 대한 또 하나의 구체적인 진술이며, (A)의 지시어 They(그들은)는 (C)의 followers of this philosophy(이 철학의 신봉자)를 가리키므로 (A)는 (C) 다음에 와야 합니다. 따라서 정답은 (B) → (C) → (A)입니다.

정답·해석·해설

11
(A) For example, / they may use / bonuses / to increase
　　예를 들어　　　그들은 활용할 수도 있다　　보너스를　　생산성을 향상시키기 위해
productivity.

(B) Many companies / consider this / when they manage their
　　많은 기업은　　　이를 고려한다　　　그들의 직원을 관리할 때
employees.

(C) People are motivated / by rewards / to perform tasks / that
　　사람들은 동기가 부여된다　　보상에 의해　　일을 하도록
they don't enjoy.
　그들이 좋아하지 않는

(C) → (B) → (A)

(A) 예를 들어, 그들은 생산성을 향상시키기 위해 보너스를 활용할 수도 있다.
(B) 많은 기업은 직원을 관리할 때 이 사실을 고려한다.
(C) 사람들은 보상에 의해 그들이 좋아하지 않는 일을 하도록 동기를 부여받는다.

> 보기 (C)는 보상 효과(motivated by rewards)에 대한 일반적 진술이므로 첫 번째 자리에 옵니다. 보기 (B)는 많은 기업들이 이 보상효과를 사용한다고 구체적으로 진술하고 있으며 (B)의 지시어 this(이것)는 (C)의 motivated by reward(보상에 의해 동기 부여됨)를 가리키므로 (B)는 (C) 다음에 와야 합니다. 보기 (A)의 지시어 they(그들)는 (B)의 Many companies (많은 기업)를 가리키며, 연결어 For example(예를 들어)을 통해 (A)가 예시 문장임을 알 수 있습니다. (A)의 보너스를 활용하는 것(use bonuses)은 기업인들이 보상효과를 고려하는 경우에 대한 구체적인 예이므로 (A)는 (B) 다음에 와야 합니다. 따라서 정답은 (C) → (B) → (A)입니다.

12
(A) It is covered / with a substance / that is very sticky.
　　그것은 덮여있다　　　물질로　　　　매우 끈적거리는

(B) This allows it / to hold the pollen / that is carried /
　　이는 그것이 할 수 있게 한다　꽃가루를 붙이고 있는 것을　　운반된
by honeybees.
　꿀벌에 의해

(C) A stigma / is an important part / of the flower's reproductive
　　암술머리는　　　중요한 부분이다　　　　꽃의 생식 체계의
system.

(C) → (A) → (B)

(A) 암술머리는 매우 끈적끈적한 물질로 덮여있다.
(B) 이는 꿀벌이 운반한 꽃가루가 암술머리에 달라붙게 한다.
(C) 암술머리는 꽃의 생식 체계에서 중요한 부분이다.

> 보기 (C)는 암술머리(A stigma)에 대한 일반적 진술이므로 첫 번째 자리에 옵니다. 보기 (A)는 암술머리의 외관에 대한 구체적인 진술이며, (A)의 It(이것)은 (C)의 stigma(암술머리)를 가리키므로 (A)는 (C) 다음에 와야 합니다. 또한 보기 (B)는 암술머리의 끈적한 외관적 특징의 기능에 대한 구체적인 진술이며, (B)의 This(이것)는 암술머리가 끈적한 물질로 덮여있다(covered with substance ~ sticky)는 특징을 가리키므로 (B)는 (A) 다음에 와야 합니다. 따라서 정답은 (C) → (A) → (B)입니다.

4. 문장간 연결 파악하기　195

4. 문장간 연결 파악하기 삽입 문제

유형 정복

01 세 번째 ■   02 (B)   03 네 번째 ■   04 두 번째 ■   05 (A)   06 첫 번째 ■   07 세 번째 ■   08 (D)   09 세 번째 ■

[01~03]

■A portrait is a picture of a person, usually in the form of a painting or drawing. ■For many people, a portrait is considered to be a symbol of success. ■This was particularly true in the past, when portraits were very expensive. Throughout its long history, this type of art has changed significantly. ■

In Ancient Greece and Rome, accuracy was the most important quality of a portrait. People demanded that the image look exactly like the model, even if the person was not attractive. However, by the end of the fourth century AD, a new style had developed. The reason was that many people preferred portraits that made the model appear beautiful. 02-B They did not want any physical flaws included in the painting. In particular, people wished to be portrayed as the gods or heroes from mythology.

This trend continued until the beginning of the Renaissance. ■At this time, portrait styles began to change. ■European artists became interested in creating true representations of their models' faces. ■However, they often added extra details to create a more beautiful image. ■For example, they would change the model's clothes or jewelry.

초상화는 인물을 그린 것으로, 종종 물감 그림이나 연필 그림의 형식을 띤다. 초상화는 많은 사람들에게 성공의 상징으로 여겨진다. **이것은 초상화가 매우 비쌌던 과거에 특히 그러했다.** 긴 역사에 걸쳐 초상화는 크게 변화해 왔다.

고대 그리스와 로마에서 초상화의 가장 중요한 특성은 정확성이었다. 사람들은 모델이 매력적이지 않더라도 그림이 모델과 똑같아 보일 것을 요구했다. 그러나 4세기 말에 이르러 새로운 스타일이 발전하였다. 그 이유는 많은 사람들이 모델을 아름답게 그려낸 초상화를 선호했기 때문이다. 02-B 사람들은 어떤 외적인 결점도 그림에 포함되는 것을 원하지 않았다. 특히 사람들은 신화에 나오는 신이나 영웅으로 그려지기를 원했다.

이런 경향은 르네상스가 시작될 때까지 계속되었다. 르네상스 시기에는 초상화 스타일이 변화하기 시작했다. 유럽의 예술가들은 모델의 얼굴을 있는 그대로 그려내는 데 관심을 갖게 되었다. 그러나 그들은 더 아름다운 그림을 그려내기 위하여 종종 추가로 상세한 부분을 그림에 덧붙였다. **예를 들어, 그들은 모델의 옷이나 보석에 변화를 주곤 했다.**

01 Look at the four squares [■] in paragraph 1 that indicate where the following sentence could be added to the passage.

This was particularly true in the past, when portraits were very expensive.

Where would the sentence best fit?

Click on a square [■] to add the sentence to the passage.

1단락에 표시된 네 개의 네모[■]는 다음 문장이 삽입될 수 있는 부분을 나타내고 있다.

이것은 초상화가 매우 비쌌던 과거에 특히 그러했다.

이 문장은 어느 자리에 들어가는 것이 가장 적절한가?

해당 네모[■]를 클릭하여 주어진 문장을 지문에 삽입하시오.

🦉 **삽입 문제** 삽입 문장에서 정답의 단서는 This(이것)로 두 번째 ■ 뒤에서 언급된 a portrait is ~ a symbol of success(초상화가 성공의 상징으로 여겨진다)를 가리킵니다. 세 번째 ■에 삽입 문장을 넣어 보면, 초상화는 성공의 상징으로 여겨지는데, 이것은 초상화가 매우 비싸던 과거에 특히 그러했다는 내용이 되어 글의 흐름이 자연스럽습니다. 따라서 정답은 세 번째 ■입니다.

02 According to paragraph 2, how did portrait styles change after the fourth century AD?

(A) People usually appeared in the backgrounds of portraits.
(B) People did not want their imperfections included in pictures.
(C) People wanted the images to be very accurate.
(D) People did not want to see pictures of beautiful models.

2단락에 따르면, 4세기 이후 초상화 스타일이 어떻게 달라졌는가?

(A) 사람들은 보통 초상화의 배경에 그려졌다. → 지문에 언급되지 않은 내용
(B) 사람들은 자신의 결점이 그림에 포함되는 것을 원하지 않았다.
(C) 사람들은 그림이 매우 정확하기를 바랐다. → 지문과 다른 내용
(D) 사람들은 아름다운 모델의 그림을 보고 싶어하지 않았다.
 → 지문에 언급되지 않은 내용

🦉 **일치 문제** 문제의 키워드인 fourth century AD(4세기)를 지문에서 찾아 주변을 살펴보면, people preferred portraits ~ appear beautiful(사람들은 모델을 아름답게 그려낸 초상화를 선호했다)이라는 것과 They did not want any physical flaws included in the painting(어떤 외적인 결점도 그림에 포함되는 것을 원하지 않았다)이라는 것을 알 수 있습니다. 따라서 보기 (B)는 지문의 내용과 일치하므로 정답입니다.

4. 문장간 연결 파악하기 삽입 문제

03 Look at the four squares [■] in paragraph 3 that indicate where the following sentence could be added to the passage.

For example, they would change the model's clothes or jewelry.

Where would the sentence best fit?

Click on a square [■] to add the sentence to the passage.

3단락에 표시된 네 개의 네모[■]는 다음 문장이 삽입될 수 있는 부분을 나타내고 있다.

예를 들어, 그들은 모델의 옷이나 보석에 변화를 주곤 했다.

이 문장은 어느 자리에 들어가는 것이 가장 적절한가?

해당 네모[■]를 클릭하여 주어진 문장을 지문에 삽입하시오.

> **삽입 문제** 삽입 문장에서 정답의 단서는 For example(예를 들어)과 they(그들)입니다. 구체적인 예는 일반적 진술 뒤에 위치하므로 예시인 삽입 문장이 일반적 진술 뒤에 위치해야 한다는 것을 알 수 있습니다. 즉, 삽입 문장의 change the model's clothes or jewelry(모델의 옷이나 보석에 변화를 주다)는 세 번째 ■ 뒤에서 언급된 added extra details(추가로 상세한 부분을 덧붙였다)의 구체적인 예입니다. 네 번째 ■에 삽입 문장을 넣어 보면, 유럽의 예술가들은 더 아름다운 그림을 그려내기 위하여 종종 추가로 상세한 부분을 그림에 첨가했는데, 예를 들어 그들은 모델의 옷이나 보석에 변화를 주었다는 내용이 되어 글의 흐름이 자연스럽습니다. 따라서 정답은 네 번째 ■입니다.

[04~06]

The ability to count and calculate / is a unique feature / of humans. This talent / has contributed / to the development of civilization. All modern sciences / are based / on mathematics. However, / mathematics / is not a natural ability. It has / a long history of development / and many of its rudimentary principles / were first created / by the early civilizations of Mesopotamia.

Mathematics in Mesopotamia / was originally used / by government officials and merchants. By 7000 BC, / they had begun to use / clay tokens / to represent goods. For example, / a token / could stand for / one sheep or one unit of grain. This system / remained unchanged / for many years. ■ Eventually, / the Mesopotamians began to add / different shapes / to the clay tokens. ■ These included / triangles, circles, and ovals. 05-A Each shape / indicated / the number of goods / the token represented. ■ Over time, / these basic symbols developed / into one of the world's first number systems. ■

By 2000 BC, / the Mesopotamians had invented / more complex mathematical techniques. ■ For example, / they were able / to add, subtract, multiply and divide / large numbers. Greek and Arab scholars / used the Mesopotamian methods / to create / advanced forms of mathematics. ■ The most important of these / were geometry and algebra. ■ Historians think / that this was the beginning / of modern mathematics. ■

세고 계산하는 능력은 인간의 독특한 특징이다. 이 능력은 문명의 발전에 공헌했다. 모든 현대 과학은 수학에 기초하고 있다. 그러나 수학은 타고나는 능력이 아니다. 수학은 긴 발전의 역사를 갖고 있고, 수학의 기본 원리 중 많은 부분은 초기 메소포타미아 문명에 의해 처음으로 만들어졌다.

메소포타미아의 수학은 원래 정부 관리와 상인에 의해 사용되었다. 기원전 7000년에 그들은 물건을 나타내기 위해 진흙으로 만든 토큰을 사용하기 시작했다. 예를 들어, 토큰 하나는 양 한 마리나 곡물 한 단위를 나타낼 수 있었다. 이러한 체계는 여러 해 동안 변하지 않았다. 결국, 메소포타미아인들은 진흙 토큰에 다양한 모양을 추가하기 시작했다. 여기에는 세모, 원, 타원 모양이 포함되어 있었다. 05-A 각각의 모양은 그 토큰이 나타내는 물건의 수를 가리켰다. 시간이 흐르면서, 이러한 기초적 상징들은 세계 최초의 숫자 체계 중 하나로 발전했다.

기원전 2000년에 메소포타미아인들은 더 복잡한 수학 기술을 발명했다. 예를 들어, 그들은 큰 수의 덧셈, 뺄셈, 곱셈, 나눗셈을 할 수 있었다. 그리스와 아랍의 학자들은 진보된 형태의 수학을 만들기 위해 메소포타미아인의 방법을 사용했다. 이들 중 가장 중요한 것은 기하학과 대수학이었다. 역사가들은 이것이 현대 수학의 시초였다고 생각한다.

4. 문장간 연결 파악하기 삽입 문제

04 Look at the four squares [■] in paragraph 2 that indicate where the following sentence could be added to the passage.

These included triangles, circles, and ovals.

Where would the sentence best fit?

Click on a square [■] to add the sentence to the passage.

2단락에 표시된 네 개의 네모[■]는 다음 문장이 삽입될 수 있는 부분을 나타내고 있다.

여기에는 세모, 원, 타원 모양이 포함되어 있었다.

이 문장은 어느 자리에 들어가는 것이 가장 적절한가?

해당 네모[■]를 클릭하여 주어진 문장을 지문에 삽입하시오.

 삽입 문제 삽입 문장에서 정답의 단서는 These(이것들)로, 첫번째 ■ 뒤에서 언급된 different shapes(다양한 모양)를 가리킵니다. 두 번째 ■에 삽입 문장을 넣어 보면, 메소포타미아인들은 다양한 모양을 진흙 토큰에 추가하기 시작했고, 여기에는 세모, 원 그리고 타원 모양이 포함되어 있었다는 내용이 되어 글의 흐름이 자연스럽습니다. 따라서 정답은 두 번째 ■입니다.

05 According to paragraph 2, the clay tokens were used to

(A) specify the amount of goods
(B) indicate the quality of goods
(C) identify the owners of goods
(D) determine the destination of goods

2단락에 따르면, 진흙 토큰들은 _____ 하기 위해 사용되었다.

(A) 물건의 양을 나타내다
(B) 물건의 품질을 나타내다
  → 지문과 다른 내용
(C) 물건의 주인을 확인하다
  → 지문과 다른 내용
(D) 물건이 도착해야 할 목적지를 판단하다
  → 지문과 다른 내용

 일치 문제 문제의 키워드인 clay tokens(진흙 토큰)가 언급된 부분을 지문에서 살펴보면, Each shape indicated the number of goods the token represented(각각의 모양은 그 토큰이 나타내는 물건의 수를 가리켰다)라는 것을 알 수 있습니다. 따라서 보기 (A)는 지문의 내용과 일치하므로 정답입니다.

정답·해석·해설

06 Look at the four squares [■] in paragraph 3 that indicate where the following sentence could be added to the passage.

For example, they were able to add, subtract, multiply and divide large numbers.

Where would the sentence best fit?

Click on a square [■] to add the sentence to the passage.

3단락에 표시된 네 개의 네모[■]는 다음 문장이 삽입될 수 있는 부분을 나타내고 있다.

예를 들어, 그들은 큰 수의 덧셈, 뺄셈, 곱셈, 나눗셈을 할 수 있었다.

이 문장은 어느 자리에 들어가는 것이 가장 적절한가?

해당 네모[■]를 클릭하여 주어진 문장을 지문에 삽입하시오.

> **삽입 문제** 삽입 문장에서 정답의 단서는 For example(예를 들어)과 they(그들)입니다. 구체적인 예는 일반적 진술 뒤에 위치하므로 예시인 삽입 문장이 일반적 진술 뒤에 위치해야 한다는 것을 알 수 있습니다. 즉, 삽입 문장의 add, subtract, multiply and divide large numbers(큰 수의 덧셈, 뺄셈, 곱셈, 나눗셈을 하다)는 첫 번째 ■ 앞에서 언급된 more complex mathematical techniques(더 복잡한 수학 기술)의 구체적인 예입니다. 또 they(그들)가 가리키는 것은 첫 번째 ■ 앞에서 언급된 the Mesopotamians(메소포타미아인)입니다. 첫 번째 ■에 삽입 문장을 넣어 보면, 메소포타미아인들은 더 복잡한 수학 기술을 발명했는데, 예를 들어, 그들은 큰 수의 덧셈, 뺄셈, 곱셈, 나눗셈을 할 수 있었다는 내용이 되어 글의 흐름이 자연스럽습니다. 따라서 정답은 첫 번째 ■입니다.

4. 문장간 연결 파악하기 삽입 문제

[07~09]

■The famous French scientist Louis Pasteur was born in 1822 in a small village. ■His family was very poor, and his parents were not well-educated. ■However, the principal of the local school noticed Pasteur's intelligence and sent him to study at a university in Paris. Pasteur became a famous researcher, and he helped create the modern science of microbiology. ■

During his long career, Pasteur made several important discoveries. ■The first of these was about the effects of bacteria on drinks such as beer, wine, and milk. ■Many beverage companies were concerned because their products spoiled very quickly. ■This resulted in unnecessary expenses and low profits. Pasteur discovered that the food spoiled because of bacteria. ■[08-C]He developed a process to prevent their growth that came to be known as pasteurization.

Pasteur continued to do research on bacteria. He proved that [08-A]bacteria were responsible for infections in cuts or wounds. As a result, doctors developed methods to improve hygiene in operating rooms, such as washing their hands. Their goal was to make surgery safer for patients. [08-B]Pasteur also realized that bacteria were the cause of many diseases. With this information, Pasteur created a method to produce vaccines. These are weak forms of bacteria that are used to prevent diseases.

정답·해석·해설

07 Look at the four squares [■] in paragraph 1 that indicate where the following sentence could be added to the passage.

However, the principal of the local school noticed Pasteur's intelligence and sent him to study at a university in Paris.

Where would the sentence best fit?

Click on a square [■] to add the sentence to the passage.

1단락에 표시된 네 개의 네모[■]는 다음 문장이 삽입될 수 있는 부분을 나타내고 있다.

하지만 그 지역 학교의 교장은 Pasteur의 총명함을 알아보고 그를 파리의 대학에서 공부할 수 있도록 보내 주었다.

이 문장은 어느 자리에 들어가는 것이 가장 적절한가?

해당 네모[■]를 클릭하여 주어진 문장을 지문에 삽입하시오.

> 🦉 **삽입 문제** 삽입 문장에서 정답의 단서는 However(그러나)입니다. 이 문장은 교장이 Pasteur의 총명함을 알아보고 그를 지원해주었다는 내용인데, 문장이 However(그러나)로 시작하고 있으므로 삽입 문장 앞에는 이와 반대되는 내용이 나와야 합니다. 세 번째 ■에 삽입 문장을 넣어보면, Pasteur의 가족은 가난했고 부모님도 교육을 제대로 받지 못했지만 교장이 그가 공부할 수 있도록 해주었다는 내용이 되어 글의 흐름이 자연스럽습니다. 따라서 정답은 세 번째 ■입니다.

08 According to the passage, all of the following discoveries were made by Pasteur EXCEPT

(A) the relationship between bacteria and infection
(B) the way to prevent diseases caused by bacteria
(C) a process to stop beverages from spoiling
(D) a method to heal wounds quickly

지문에 따르면 Pasteur가 발견한 것이 아닌 것은?

(A) 박테리아와 감염의 관계
(B) 박테리아에 의한 질병을 예방하는 방법
(C) 음료의 부패를 막는 방법
(D) 상처를 빨리 낫게 하는 방법

> 🦉 **불일치 문제** 문제의 키워드 discoveries(발견)와 같은 의미를 가진 discovered(발견하다)가 언급된 부분의 주변을 지문에서 살펴보면, a process to prevent their growth(박테리아의 성장을 막는 방법), bacteria were responsible for infections(박테리아가 상처감염의 원인이라는 것)와 bacteria were the cause ~ produce vaccines(질병의 원인인 박테리아를 막는 백신을 만드는 방법을 개발하였다)라고 했으므로 보기 (A), (B), (C)는 지문과 일치하는 내용이 되어 오답입니다. 그러나 보기 (D)는 지문에 언급되지 않은 내용이므로 정답입니다.

09 Look at the four squares [■] in paragraph 2 that indicate where the following sentence could be added to the passage.

This resulted in unnecessary expenses and low profits.

Where would the sentence best fit?

Click on a square [■] to add the sentence to the passage.

2단락에 표시된 네 개의 네모[■]는 다음 문장이 삽입될 수 있는 부분을 나타내고 있다.

이는 불필요한 지출을 하게 하고 이윤이 낮아지게 했다.

이 문장은 어느 자리에 들어가는 것이 가장 적절한가?

해당 네모[■]를 클릭하여 주어진 문장을 지문에 삽입하시오.

> 🦉 **삽입 문제** 삽입 문장에서 정답의 단서는 This(이것)로 두 번째 ■ 뒤에서 언급된 their products spoiled quickly(상품이 매우 빨리 상한다)를 가리킵니다. 세 번째 ■에 삽입 문장을 넣어 보면, 많은 음료 회사들은 상품이 매우 빨리 상하는 것이 걱정이었고, 이는 불필요한 지출을 하게 하고 이윤이 낮아지게 했다는 내용이 되어 글의 흐름이 자연스럽습니다. 따라서 정답은 세 번째 ■입니다.

4. 문장간 연결 파악하기

5. 숨은 의미 파악하기 추론/수사적 의도 문제

유형 연습

01 ✕ 02 ✕ 03 O 04 ✕ 05 O 06 O 07 O 08 O 09 (C) 10 (A) 11 (C) 12 (B)

01 The highest point / that trees can grow / on a mountain / is the alpine timberline.
가장 높은 지점은 나무들이 자랄 수 있는 산 위에서
고산의 수목 한계선이다

산에서 나무가 자랄 수 있는 가장 높은 지점은 고산의 수목 한계선이다.

⇨ 고산의 수목 한계선보다 더 높은 곳에서 살 수 있는 나무도 있다. ✕

🦉 수목 한계선은 나무가 생존할 수 있는 최고 지점(the highest point that trees can grow)이므로 이를 넘어서는 나무가 살 수 없다는 것을 알 수 있습니다. 따라서 수목 한계선보다 더 높은 곳에서 살 수 있는 나무가 있다는 것은 잘못된 추론이므로 정답은 (✕)입니다.

02 The places / where frogs live / are often destroyed / as cities become larger.
장소들은 개구리가 서식하는 종종 파괴된다 도시들이 더 커지면서

도시가 더 커지면서 개구리의 서식지가 종종 파괴된다.

⇨ 도시에서는 더 이상 개구리가 살지 않는다. ✕

🦉 개구리의 서식지가 파괴된다(The places ~ are often destroyed)고 했을 뿐 개구리가 전혀 살지 않는다는 내용은 없습니다. 따라서 도시에서 개구리가 더 이상 살지 않는다는 것은 주어진 정보를 비약한 추론이므로 정답은 (✕)입니다.

03 Black Death / was spread / throughout Europe / by rats.
흑사병은 퍼졌다 유럽 전역에 쥐에 의해

흑사병은 쥐에 의해 유럽 전역에 퍼졌다.

⇨ 쥐가 없는 지역에서는 흑사병 발생률이 낮았을 것이다. O

🦉 흑사병은 쥐에 의해 퍼졌다(Black Death ~ by rats)고 하였으므로 쥐가 없는 지역에서는 그만큼 흑사병 발생률이 낮았을 것이라고 추론할 수 있습니다. 따라서 정답은 (O)입니다.

04 In most cases, / a series of severe earthquakes / will occur /
　　　대부분의 경우　　　일련의 심한 지진들은　　　일어날 것이다
just before a volcano erupts.
　　화산이 폭발하기 바로 전에

⇨ An earthquake is / the main cause / of a volcanic eruption. ___✗___
　　지진은　　　　　주요 원인이다　　　화산 폭발의

대부분의 경우, 화산이 폭발하기 바로 전에 심한 지진이 연이어 일어날 것이다.

⇨ 지진은 화산 폭발의 주요 원인이다.

🦉 화산 폭발 전에 지진이 일어난다(earthquakes will occur just before a volcano erupts)는 것은 단순한 선후 관계일 뿐 인과 관계는 아니므로 지진이 화산 폭발의 원인이라는 것은 주어진 정보를 비약한 추론입니다. 따라서 정답은 (✗)입니다.

05 Orcas form groups / only when they need / to hunt large
　　　범고래는 무리를 짓는다　　오직 그들이 필요로 할 때만
sea mammals.
큰 바다 포유동물을 사냥하는 것을

⇨ Orcas spend / most of their time / living and traveling
　　범고래는 보낸다　　그들 시간의 대부분을　　혼자 살고 이동하면서
alone. ___O___

범고래는 큰 바다 포유동물을 사냥할 필요가 있을 때만 무리를 짓는다.

⇨ 범고래는 그들 시간의 대부분을 혼자 살고 이동하면서 보낸다.

🦉 범고래는 사냥할 필요가 있을 때만 무리를 짓는다(Orcas form groups only when they need to hunt)고 하였으므로 범고래는 사냥할 때 외에는 혼자 지낸다는 것을 추론할 수 있습니다. 따라서 정답은 (O)입니다.

06 An animal's biological clock / requires / a regular pattern of /
　　　동물의 생체시계는　　　　필요로 한다　　일정한 패턴을
daylight and darkness / to function / properly.
　　빛과 어둠의　　　　기능을 하기 위해　적절히

⇨ A sudden change / in the amount of sunlight / will cause
　　갑작스러운 변화는　　햇빛의 양의　　　　문제들을 초래할 것이다
problems / with the animal's biological clock. ___O___
　　　　동물의 생체시계에

동물의 생체시계가 적절히 기능을 하기 위해서는 빛과 어둠의 일정한 패턴이 필요하다.

⇨ 갑작스러운 일조량의 변화는 동물의 생체시계에 문제를 초래할 것이다.

🦉 생체시계가 적절히 기능하기 위해서는 빛과 어둠의 일정한 패턴이 필요하다(requires a regular pattern of daylight and darkness to function properly)고 하였으므로 갑작스러운 일조량의 변화가 있으면 생체시계는 제대로 기능을 하지 못하고 문제가 생길 것임을 추론할 수 있습니다. 따라서 정답은 (O)입니다.

5. 숨은 의미 파악하기 추론/수사적 의도 문제

07 Modern weather forecasting / uses / powerful computers /
현대 일기예보는   사용한다   강력한 컴퓨터를
to create / more accurate weather maps.
만들기 위해   더 정확한 기상도를

⇨ Weather maps / created in the past / were not as precise
  기상도는   과거에 만들어진   최근 것만큼 정확하지 않았다
  as recent ones. __O__

현대 일기예보는 더 정확한 기상도를 만들기 위해 강력한 컴퓨터를 사용한다.

⇨ 과거에 만들어진 기상도는 최근 것만큼 정확하지 않았다.

🦉 현대에는 강력한 컴퓨터를 사용해 더 정확한 기상도를 만든다(Modern weather forecasting uses powerful computers ~ accurate weather maps)고 하였으므로 이런 컴퓨터가 있기 전인 과거의 기상도는 현대의 기상도만큼 정확하지 않았다는 것을 추론할 수 있습니다. 따라서 정답은 (O)입니다.

08 Although solar power is / less efficient / than regular power
비록 태양열 발전은   덜 효율적이지만   일반 동력원보다
sources, / it is popular / because it doesn't cause pollution.
         인기가 있다   그것은 공해를 야기하지 않기 때문에

⇨ Regular power sources / are harmful / to the
  일반 동력원은   해롭다
  environment. __O__
  환경에

비록 태양열 발전은 일반 동력원보다 덜 효율적이지만 공해를 야기하지 않기 때문에 인기가 있다.

⇨ 일반 동력원은 환경에 해롭다.

🦉 태양열 발전이 일반 동력원보다 덜 효율적이지만 인기가 있는 이유는 공해를 야기하지 않기 때문(it doesn't cause pollution)이라고 하였으므로, 일반 동력원은 공해를 일으켜 환경에 해롭다는 것을 추론할 수 있습니다. 따라서 정답은 (O)입니다.

정답·해석·해설

09 There are strong bonds / between babies and the people / who
        강한 유대감이 존재한다   아기와 사람 사이에는
    care for them. Therefore, / when toddlers are separated /
        그들을 돌봐주는   그래서   아기가 떨어졌을 때
    from their parents, / they begin to panic. They behave / in a
        부모로부터   그들은 당황하기 시작한다   그들은 행동한다
    number of predictable ways, / such as crying, begging, or
        예측 가능한 여러 가지 방식으로
    moving around a lot.
        울기, 떼 쓰기, 혹은 계속 돌아다니기와 같은

    아기와 아기를 돌봐주는 사람 사이에는 강한 유대감이 존재한다. 그래서 부모로부터 떨어졌을 때 아기는 당황하기 시작한다. 아기는 울거나, 떼를 쓰거나 혹은 계속 돌아다니기 등 예측 가능한 여러 가지 방식으로 행동한다.

    글쓴이가 crying, begging, or moving around를 언급한 이유는 무엇인가?

    (A) 아기가 부모 앞에서 보이는 전형적인 반응을 설명하기 위해
    (B) 아기가 강한 유대감을 느낄 때 어떻게 행동하는지 예를 들기 위해
    (C) 아기가 부모로부터 떨어졌을 때 보이는 반응의 예를 보여주기 위해

    🦉 음영 문구 crying, begging, or moving around(울거나, 떼쓰거나, 돌아다니기)가 언급된 문장 앞을 살펴보면, when toddlers are separated from their parents ~ They behave in a number of predictable ways(아기는 부모로부터 떨어졌을 때 여러 가지 예측 가능한 방식으로 행동한다)라고 설명합니다. 음영 문구 앞의 such as(~와 같은)는 어떤 것의 예를 들 때 사용하는 표현입니다. 즉, crying, begging, or moving around는 아기가 부모로부터 떨어졌을 때 보이는 반응의 예를 보여주기 위해 언급된 것입니다. 따라서 정답은 (C)입니다.

10 Redwood trees are often bigger / than a 747 airplane. In fact, /
        Redwood 나무는 대개 더 크다   747 비행기보다   사실상
    they are considered / the largest living trees / on the planet, /
        그것들은 여겨진다   가장 큰 살아있는 나무로   지구상에서
    weighing more than 500 tons each. They also grow taller /
        무게가 각각 500톤 이상 나가는   이 나무들은 또한 더 높게 자란다
    than a six-story building.
        6층 건물보다

    Redwood 나무는 대개 747 비행기보다 더 크다. 사실상 이 나무는 지구상에 현존하는 가장 큰 나무로 여겨지는데, 한 그루가 500톤 이상의 무게가 나간다. 이 나무는 또한 6층 건물보다 더 높게 자란다.

    글쓴이가 a 747 airplane을 언급한 이유는 무엇인가?

    (A) Redwood 나무의 엄청난 크기를 보여주기 위해
    (B) 비행기가 Redwood 나무로 만들어진다는 것을 제시하기 위해
    (C) Redwood 나무의 무게를 설명하기 위해

    🦉 음영 문구 a 747 airplane(747 비행기)이 언급된 문장을 살펴보면, bigger than(~보다 더 크다)이라는 크기를 비교하는 표현을 사용하여 Redwood trees are often bigger than a 747 airplane(Redwood 나무가 747 비행기보다 더 크다)이라고 설명합니다. 즉, a 747 airplane은 Redwood 나무와 747 비행기의 크기를 비교함으로써 Redwood 나무의 엄청난 크기를 강조하기 위해 언급된 것입니다. 따라서 정답은 (A)입니다.

5. 숨은 의미 파악하기

5. 숨은 의미 파악하기 추론/수사적 의도 문제

11 After Alexander the Great died, / Greece became less powerful, / but its culture / continued to be important. As a result, / cities / built in places / as distant as Afghanistan and Pakistan / were influenced / by Greek culture. Even / after they were taken over / by the Romans, / the traditions remained.

알렉산더 대왕의 사망 이후, 그리스의 힘은 약해졌지만 그리스 문화는 계속해서 영향력이 있었다. 그 결과, 아프가니스탄과 파키스탄만큼이나 먼 지역에 세워진 도시도 그리스 문화의 영향을 받았다. 심지어 이 도시들이 로마인들에게 점령된 후에도 그리스의 전통은 살아남았다.

글쓴이가 Afghanistan and Pakistan을 언급한 이유는 무엇인가?

(A) 그리스 문화와 다른 문화를 비교하기 위해
(B) 로마의 지배를 받았던 나라들의 예를 들기 위해
(C) 그리스 문화가 얼마나 멀리까지 퍼졌는지를 강조하기 위해

> 음영 문구 Afghanistan and Pakistan(아프가니스탄과 파키스탄) 앞에 언급된 'as distant as'는 '~만큼이나 먼'의 뜻으로 이 문장을 살펴보면, cities built in places as distant as Afghanistan and Pakistan were influenced by Greek culture(아프가니스탄과 파키스탄만큼이나 먼 지역에 세워진 도시도 그리스 문화의 영향을 받았다)이라고 설명합니다. 즉, 그리스에서 가까운 지역뿐 아니라 먼 지역까지도 그리스 문화의 영향력이 미쳤다는 것을 알 수 있습니다. 따라서 Afghanistan and Pakistan은 그리스 문화가 먼 지역까지 퍼졌다는 것을 강조하기 위해 언급된 것이므로 정답은 (C)입니다.

12 Very strong wind storms / called tornadoes / commonly strike / southern areas of the United States. Those capable of / causing the most damage / are usually quite big. They are often over 500 meters wide / and powerful enough / to lift up cars and trucks / and throw them high up in the air.

토네이도라 불리는 매우 강한 폭풍은 흔히 미국의 남부지역을 강타한다. 심각한 피해를 초래할 수 있는 토네이도는 일반적으로 매우 크다. 토네이도는 대개 직경이 500미터 이상이며, 차와 트럭을 들어올려 공중에 높이 날려버릴 정도로 충분히 강력하다.

글쓴이가 cars and trucks를 언급한 이유는 무엇인가?

(A) 자동차와 토네이도의 힘을 비교하기 위해
(B) 토네이도의 힘이 얼마나 강한지 강조하기 위해
(C) 토네이도가 자동차보다 크다는 것을 보여주기 위해

> 음영 문구 cars and trucks(차와 트럭)가 언급된 문장 앞을 살펴보면, powerful enough to lift up cars and trucks(토네이도는 차와 트럭을 들어올릴 정도로 충분히 강력하다)라고 설명합니다. 즉, 차와 트럭처럼 무거운 물체를 들어 올릴 정도로 토네이도의 힘이 강력하다는 것을 강조하기 위해 cars and trucks가 언급된 것입니다. 따라서 정답은 (B)입니다.

유형 정복

01 (C) 02 (D) 03 (C) 04 (D) 05 (A) 06 (D) 07 (A) 08 (D) 09 (C)

[01~03]

⁰¹⁻ᶜIn a democracy, / the government / is made up of people / who are chosen / by the citizens of the country. Therefore, / the election process / is one of the most important aspects / of the political system. However, / until the early twentieth century, / women / in both the United States and the United Kingdom / were not allowed / to vote.

In England, / only a few men / who owned property / were allowed / to participate in elections. This upset / many women / who also owned land / and inspired them / ⁰²⁻ᴰto organize political protests. They wrote letters / to public officials, / started fires, / and became violent / in order to get / their demands / heard. Some were even sent to jail / for breaking the law / and while they were in prison, / many refused to eat.

With their efforts continuing / in England, / women in America / also began / to protest / for equal rights. Their strategies, / however, / were significantly different / because voters were not required / to own land. As a result, / ⁰³⁻ᶜa more diverse group of women, / including both the wealthy and the poor, / participated in protests. This increased their power / and by 1920, / they had earned / the right to vote, / several years before / English women were able to.

⁰¹⁻ᶜ민주주의에서 정부는 국가의 시민들이 선출한 사람들로 구성된다. 따라서, 선거 과정은 정치 제도의 가장 중요한 부분 중 하나다. 하지만 20세기 초반까지 미국과 영국 두 나라의 여성은 투표권이 없었다.

영국에서는 재산을 소유한 소수의 남자만이 선거에 참여할 수 있었다. 이는 마찬가지로 토지를 소유한 많은 여성을 화나게 하였고 ⁰²⁻ᴰ그들이 정치 시위를 조직하도록 고무시켰다. 그들은 자신들의 요구가 반영될 수 있게 하기 위해 공무원들에게 편지를 쓰고, 방화를 했으며, 폭력적이 되었다. 심지어 일부는 위법 행위로 투옥되기까지 했으며 많은 이들은 수감되어 있는 동안 단식 투쟁을 했다.

영국에서 여성의 노력이 계속되는 가운데, 미국의 여성도 동등한 권리를 얻기 위해 시위를 시작하였다. 그러나 토지를 소유하지 않아도 유권자가 될 수 있었으므로 이들의 전략은 현저히 달랐다. 그 결과로, ⁰³⁻ᶜ부유층과 빈곤층 모두를 포함한 더욱 다양한 집단의 여성들이 시위에 참여하였다. 이는 그들의 영향력을 증대시켰고 영국 여성들보다 몇 해 앞선 1920년에 이르러 미국의 여성들은 투표권을 얻게 되었다.

5. 숨은 의미 파악하기 209

5. 숨은 의미 파악하기 추론/수사적 의도 문제

01 According to paragraph 1, what can be inferred about a democracy?

(A) It only allows wealthy women to vote.
(B) It was not adopted in Western countries until the 1900s.
(C) It requires the participation of members of society.
(D) It gives the same rights to all people.

1단락에 따르면, 민주주의에 관하여 추론할 수 있는 것은 무엇인가?

(A) 민주주의에서는 오직 부유한 여성들만 투표할 수 있다.
(B) 1900년대까지 서양에서는 민주주의가 채택되지 않았다.
(C) 민주주의는 사회 일원들의 참여를 요구한다.
(D) 민주주의는 모든 사람들에게 동등한 권리를 준다.

 추론 문제 1단락을 살펴보면, In a democracy, the government ~ by the citizens of the country(민주주의에서 정부는 국가의 시민들이 선출한 사람들로 구성된다)라고 언급하였습니다. 시민들이 정부에서 일할 사람들을 선출한다는 것은 곧 시민들의 참여를 의미합니다. 따라서 정답은 (C)입니다.

02 Why does the author mention letters to public officials in the passage?

(A) To recommend a way for women to gain equal rights
(B) To suggest a way women communicated with politicians
(C) To illustrate an illegal act done by women in England
(D) To give an example of a method used by the protestors

지문에서 글쓴이가 letters to public officials를 언급한 이유는 무엇인가?

(A) 여성이 동등한 권리를 얻을 수 있는 방법을 추천하기 위해
(B) 여성이 정치인들과 소통했던 방법을 제시하기 위해
(C) 영국의 여성들이 저지른 위법 행위를 설명하기 위해
(D) 시위자들이 사용한 방법의 예를 들기 위해

 수사적 의도 문제 음영 문구 letters to public officials(공무원들에게 쓴 편지)가 언급된 부분의 앞 문장을 살펴보면 organize political protests(정치 시위를 조직하였다)라고 언급하였습니다. 바로 다음 문장에는 They wrote letters to public officials, started fires, and became violent(그들은 공무원들에게 편지를 쓰고, 방화를 했으며, 폭력적이 되었다)와 같은 다양한 시위의 방법들이 나열되어 있습니다. 따라서 letters to public officials는 시위 방법의 한 가지 예를 보여주기 위해 언급된 것입니다. 따라서 정답은 (D)입니다.

정답·해석·해설

03 According to paragraph 3, American protestors were more successful than the British because

(A) they were required to own land
(B) they added women from the UK to increase their numbers
(C) their efforts involved different classes of women
(D) they were more organized than the English

3단락에 따르면, 미국 시위대는 _____했기 때문에 영국 시위대보다 더 성공적이었다.

(A) 그들은 토지를 소유해야만 했다
 → 지문과 다른 내용
(B) 그들의 인원수를 늘리기 위해 영국에서 온 여성들을 추가했다
 → 지문에서 언급되지 않은 내용
(C) 서로 다른 계급의 여성들이 함께 노력했다
(D) 그들이 영국 여성들보다 더 조직적이었다 → 지문에서 언급되지 않은 내용

> **일치 문제** 문제의 키워드 American protestors were more successful than the British(미국의 시위대는 영국 시위대보다 더 성공적이었다)와 같은 의미를 가진 they had earned the right to vote several years before English women ~(그들은 영국 여성보다 몇 해 앞서 투표권을 얻게 되었다)이 언급된 부분 앞을 지문에서 살펴보면, a more diverse group of women ~ increased their power(부유층과 빈곤층 모두를 포함한 더욱 다양한 집단의 여성들이 시위에 참여하였고 이는 그들의 영향력을 증대시켰다)라는 것을 알 수 있습니다. 따라서 보기 (C)는 지문의 내용과 일치하므로 정답입니다.

5. 숨은 의미 파악하기 211

5. 숨은 의미 파악하기 추론/수사적 의도 문제

[04~06]

For centuries, / the Inuit people of Canada / have created / a very unique style of art. 04-D They carve / material / found in the Arctic, / such as bones and stones, / into the shapes of Arctic animals. In the past, / most of the work was done / to decorate their tools / or to give to friends / as gifts. 05-A They kept / only art / that was easily transported / because the Inuit did not have / permanent homes.

However, / modern Inuit people / live in villages and towns / where they can keep / larger pieces of art. These are made / not only to please themselves, / but also 06-A to sell / in galleries and other venues / around the world. In fact, / some Inuit people / even spend their lives / working as full-time artists.

Many people believe / that 06-B Inuit art / can be a beautiful addition / to the home. Moreover, / both critics and art collectors think / these pieces are interesting / because 06-C they express / a lot of emotions. As a result, / art of this style / is very popular / and the profits help / keep the Inuit economy strong.

수 세기 동안, 캐나다의 Inuit족은 매우 독특한 예술 스타일을 만들어냈다. 04-D그들은 뼈와 돌 같이 북극에서 발견되는 재료를 북극 동물의 모양으로 깎는다. 과거에는 대부분의 작품이 도구를 장식하거나 친구에게 선물로 주기 위해서 만들어졌다. 05-A그들은 운반이 쉬운 예술품만을 보관했는데, 이는 Inuit족에게 고정된 집이 없었기 때문이다.

그러나 현대 Inuit족은 마을이나 소도시에 살아서 더 큰 예술품을 보관할 수 있다. 이 예술품은 Inuit족 스스로 즐기기 위해서 뿐 아니라, 06-A세계 곳곳의 화랑과 그 외 장소에서 팔기 위해 만들어지기도 한다. 사실, 몇몇의 Inuit인들은 심지어 직업 예술가로 일하면서 일생을 보낸다.

많은 사람들은 06-BInuit 예술품이 집에 아름다움을 더해줄 수 있다고 믿는다. 또한 비평가와 예술품 수집가 모두 06-C이 예술품들이 다양한 감정을 표출하기 때문에 흥미롭다고 생각한다. 그 결과 이러한 스타일의 예술은 매우 인기가 많으며 수익은 Inuit족의 경제가 튼튼히 유지되도록 도와준다.

정답 · 해석 · 해설

04 Why does the author mention bones and stones in the passage?
(A) To explain that hard material was used
(B) To contrast two types of carvings
(C) To give examples of tools used to carve objects
(D) To illustrate types of objects used for art

지문에서 글쓴이가 bones and stones를 언급한 이유는 무엇인가?
(A) 딱딱한 재료가 사용되었다는 것을 설명하기 위해
(B) 두 종류의 조각품을 대조하기 위해
(C) 물체를 조각하는 데 사용된 도구의 예를 들기 위해
(D) Inuit 예술에 사용된 물체의 종류를 예를 들어 설명하기 위해

🦉 **수사적 의도 문제** 음영 문구 bones and stones(뼈와 돌)가 언급된 부분의 앞 내용을 살펴보면, They carve material found in the Artic(그들은 북극에서 발견되는 재료를 깎는다)이라고 언급하였습니다. 음영 문구 앞의 such as(~와 같은)는 어떤 것의 예를 보여줄 때 사용하는 표현입니다. 따라서 bones and stones은 Inuit 조각에 사용되는 물질의 종류의 예를 보여주기 위해 언급된 것입니다. 따라서 정답은 (D)입니다.

05 According to paragraph 1, what can be inferred about Inuit art?
(A) Bulky pieces were left behind.
(B) Works were damaged when moved.
(C) Most of the work was heavy.
(D) Small objects were not kept permanently.

1단락에 따르면, Inuit족의 예술에 관하여 추론할 수 있는 것은 무엇인가?
(A) 부피가 큰 작품은 남겨졌다.
(B) 작품은 이동 시 손상되었다.
(C) 대부분의 작품은 무거웠다.
(D) 작은 물건은 영구적으로 보관되지 않았다.

🦉 **추론 문제** 1단락을 살펴보면, They kept only art ~ easily transported ~ permanent homes(Inuit족은 고정된 집이 없었기 때문에 운반이 쉬운 예술품만을 보관하였다)라고 했습니다. 이로 미루어 보아 큰 작품은 쉽게 가지고 다닐 수 없어서 다른 곳으로 이동할 때 두고 갔다는 것을 추론할 수 있습니다. 따라서 정답은 (A)입니다.

06 According to the passage, all of the following are true about Inuit art EXCEPT:
(A) It provides an income for some artists.
(B) It decorates homes.
(C) It communicates a lot of feeling.
(D) It is small and fragile.

지문에 따르면, Inuit 예술에 대한 사실이 아닌 것은?
(A) 일부 예술가들에게 수입원이 된다.
(B) 집을 꾸며준다.
(C) 다양한 감정을 전달한다.
(D) 작고 깨지기 쉽다.

🦉 **불일치 문제** 보기 (A)는 지문의 to sell in galleries ~ working as full-time artists(화랑과 그 외 장소에서 팔기 위해 ~ 직업 예술가로 일하면서 일생을 보낸다)와 일치하며 보기 (B)는 지문의 Inuit art ~ beautiful addition to the home(Inuit 예술품은 집에 아름다움을 더해줄 수 있다)과, 보기 (C)는 지문의 they express a lot of emotions(예술품은 다양한 감정을 표출한다)와 일치하므로 보기 (A), (B), (C)는 지문과 일치하는 내용이 되어 오답입니다. 그러나 보기 (D)는 지문에 언급되지 않은 내용이므로 정답입니다.

5. 숨은 의미 파악하기 추론/수사적 의도 문제

[07~09]

Honeybees have developed / a system of communication / that helps them to tell each other / about new food sources. It takes / the form of a special dance, / a series of movements / made while flying. Scientists now believe / that there are typical patterns of motions / which represent key information.

A bee uses / a particular flight path, / for example, / to indicate the location / of the nectar supply. If the area is / quite close / to the hive, / she will fly / in a circle / over and over again / several times. On the other hand, / [07-A]a routine / that includes an oval arc or a straight dash / suggests / that the food is farther away. She will also vary / the angle of her body / in flight / to communicate / the direction of the food.

In addition, / dancing honeybees / must carry with them / [08-D]a small amount of the nectar / taken from the site. The smell of this / encourages others / to go out and find more food. The more bees that go to the site, / the more nectar they can collect / and return to the hive. [09-C]This is important / because a lot of supplies are required / to feed / the stationary queen and baby bees.

꿀벌은 새로운 먹이 출처에 대해 서로에게 알리는 것을 도와주는 의사소통 체계를 발달시켰다. 이 의사소통 체계는 특별한 춤의 형태를 취하는데, 이것은 벌이 날면서 취하는 연속된 움직임이다. 과학자들은 현재 중요한 정보를 나타내는 전형적인 움직임의 패턴이 있다고 믿는다.

예를 들어, 벌은 꿀의 위치를 나타내기 위해 특정한 비행 경로를 사용한다. 만약 그 지역이 벌집과 꽤 가까운 거리에 있으면, 벌은 여러 번 반복적으로 원을 그리며 날 것이다. 반면, [07-A]타원의 활 모양이나 직선 모양을 포함하는 춤은 먹이가 더 멀리 떨어져 있다는 것을 암시한다. 벌은 또한 먹이의 위치에 대해 알리기 위해 날면서 몸의 각도를 다양하게 바꿀 것이다.

또한, 춤추는 꿀벌은 [08-D]그 장소에서 가져온 소량의 꿀을 지니고 있어야 한다. 이 냄새가 다른 벌로 하여금 밖으로 나가 더 많은 먹이를 찾도록 자극한다. 더 많은 벌이 그 장소로 갈수록, 더 많은 꿀을 모아 벌집으로 돌아올 수 있다. [09-C]움직이지 않는 여왕벌과 새끼 벌을 먹이기 위해서 많은 양의 먹이가 필요하기 때문에, 이것은 중요하다.

정답·해석·해설

07 Why does the author mention an oval arc or a straight dash in the passage?

(A) To illustrate movements used to tell others about distance
(B) To demonstrate the typical behavior of a honeybee
(C) To show how the bee can give information about the direction
(D) To give an example of how honeybees fly

지문에서 글쓴이가 an oval arc or a straight dash를 언급한 이유는 무엇인가?

(A) 다른 벌들에게 거리를 알려주려고 사용하는 움직임을 보여주기 위해
(B) 꿀벌의 전형적인 행동을 설명하기 위해
(C) 벌들이 방향에 대한 정보를 어떻게 전달하는지를 보여주기 위해
(D) 꿀벌이 어떻게 나는지 그 예를 보여주기 위해

수사적 의도 문제 음영 문구 an oval arc or a straight dash(타원의 활 모양이나 직선 모양)가 언급된 문장을 보면, a routine ~ suggests that the food is farther away(타원의 활 모양이나 직선 모양을 포함하는 춤은 먹이가 더 멀리 떨어져 있다는 것을 암시한다)라고 언급하고 있습니다. 즉, an oval arc or a straight dash는 꿀이 있는 곳까지의 거리(distance)를 알려주기 위해 벌이 사용하는 움직임 중 한 가지 예로 언급된 것입니다. 따라서 정답은 (A)입니다.

08 According to paragraph 3, bees are motivated to search for nectar when

(A) they see other bees going to the field
(B) they are hungry
(C) they observe a dancing bee
(D) they are attracted to a smell

3단락에 따르면, 벌은 _____ 할 때 꿀을 찾아 나서려는 의욕을 가진다.

(A) 다른 벌이 밖으로 나가는 것을 보았을 때 → 지문에 언급되지 않은 내용
(B) 배가 고플 때 → 지문에 언급되지 않은 내용
(C) 춤추는 벌을 보았을 때
  → 지문에 언급되지 않은 내용
(D) 냄새에 이끌렸을 때

일치 문제 문제의 키워드 bees are motivated ~ nectar(꿀을 찾아 나서려는 의욕을 가진다)와 같은 의미를 가진 encourages others ~ find more food(다른 벌로 하여금 ~ 더 많은 먹이를 찾도록 자극한다)의 주변을 지문에서 살펴보면, The smell of this encourages others(소량의 꿀 냄새가 다른 벌들을 자극한다)라는 것을 알 수 있습니다. 따라서 보기 (D)는 지문의 내용과 일치하므로 정답입니다.

09 According to paragraph 3, what can be inferred about the queen?

(A) She is responsible for caring for the young.
(B) She does not eat as much food as others.
(C) She does not search for the nectar.
(D) She is the only bee that can reproduce.

3단락에 따르면, 여왕벌에 관하여 추론할 수 있는 것은 무엇인가?

(A) 어린 벌을 돌보는 일을 책임지고 있다.
(B) 다른 벌이 먹는 만큼 먹지 않는다.
(C) 꿀을 찾아 나서지 않는다.
(D) 생식이 가능한 유일한 벌이다.

추론 문제 3단락을 살펴보면, a lot of supplies ~ queen and baby bees(움직이지 않는 여왕벌과 새끼 벌을 먹이기 위해서 많은 양의 먹이가 필요하다)라고 언급하고 있습니다. 여왕벌이 움직이지 않고 일벌이 수집해온 꿀을 먹는다는 것에서, 여왕벌은 직접 꽃의 꿀을 찾아 나서지 않는다는 것을 추론할 수 있습니다. 따라서 정답은 (C)입니다.

5. 숨은 의미 파악하기

6. 글 전체의 구조와 내용 파악하기 — 요약/정보 분류표 문제

유형 연습

```
01 (B), (C)   02 (A), (B)   03 (B), (C)   04 (A), (C)
05 Jovian Planets: (C), (E)  Terrestrial Planets: (B), (D)
06 The Mayan Empire: (A), (D)  The Incan Empire: (B), (C)
07 Single-Origin Theory: (C), (D)  Multi-Region Theory: (A), (E)
```

01

Scientists are uncertain / about why prehistoric humans painted pictures / in caves. These paintings / may have been a way / to decorate the caves / inhabited by early humans. In some cases, / the paintings / were found / on the walls of areas / where the inhabitants spent / most of their time. On the other hand, / the pictures / could have been used / to teach children / how to hunt. Many of the paintings / include / images of animals / being hunted.

과학자들은 선사시대의 인류가 왜 동굴에 벽화를 그렸는지에 대해 확실히 알지 못한다. 이 그림들은 초기 인류가 거주했던 동굴을 장식하는 방법이었을지도 모른다. 몇몇의 경우에, 거주자들이 대부분의 시간을 보내던 장소의 벽에서 그림이 발견되었다. 한편, 그림은 아이들에게 사냥하는 방법을 가르치기 위해 사용되었을 수도 있다. 그림의 상당수는 사냥 당하는 동물의 모습을 담고 있다.

고대 동굴벽화를 그린 목적에 대한 여러 가지 이론이 있다.

- (B) 동굴벽화는 장식용으로 쓰였을 것이다.
- (C) 동굴벽화는 교육적인 목적으로 사용되었을 것이다.

(A) 동굴벽화는 성공적인 사냥을 기원하기 위해 그려졌을 것이다.

지문의 중심 내용은 선사시대 인류가 동굴에 벽화를 그린 목적에 대한 두 가지 이론입니다. 지문에 따르면, 선사시대 사람들은 동굴을 장식하기 위해서(to decorate the caves) 혹은 아이들에게 사냥하는 방법을 가르치기 위해서(to teach children how to hunt) 동굴에 벽화를 그렸다는 것을 알 수 있습니다. 따라서 보기 (B)와 (C)는 지문의 중심 내용을 담고 있으므로 정답입니다. 보기 (A)는 지문에 언급되지 않은 내용이므로 오답입니다.

02 There are a number of theories / to explain / why the dinosaurs
    많은 이론이 있다   설명하는   공룡이 왜 사라졌는지를
disappeared. One theory suggests / that the climate may have
              한 이론은 주장한다   기후가 바뀌었을지도 모른다고
changed / when several volcanoes released / a large amount of
         몇 개의 화산이 방출했을 때   많은 양의 가스를
gas / into the air. The dinosaurs / may have been unable to
      공기 중으로   공룡은   적응하지 못했는지도 모른다
adjust / to the resulting rise / in global temperatures. Another
         그로 인한 증가에   지구 온도의
likely cause / is the collision of a giant asteroid / with the
다른 가능한 원인은   거대한 소행성의 충돌이다   지구와의
Earth. The dust / produced by this impact / would have blocked /
       먼지는   이 충돌로 발생된   가로막았을 것이다
the Sun / for several years, / making the Earth / uninhabitable /
 태양을   몇 년 동안   지구를 만들면서   살 수 없는 곳으로
for the dinosaurs. The existence of a large crater / near South
 공룡들에게   거대한 분화구의 존재는   남미 근처의
America / supports this theory.
          이 이론을 뒷받침해준다

There is much debate about why dinosaurs became extinct.

- (A) Volcanic gas may have changed the weather patterns of the planet.
- (B) A large asteroid hitting the Earth could have caused debris to block sunlight.

(C) A large crater has been found close to South America.

공룡이 왜 지구에서 사라졌는지를 설명하는 많은 이론이 있다. 한 이론은 몇 개의 화산이 많은 양의 가스를 공기 중에 방출했을 때 기후가 바뀌었을지도 모른다고 주장한다. 공룡은 그로 인한 지구의 온도 증가에 적응하지 못했을지도 모른다. 다른 가능한 원인은 거대한 소행성과 지구와의 충돌이다. 이 충돌로 발생된 먼지는 몇 년 동안 태양을 가로막아 지구를 공룡이 살 수 없는 곳으로 만들어 버렸을 것이다. 남미 근처에 거대한 분화구가 존재한다는 사실은 이 이론을 뒷받침해준다.

공룡이 왜 멸종했는지에 대해 많은 논쟁이 있다.

- (A) 화산 가스가 지구의 날씨 패턴을 바꿨을지도 모른다.
- (B) 큰 소행성과 지구의 충돌로 생긴 파편이 햇빛을 가렸을 수 있다.

(C) 거대한 분화구가 남미 근처에서 발견되었다.

🦉 지문의 중심 내용은 공룡이 멸종된 이유에 대한 두 가지 이론입니다. 지문에 따르면, 첫 번째 이론은 화산폭발로 인해 기온이 증가하고(several volcanoes released ~ resulting rise in global temperatures) 공룡이 이에 적응하지 못했다는 것입니다. 두 번째 이론은 소행성과 지구의 충돌로 인해 발생한 먼지가 태양을 가로막아 지구를 공룡이 살 수 없는 곳으로 만들었다(the collision of a giant asteroid ~ blocked the Sun ~ the Earth uninhabitable ~)는 것입니다. 따라서 보기 (A)와 (B)는 지문의 중심 내용을 담고 있으므로 정답입니다. 보기 (C)는 지문에서 언급된 내용이지만 도입 문장과 연관이 없는 사소한 정보를 담고 있으므로 오답입니다.

6. 글 전체의 구조와 내용 파악하기   요약/정보 분류표 문제

03

The Roman city of Londinium / was the largest city / in Britain.
로마의 도시 Londinium은　　　　　가장 큰 도시였다　　　　영국에서
It was important / because of the unique geographical features /
이 곳은 중요했다　　　　　　독특한 지리적 특징 때문에
of its location. Londinium was situated / near one of the few
그 지역의　　　　Londinium은 위치하였다　　　몇 안 되는 지역 중 하나의 근처에
places / where the Thames River was narrow enough / to build a
　　　　　　　템즈 강이 충분히 좁았던　　　　　　　　　다리를 지을만큼
bridge. This river / was a major obstacle / to travel / throughout
　　　　　이 강은　　　주요 장애물이었다　　　이동하는 데　　이 지역 전역에 걸쳐
the region. In addition, / the city's deep-water port / was
　　　　　　　게다가　　　　이 도시의 수심 깊은 항구는
suitable / for the merchant ships / that traded with the rest of
적합했다　　　　상선에게　　　　　　　유럽의 다른 지역과 교역하는
Europe. These merchants / were important / for the economy of
　　　　　　이 상인들은　　　　　중요했다　　　　　　영국 경제에
Britain.

The physical characteristics of the site made Londinium significant.

- (B) Londinium was located at one of the places where the river could be crossed.
- (C) Because it had a suitable port, Londinium was a center of trade.

(A) Londinium was the biggest city in Roman-controlled Britain.

로마의 도시 Londinium은 영국에서 가장 큰 도시였다. 이 지역의 독특한 지리적 특징 때문에 이 곳은 중요했다. Londinium은 템즈 강에서 다리를 지을 수 있을 만큼 충분히 좁았던 몇 안 되는 지역 중 하나의 근처에 위치하였다. 이 강은 이 지역 어디서나 이동하는 데 장애물이었다. 게다가, 이 도시의 수심 깊은 항구는 유럽의 다른 지역과 교역하는 상선에게 적합했다. 이 상인들은 영국 경제에 중요했다.

입지적인 특징은 Londinium을 중요하게 만들었다.

- (B) Londinium은 강을 건널 수 있는 지역 중 하나에 위치하였다.
- (C) 적합한 항구를 가졌기 때문에 Londinium은 무역의 중심지였다.

(A) Londinium은 로마가 지배하는 영국에서 가장 큰 도시였다.

> 지문의 중심 내용은 Londinium을 중요하게 만든 그 입지적인 특징에 관한 것 입니다. 지문에 따르면, Londinium은 템즈 강에서 다리를 지을 수 있을 만큼 충분히 좁았던 몇 안되는 지역 중 하나에 위치(Londinium was situated ~ where the Thames River was narrow enough to build a bridge)하였고, 또한 이 도시의 수심 깊은 항구는 상선에게 적합(the city's deep-water port was suitable for the merchant ships)하였다는 것을 알 수 있습니다. 따라서 보기 (B)와 (C)는 지문의 중심 내용을 담고 있으므로 정답입니다. 보기 (A)는 지문에 언급된 내용이지만 도입 문장과 연관이 없는 사소한 정보를 담고 있으므로 오답입니다.

04

Thermoregulation / is an organism's ability / to keep its body
  체온 조절은   생물의 능력이다   그것의 체온을 유지하는
temperature / stable / by adapting / to external or environmental
              안정적으로   적응함으로써   외부나 주위 환경의 온도에
temperatures. Just like other organisms, / humans have their
                   다른 생물처럼   인간은 자신들의 방법을 가지고 있다
own means / of thermoregulation. When it is hot outside, / sweat
              체온 조절의   외부가 더울 때는   땀샘이
glands / in the human body / produce sweat. This evaporates /
           인체의   땀을 생성한다   땀은 증발한다
and cools the body, / thus reducing / internal temperature.
  그리고 몸을 식힌다   따라서 낮추면서   내부 온도를
If it is cold outside, / the human body adapts / by finding ways /
  외부가 추우면   인체는 적응한다   방법을 찾음으로써
to make heat. For example, / the sweat glands stop working /
  열을 만드는   예를 들어   땀샘은 일하는 것을 멈춘다
and the brain tells the muscles / to shiver, / which generates
  그리고 뇌가 근육에게 명령한다   떠는 것을   이것은 열을 발생시킨다
heat / through energy release.
         에너지 방출을 통해

The body is able to maintain a stable internal temperature due to thermoregulation.

- (A) The human body adapts to the cold by producing heat.
- (C) The human body lowers its temperature in hot weather by releasing sweat.

(B) The human body has sweat glands that release water in response to heat.

체온 조절은 생물체가 외부나 주위 환경의 온도에 적응함으로써 체온을 안정적으로 유지하는 능력이다. 다른 생물처럼 인간에게도 체온을 조절하는 방법이 있다. 외부가 더울 때는, 인체의 땀샘은 땀을 생성한다. 땀은 증발하고 몸을 식혀서 몸 내부의 온도를 낮춘다. 외부가 추울 경우, 인체는 열을 생성하는 방법을 찾아 이에 적응한다. 예를 들어 땀샘은 동작을 멈추고 뇌는 근육에게 떨도록 명령하여 에너지 방출을 통해 열을 발생시키게 한다.

신체는 체온 조절 능력을 통해 내부 온도를 안정적으로 유지할 수 있다.

- (A) 인체는 열을 생성함으로써 추위에 적응한다.
- (C) 인체는 더운 날씨에서는 땀을 방출함으로써 체온을 낮춘다.

(B) 인체는 열에 반응하여 수분을 내보내는 땀샘을 가지고 있다.

지문의 중심내용은 신체가 체온 조절 능력을 갖고 있어 안정적인 내부 온도를 유지할 수 있다는 것입니다. 지문에 따르면, 외부가 더울 때는 인체의 땀샘은 땀을 생성하고, 그 땀은 증발하고 몸을 식혀서 내부 온도를 낮춘다(When it is hot outside, sweat glands ~ produce sweat. ~ This evaporates and cools the body, thus reducing internal temperature)고 하였습니다. 또한 외부가 추울 경우 인체는 열을 만드는 방법을 찾아 이에 적응한다(If it is cold outside, the human body adapts by finding ways to make heat)고 하였습니다. 따라서 보기 (A)와 (C)는 지문의 중심 내용을 담고 있으므로 정답입니다. 보기 (B)는 지문에 언급된 내용이지만 도입 문장과 연관이 없는 사소한 정보를 담고 있으므로 오답입니다.

6. 글 전체의 구조와 내용 파악하기 요약/정보 분류표 문제

05 The Earth's solar system / contains / eight planets / that all orbit
　　 지구의 태양계는　　　　포함한다　　8개의 행성을　　모두 태양 주위를 도는
the Sun. These are classified / as either Jovian or Terrestrial planets.
　　　　　이들은 분류된다　　　　목성형 혹은 지구형 행성 중 하나로
The Jovian planets, / which are also known as the gas giants, /
　목성형 행성은　　　　　　gas giant로도 알려진
are the four planets / that are farthest / from the Sun. They have
　　4개의 행성이다　　　　　가장 먼　　　태양으로부터
the highest mass / of all the planets. Terrestrial planets, /
그들은 가장 높은 질량을 갖는다　모든 행성 중에서　　지구형 행성은
including the Earth, / are located / in the inner section of the
　지구를 포함하는　　　위치한다　　　태양계의 안쪽 부분에
solar system. Although they are smaller / than Jovian planets, /
　　　　　　비록 그들이 더 작지만　　　　　목성형 행성보다
they are much denser.
지구형 행성이 훨씬 더 밀도가 높다

지구의 태양계는 태양 주위를 도는 8개의 행성으로 이루어져 있다. 이들은 목성형 행성 또는 지구형 행성으로 분류된다. gas giant로도 알려진 목성형 행성은 태양으로부터 가장 멀리 떨어진 4개의 행성이다. 목성형 행성은 전체 행성 중에서 질량이 가장 크다. 지구형 행성에는 지구도 포함되는데, 이들은 태양계의 안쪽 부분에 위치한다. 비록 지구형 행성이 목성형 행성보다 크기는 작지만, 밀도가 훨씬 더 높다.

보기	목성형 행성
(A) 온도가 가장 높다.	● (C) 질량이 가장 크다.
	● (E) gas giant로 불린다.
	지구형 행성
	● (B) 태양에서 가장 가깝다.
	● (D) 밀도가 매우 높다.

Answer Choices	Jovian Planets
(A) Have the highest temperatures	● (C) Have the greatest mass
	● (E) Are referred to as gas giants
	Terrestrial Planets
	● (B) Are closest to the Sun
	● (D) Are very compact

> **메모**
>
> **Jovian Planets** 목성형 행성
> J1 **known as the gas giants** gas giant로 알려져 있음
> J2 **farthest from the Sun** 태양으로부터 가장 멀리 떨어져 있음
> J3 **highest mass** 질량이 가장 큼
>
> **Terrestrial Planets** 지구형 행성
> T1 **located in the inner section** 태양계 안쪽에 위치함
> T2 **smaller** 더 작음
> T3 **much denser** 밀도가 훨씬 더 높음
>
> 보기 (C)의 Have the greatest mass(질량이 가장 크다)와 보기 (E)의 Are referred to as gas giants(gas giant로 불린다)는 위 메모에서 Jovian Planets(목성형 행성)의 J1, J3과 일치합니다. 보기 (B)의 Are closest to the Sun(태양에서 가장 가깝다)과 보기 (D)의 Are very compact(밀도가 매우 높다)는 위 메모에서 Terrestrial Planets(지구형 행성)의 T1, T3과 일치합니다. 따라서 정답은 Jovian Planets: (C), (E), Terrestrial Planets: (B), (D)입니다. 보기 (A)의 Have the highest temperatures(온도가 가장 높다)는 지문에 언급되지 않은 내용이므로 오답입니다.

정답·해석·해설

06 Although the Mayan and Incan civilizations developed / in the
비록 마야 문명과 잉카 문명이 발달하였지만
same region, / they were very different. The Mayan Empire /
같은 지역에서   그들은 매우 달랐다   마야 제국은
was a collection / of independent city-states. The Mayan cities
집합이었다   독립적인 도시국가들의   마야의 도시들은 공유하였다
shared / the same culture, / and communicated / using a
        같은 문화를   그리고 의사소통하였다
complex writing system. In contrast, / the Incan Empire was
복잡한 문자 체계를 사용하여 대조적으로   잉카 제국은 통치되었다
ruled / by a king / who lived in the capital city. An extensive road
       왕에 의해   수도에 살았던   광범위한 도로 연결망은
network / made it easy / for his commands / to be sent to the
          쉽게 하였다   그의 명령이   다른 도시에 전해지는 것을
other cities. Both civilizations / were destroyed / by Spanish
               두 문명은   멸망되었다
invaders / in the sixteenth century.
스페인 침략자에 의해 16세기에

비록 마야 문명과 잉카 문명은 같은 지역에서 발달하였지만, 그들은 매우 달랐다. 마야 제국은 독립적인 도시국가들의 집합이었다. 마야의 도시들은 같은 문화를 공유하였고, 복잡한 문자 체계를 사용하여 의사소통하였다. 대조적으로, 잉카 제국은 수도에 사는 왕에 의해 통치되었다. 광범위한 도로 연결망은 왕의 명령이 쉽게 다른 도시에 전달되게 했다. 두 문명은 16세기에 스페인 침략자에 의해 멸망하였다.

Answer Choices	The Mayan Empire
(E) Invaded other civilizations in the area	● (A) Contained self-governing cities ● (D) Used a complicated system of writing
	The Incan Empire
	● (B) Developed a widespread road network ● (C) Governed by a single ruler

보기	마야 제국
(E) 그 지역의 다른 문명을 침략했다.	● (A) 자치도시로 구성되었다. ● (D) 정교한 문자체계를 사용하였다.
	잉카 제국
	● (B) 광범위한 도로 연결망을 발전시켰다. ● (C) 단일 지배자에 의해 통치되었다.

메모

The Mayan Empire 마야 제국
M1 a collection of independent city-states 도시국가들의 집합
M2 shared the same culture 같은 문화를 공유함
M3 communicated using a complex writing system
복잡한 문자 체계로 의사소통함

The Incan Empire 잉카 제국
I1 ruled by a king 왕에 의해 통치됨
I2 An extensive road network 광범위한 도로 연결망

보기 (A)의 Contained self-governing cities(자치도시로 구성되었다)와 보기 (D)의 Used a complicated system of writing(정교한 문자체계를 사용하였다)는 위 메모에서 The Mayan Empire(마야 제국)의 M1, M3과 일치합니다. 보기 (B)의 Developed a widespread road network(광범위한 도로 연결망을 발전시켰다)와 보기 (C)의 Governed by a single ruler(단일 지배자에 의해 통치되었다)는 위 메모에서 The Incan Empire(잉카 제국)의 I2, I1과 일치합니다. 따라서 정답은 The Mayan Empire: (A), (D), The Incan Empire: (B), (C)입니다. 보기 (E)의 Invaded other civilizations in the area(그 지역의 다른 문명을 침략했다)는 지문에 언급되지 않은 내용이므로 오답입니다.

6. 글 전체의 구조와 내용 파악하기

6. 글 전체의 구조와 내용 파악하기 요약/정보 분류표 문제

07 There are two main theories / to explain / why humans are found / all over the planet. The Single-Origin Theory / argues / that the human species evolved in Africa, / and then slowly moved out / to the other continents. This would have occurred / about 60,000 years ago. The Multi-Region Theory / suggests / that humans evolved separately / in different regions. However, / each regional group / would have interacted / with the others.

인류가 왜 지구 전역에서 발견되는 지를 설명하는 두 개의 주요한 이론이 있다. 단일 기원 이론은 인류가 아프리카에서 진화하였고, 그 후 천천히 다른 대륙으로 뻗어 나갔다고 주장한다. 이 이동은 대략 60,000년 전에 발생했을 것이다. 복수 지역 이론은 인류가 다른 지역에서 개별적으로 진화했다고 주장한다. 그러나 각 지역의 집단은 다른 집단과 서로 교류했을 것이다.

Answer Choices	Single-Origin Theory
(B) Humans existed everywhere on the planet	● (C) Humans spread to other locations ● (D) Humans developed in Africa
	Multi-Region Theory
	● (A) Different populations mixed ● (E) Humans evolved in many places

보기	단일 기원 이론
(B) 인류는 지구 모든 곳에 존재했다.	● (C) 인류는 다른 지역으로 퍼졌다. ● (D) 인류는 아프리카에서 발생하였다.
	복수 지역 이론
	● (A) 다른 인종들이 섞였다. ● (E) 인류는 많은 지역에서 진화하였다.

메모

Single-Origin Theory 단일 기원 이론
- S1 evolved in Africa 아프리카에서 진화
- S2 moved out to other continents 다른 대륙으로 뻗어나감
- S3 occurred about 60,000 years ago 약 60,000년 전에 발생함

Multi-Region Theory 다수 지역 이론
- M1 evolved separately in different regions 다른 곳에서 각각 진화
- M2 interacted with the others 다른 집단과 서로 교류함

보기 (C)의 Humans spread to other locations(인류는 다른 지역으로 퍼졌다)와 보기 (D)의 Humans developed in Africa(인류는 아프리카에서 발생하였다)는 위 메모에서 Single-Origin Theory(단일 기원 이론)의 S2, S1과 일치합니다. 보기 (A)의 Different populations mixed(다른 인종들이 섞였다)와 보기 (E)의 Humans evolved in many places(인류는 많은 지역에서 진화하였다)는 위 메모에서 Multi-Region Theory(다수 지역 이론)의 M2, M1과 일치합니다. 따라서 정답은 Single-Origin Theory: (C), (D), Multi-Region Theory: (A), (E)입니다. 보기 (B)의 Humans existed everywhere on the planet(인류는 지구 모든 곳에 존재했다)는 지문에 언급되었지만 각 항목의 특징이 아닌 인류의 기원에 대한 일반적 진술이므로 오답입니다.

유형 정복

01 (C)　02 (B), (C), (E)　03 (B)　04 (B), (C), (E)　05 (A)
06 African Army Ants: (E), (F)　South American Army Ants: (B), (D), (G)

[01~02]

China was unified / for the first time / in 221 BC / by the Chin
중국은 통일되었다　　처음으로　　기원전 221년에　진시황에 의해
emperor. Although the Chin Dynasty only lasted / for brief period, /
　　　　비록 진 왕조가 지속하였지만　　　　짧은 기간 동안
the emperor developed / several policies / that helped create / a
황제는 발달시켰다　　몇 개의 정책을　　만드는 데 도움을 준
very powerful state.
매우 강력한 국가를

The policies of the Chin emperor / led to / the direct involvement
진시황의 정책은　　　　이어졌다　정부의 직접적인 개입으로
of the government / in the agricultural activities of the Chinese
　　　　　　　　　중국인의 농업 활동에
people. Government officials / determined planting times, /
　　　정부 관료는　　　　파종 시기를 결정하였고
organized workers for harvests, / and distributed the yearly crop.
　수확을 위해 일꾼을 조직하였고　　　　그 해의 수확물을 분배하였다
This made it possible / to produce sufficient food / to feed the
이는 가능하게 하였다　　충분한 식량을 생산하는 것을
large population.
많은 인구를 먹일

The Chin emperor / also passed a law / that made the government /
진시황은　　　또한 법을 통과시켰다　　　정부를 만든
the supreme military authority / in China. ^{01-C}It became illegal / for
　최고의 군사 권력으로　　　　중국에서　　　불법이 되었다
noble families / to have private armies. This limited / the threat of
귀족 가문이　　사병을 보유하는 것은　　이는 제한하였다
civil war. After ensuring the stability of the country, / the
내전의 위협을　　　국가의 안정을 확실하게 한 후
emperor reorganized the army. All officers were selected / based
　황제는 군대를 재편성하였다　　모든 관리들은 선발되었다
on military skill / and were under the direct control / of the emperor.
군사적 능력에 기초하여　　그리고 직접적인 통제하에 있었다　　황제의

Finally, / an efficient bureaucracy / was created / to govern China.
마지막으로　　효율적인 관료제가　　만들어졌다　중국을 통치하기 위해
People had to pass / difficult civil service exams / to work for the
사람들은 통과해야만 했다　　어려운 과거 시험을　　정부를 위해 일하기 위해서

기원전 221년, 중국은 진시황에 의해 처음으로 통일되었다. 진 왕조의 지속기간은 짧았지만, 황제는 매우 강력한 국가를 만드는 데 도움이 된 몇 개의 정책을 발달시켰다.

진시황의 정책은 중국인의 농업 활동에 대한 정부의 직접적인 개입으로 이어졌다. 정부 관료는 파종 시기를 결정하였고, 수확을 위해 일꾼을 조직하였으며, 그 해의 수확물을 분배하였다. 이는 많은 인구를 먹일 만큼의 충분한 식량을 생산할 수 있게 하였다.

진시황은 또한 정부를 중국에서 최고의 군사 권력으로 만드는 법을 통과시켰다. ^{01-C}귀족 가문의 사병 보유는 불법이 되었다. 이는 내전의 위협을 제한하였다. 국가의 안정을 확실하게 한 후, 황제는 군대를 재편성하였다. 모든 관리들은 군사적 능력에 기초하여 선발되었고 황제의 직접적인 통제하에 있었다.

마지막으로, 중국을 통치하기 위해 효율적인 관료제가 만들어졌다. 정부를 위해 일하려면 사람들은 어려운 과거 시험을 통과해야만 했

6. 글 전체의 구조와 내용 파악하기　223

6. 글 전체의 구조와 내용 파악하기 요약/정보 분류표 문제

government. In addition, / government workers had to be
　　　　　　또한　　　　　　　　정부 관료들은 유능해야 했다
effective / to receive a promotion. The government also
　　　　　승진을 하기 위해서는　　　　　　　정부는 또한 증대시켰다
increased / the efficiency of the bureaucracy / by making
　　　　　　관료제의 효율성을
anti-corruption laws. Government officials / who took bribes /
부패 방지법을 만듦으로써　　　정부 관료들은　　　　　뇌물을 받은
were severely punished.
　　엄하게 처벌받았다

다. 또한, 유능한 사람만 승진할 수 있었다. 정부는 또한 부패 방지법을 만들어 관료제의 효율성을 증대시켰다. 뇌물을 받은 정부 관료들은 엄하게 처벌받았다.

---

01 According to paragraph 3, how did the emperor lower the risk of civil war?

(A) He restructured noble families.
(B) He selected loyal officers.
(C) He banned private armies.
(D) He hired noble soldiers.

3단락에 따르면, 황제는 어떻게 내전의 위험을 낮추었는가?

(A) 그는 귀족 가문을 재편성하였다.
　　→ 지문과 다른 내용
(B) 그는 충성스런 관리들을 선발했다.
　　→ 지문과 다른 내용
(C) 그는 사병 보유를 금지시켰다.
(D) 그는 귀족 계급의 군인을 고용했다.
　　→ 지문에 언급되지 않은 내용

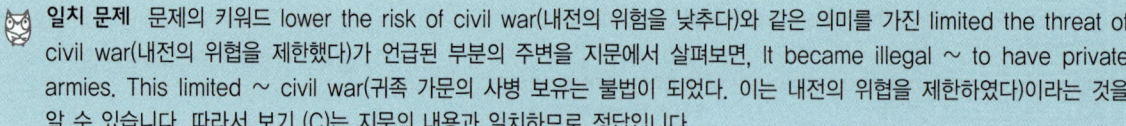

일치 문제 문제의 키워드 lower the risk of civil war(내전의 위험을 낮추다)와 같은 의미를 가진 limited the threat of civil war(내전의 위협을 제한했다)가 언급된 부분의 주변을 지문에서 살펴보면, It became illegal ~ to have private armies. This limited ~ civil war(귀족 가문의 사병 보유는 불법이 되었다. 이는 내전의 위협을 제한하였다)라는 것을 알 수 있습니다. 따라서 보기 (C)는 지문의 내용과 일치하므로 정답입니다.

02

Directions: An introductory sentence for a brief summary of the passage is provided below. Complete the summary by selecting the THREE answer choices that express the most important ideas in the passage. Some sentences do not belong in the summary because they express ideas that are not presented in the passage or are minor ideas in the passage.

The policies of the Chin emperor resulted in the creation of a powerful state.

- (B) The Chin government managed the production of crops.
- (C) Military power was strictly controlled by the state.
- (E) An effective civil service was established to run the country.

(A) China was first united under the rule of the Chin dynasty.
(D) The emperor supervised the armies of noble families.
(F) The bureaucracy was used to eliminate corruption.

지시: 지문 요약을 위한 도입 문장이 아래에 주어져 있다. 지문의 가장 중요한 내용을 나타내는 보기 3개를 골라 요약을 완성하시오. 어떤 문장은 지문에 언급되지 않은 내용이나 사소한 정보를 담고 있으므로 요약에 포함되지 않는다.

진시황의 정책은 강력한 국가의 탄생을 가져왔다.

- (B) 진나라 정부는 작물 생산을 관리했다.
- (C) 군사력은 국가에 의해 엄격하게 통제되었다.
- (E) 국가를 경영하기 위한 효율적인 관료제가 수립되었다.

(A) 중국은 진 왕조의 통치하에 처음으로 통일되었다.
 → 지문에 언급되었지만 사소한 내용
(D) 황제는 귀족의 군대를 감독하였다.
 → 지문과 다른 내용
(F) 관료제는 부패를 척결하는 데 사용되었다. → 지문과 다른 내용

🦉 **요약 문제** 지문의 중심 내용은 진시황의 정책이 강력한 국가의 탄생을 가져왔다는 것입니다. 2단락의 중심 내용인 The polices of the Chin emperor led to the direct involvement ~ in the agricultural activities of the Chinese people(진시황의 정책은 중국인의 농업활동에 대한 정부의 직접적인 개입으로 이어졌다)은 보기 (B)와 일치하고, 3단락의 중심 내용인 It became illegal ~ were under the direct control of the emperor(귀족 가문의 사병 보유는 불법이 되었고 ~ 모든 관리들은 황제의 직접적인 통제하에 있었다)는 보기 (C)와 일치하고, 4단락의 중심 내용인 an efficient bureaucracy was created to govern China(중국을 통치하기 위해 효율적인 관료제가 만들어졌다)는 보기 (E)와 일치합니다. 따라서 정답은 (B), (C), (E)입니다.

6. 글 전체의 구조와 내용 파악하기 **225**

6. 글 전체의 구조와 내용 파악하기 — 요약/정보 분류표 문제

[03~04]

Most humans have greater control over one hand than the other. This phenomenon is known as handedness. Right-handed people are the most common, although a small percentage of the human population is left-handed. Scientists have developed several theories explaining why most humans are right-handed.

One early theory suggests that right-handedness is the result of ancient fighting techniques. In the past, warfare involved the use of a shield. 03-B A right-handed warrior held his shield over his left side, where his heart was. As this offered more protection, natural selection would have led to the survival of more right-handed people.

Another theory is based on the idea that right-handedness is most common because of social pressure. Many cultures traditionally link left-handedness with evil or bad luck. In response, parents often encourage young children who are left-handed to learn how to use their right hand.

A more recent theory argues that right-handedness is caused by the way that the brain operates. Human evolution has resulted in motor skills usually being managed by the left side of the brain. As the left side of the brain controls the right side of the body, most people have better control over their right hand.

대부분의 사람들은 양손 중 어느 한쪽 손에 대해 더 많은 제어능력을 가지고 있다. 이러한 현상은 '잘 쓰는 손'이라고 알려져 있다. 비록 소수 사람들이 왼손잡이이긴 하지만 오른손잡이가 가장 흔하다. 과학자들은 왜 대부분의 사람들이 오른손잡이인지를 설명하는 몇 개의 이론을 전개했다.

한 초기 이론에서는 오른손잡이가 고대 전투 기술의 결과라고 제시한다. 과거에는 전쟁에서 방패를 사용했다. 03-B 오른손잡이 전사는 심장이 있는 왼쪽 몸 위에 방패를 들고 있었다. 이렇게 함으로써 더 효과적인 방어를 할 수 있었기 때문에, 자연 선택에 따라 오른손잡이가 더 많이 생존하게 되었을 것이다.

다른 이론은 사회적 압박 때문에 오른손잡이가 가장 흔하다는 생각에 기반한다. 많은 문화권에서 전통적으로 왼손잡이를 악 혹은 불운과 연결시킨다. 그로 인해 부모들은 종종 왼손잡이 아이들에게 오른손을 사용하는 방법을 배우도록 장려한다.

더 최근에 나온 이론은 오른손잡이가 뇌의 작용 방식 때문에 생긴다고 주장한다. 인간은 움직이는 능력이 대개 좌뇌에 의해 통제되도록 진화하였다. 좌뇌가 몸의 오른쪽을 통제하기 때문에 대부분의 사람들은 오른손을 더 잘 제어한다.

정답·해석·해설

03 According to paragraph 2, a right-handed warrior was more likely to survive than a left-handed one because

(A) he used better equipment to avoid attacks
(B) he positioned his shield over his heart
(C) he held his weapon with his left hand
(D) he had more physical strength

2단락에 따르면, 오른손잡이 전사는 왼손잡이 전사보다 _____했기 때문에 살아남을 가능성이 더 많았다.

(A) 그는 공격을 피하기 위해 더 나은 장비를 사용하였다
  → 지문에 언급되지 않은 내용
(B) 그는 그의 심장 위에 방패를 두었다
(C) 그는 왼손에 무기를 쥐었다
  → 지문과 다른 내용
(D) 그는 더 강한 체력을 가지고 있었다
  → 지문에 언급되지 않은 내용

> 🦉 **일치 문제** 문제의 키워드인 right-handed warrior(오른손잡이 전사)이 언급된 부분과 survive(살아남다)와 같은 의미를 가진 survival(생존)이 언급된 부분을 지문에서 살펴보면 A right-handed warrior held his shield ~ this offered more protection ~ to the survival(오른손잡이 전사는 심장이 있는 왼쪽 몸 위에 방패를 들고 있었는데, 이로 인해 더 효과적인 방어를 할 수 있었고, 자연 선택으로 인해 오른손잡이가 더 많이 생존하게 되었을 것이다)라는 것을 알 수 있습니다. 따라서 보기 (B)는 지문의 내용과 일치하므로 정답입니다.

6. 글 전체의 구조와 내용 파악하기 227

6. 글 전체의 구조와 내용 파악하기 — 요약/정보 분류표 문제

04

Directions: An introductory sentence for a brief summary of the passage is provided below. Complete the summary by selecting the THREE answer choices that express the most important ideas in the passage. Some sentences do not belong in the summary because they express ideas that are not presented in the passage or are minor ideas in the passage.

Several theories have been created to explain why right-handedness is most common.

- (B) Right-handed people had greater chance of surviving combat in the past.
- (C) Social beliefs influence the handedness of an individual.
- (E) The function of the brain determines which hand is used.

(A) Right-handed people are usually more skilled than left-handed people.
(D) Many groups have a positive opinion of left-handedness.
(F) The left part of the brain controls the opposite side of the body.

지시: 지문 요약을 위한 도입 문장이 아래에 주어져 있다. 지문의 가장 중요한 내용을 나타내는 보기 3개를 골라 요약을 완성하시오. 어떤 문장은 지문에 언급되지 않은 내용이나 사소한 정보를 담고 있으므로 요약에 포함되지 않는다.

오른손잡이가 가장 흔한 이유를 설명하기 위해 몇 개의 이론이 만들어졌다.

- (B) 과거에는 오른손잡이가 전쟁에서 생존할 가능성이 더 높았다.
- (C) 사회적 통념은 개인이 잘 쓰는 손에 영향을 끼쳤다.
- (E) 뇌의 기능은 어떤 손이 사용될지를 결정한다.

(A) 대개 오른손잡이는 왼손잡이보다 더 능숙하다. → 지문에 언급되지 않은 내용
(D) 많은 집단들은 왼손잡이에 대한 긍정적인 생각을 가지고 있다.
  → 지문과 다른 내용
(F) 좌뇌는 몸의 오른쪽 부분을 제어한다.
  → 지문에 언급되었지만 사소한 내용

요약 문제 지문의 중심 내용은 오른손잡이가 더 흔한 이유를 설명하기 위해 몇 개의 이론이 만들어졌다는 것입니다. 2단락의 중심 내용인 A right-handed warrior held his shield over his left side, where his heart was. ~ this offered more protection(오른손잡이 전사는 심장이 있는 왼쪽에 방패를 들고 있었다. 이렇게 함으로써 더 효과적인 방어를 할 수 있었다)은 보기 (B)와 일치하고, 3단락의 중심 내용인 right-handedness is most common because of social pressure(사회적 압박 때문에 오른손잡이가 가장 흔하다)는 보기 (C)와 일치하고, 4단락의 중심 내용인 right-handedness is caused by the way that the brain operates(오른손잡이는 뇌의 작용 방식 때문에 생긴다)는 보기 (E)와 일치합니다. 따라서 정답은 (B), (C), (E)입니다.

[05~06]

Army ants / are divided / into two distinct families. Those that inhabit Africa / are named Dorylinae, / while their South American counterparts / are classified as Ecitoninae. Although they share / many common traits, / each group uses / different hunting strategies / when searching for food.

African army ants / form / into large concentrated groups / when hunting. ⁰⁵⁻ᴬAs a group often includes / over 20 million ants, / it is a significant threat / to animals of all sizes. Traveling along set trails, / worker ants create / a series of interconnected trails / behind the large group of hunters. Eventually, / this network combines / into a vast line of ants / leading back to the nest. As the worker ants travel back and forth / carrying food / from the hunting group / to the nest, / they are protected / by soldier ants.

Unlike their African counterparts, / the South American army ants / divide / into small independent groups, / which create several separate trails. These form / a tree-like pattern / that spreads out from the nest. Ants continuously travel / along the trails, / bringing food / captured by the hunters / back to the nest. The small size of the hunting groups / means / that the South American ants are not harmful / to creatures / much larger than themselves.

병정 개미는 두 개의 서로 다른 종으로 나뉜다. 남미에 사는 것들은 Ecitoninae로 분류되는 반면, 아프리카에 사는 것들은 Dorylinae라고 이름 붙여진다. 이들은 공통적인 특징을 많이 가지고 있지만, 먹이를 찾을 때는 서로 다른 사냥 전략을 사용한다.

아프리카 병정 개미는 사냥할 때 큰 밀집된 무리로 대형을 짓는다. ⁰⁶⁻ᴬ한 무리가 종종 2천만 마리 이상의 개미를 포함하기 때문에, 이 무리는 크고 작은 동물 모두에게 심각한 위협이 된다. 정해진 경로를 따라 이동하면서, 일개미는 사냥꾼 개미의 큰 무리 뒤에서 서로 연결된 일련의 경로를 형성한다. 결국에는, 이 연결망이 개미로 이루어진 하나의 거대한 줄로 합쳐져 개미집으로 이어진다. 일개미가 오가며 사냥꾼 개미 무리로부터 먹이를 받아 개미집으로 운반하는 동안, 그들은 군인 개미의 보호를 받는다.

아프리카 병정 개미와 달리 남미 병정 개미는 작은 독립적인 무리로 나뉘어, 여러 개의 개별적인 경로를 형성한다. 이들은 개미집으로부터 뻗어 나오는 나무 같이 생긴 대형을 형성한다. 개미들은 사냥꾼 개미가 잡아온 먹이를 집으로 운반하면서 그 길을 따라 계속 이동한다. 사냥하는 무리의 규모가 작기 때문에 남미 개미는 그들 자신보다 훨씬 큰 다른 생물에게는 위협적이지 않다.

6. 글 전체의 구조와 내용 파악하기 **229**

6. 글 전체의 구조와 내용 파악하기 요약/정보 분류표 문제

05 According to paragraph 2, why are groups of African army ants dangerous to all animals?

(A) They include many members.
(B) They create numerous trails.
(C) They prey on other animals.
(D) They are guarded by hunter ants.

2단락에 따르면, 아프리카 병정 개미 무리는 왜 모든 동물들에게 위험이 되는가?

(A) 그들은 많은 일원을 포함한다.
(B) 그들은 수많은 경로를 형성한다.
    → 지문과 다른 내용
(C) 그들은 다른 동물들을 먹고 산다.
    → 지문에 언급되지 않은 내용
(D) 그들은 사냥꾼 개미의 보호를 받는다.
    → 지문과 다른 내용

일치 문제 문제의 키워드 dangerous to all animals(모든 동물에게 위험이 되는)와 같은 의미를 가진 a significant threat to animals of all sizes(모든 크기의 동물에게 심각한 위협)가 언급된 부분의 주변을 지문에서 살펴보면, a group often includes over 20 million ants(한 무리가 종종 2천만 마리 이상의 개미를 포함한다)라고 하였습니다. 즉 많은 일원이 한 그룹에 포함되기 때문에 다른 동물들에게 위험이 된다는 것을 알 수 있습니다. 따라서 보기 (A)는 지문의 내용과 일치하므로 정답입니다.

06 Directions: Select the appropriate phrases from the answer choices and match them to the type of army ants to which they relate.

Answer Choices	African Army Ants
(A) Are consumed by a wide range of animals (C) Remain close to the nest for protection	● (E) Create a giant line when carrying food to the nest ● (F) Combine into huge groups to hunt
	South American Army Ants
	● (B) Hunt in several groups with a few members ● (D) Make a number of separate trails leading off from the nest ● (G) Are not dangerous to large creatures

지시: 주어진 보기에서 적절한 것을 선택하여 관계 있는 병정 개미의 유형에 연결시키시오.

보기	아프리카 병정 개미
(A) 다양한 동물들에게 잡아 먹힌다. → 지문에 언급되지 않은 내용 (C) 보호 받기 위해서 개미집 근처에 머문다. → 지문에 언급되지 않은 내용	● (E) 먹이를 집으로 운반할 때 거대한 줄을 이룬다. ● (F) 사냥하기 위해 모여서 큰 무리를 형성한다.
	남미 병정 개미
	● (B) 소수의 일원으로 된 여러 개의 무리를 이루어 사냥한다. ● (D) 개미집에서 이어지는 여러 개의 개별적인 경로를 이룬다. ● (G) 큰 생물들에게 위협이 되지 않는다.

메모

African Army Ants 아프리카 병정 개미
- A1 large concentrated groups when hunting
  사냥할 때 큰 밀집된 무리
- A2 threat to animals of all sizes 모든 크기의 동물에게 위협
- A3 a series of interconnected trails ~ a vast line of ants
  일련의 연결된 경로 ~ 커다란 하나의 개미 줄
- A4 worker ants ~ are protected by soldier ants
  일개미는 ~ 군인 개미에 의해 보호 받음

South American Army Ants 남미 병정 개미
- S1 small independent groups 작은 독립적인 무리
- S2 several separate trails ~ tree-like pattern
  여러 개의 나뉘진 경로 ~ 나무 같은 대형
- S3 not harmful to creatures much larger than themselves
  자신들보다 훨씬 큰 생물들에겐 위험적이지 않음

정보 분류표 문제 보기 (E)의 Create a giant line when carrying food to the nest(먹이를 집으로 운반할 때 거대한 줄을 이룬다)와 보기 (F)의 Combine into huge groups to hunt(사냥하기 위해 모여서 큰 무리를 형성한다)는 위 메모에서 African Army Ants(아프리카 병정 개미)의 A1, A3과 일치합니다. 보기 (B)의 Hunt in several groups with a few members(소수의 일원으로 된 여러 개의 무리를 이루어 사냥한다)와 보기 (D)의 Make a number of separate trails leading off from the nest(개미집에서 이어지는 여러 개의 개별적인 경로를 이룬다)와 보기(G)의 Are not dangerous to large creatures(큰 생물들에게 위협이 되지 않는다)는 위 메모에서 South American Army Ants(남미 병정 개미)의 S1, S2, S3과 일치합니다. 따라서 정답은 African Army Ants: (E), (F), South American Army Ants: (B), (D), (G)입니다.

6. 글 전체의 구조와 내용 파악하기

실전 연습

```
01 (B)   02 (A)   03 (D)   04 (B)   05 (D)   06 (B)   07 세 번째 ■   08 (B), (C), (E)   09 (D)   10 (A)   11 (B)
12 (B)   13 (C)   14 (A)   15 네 번째 ■   16 (A), (C), (F)   17 (C)   18 (A)   19 (C)   20 (D)   21 (B)
22 (C)   23 두 번째 ■   24 Maritime Climate Zones: (B), (F)   Continental Climate Zones: (C), (E), (G)
```

[01~08]

Mimicry, / which is common among insects, / is the ability / of one species to imitate / the appearance or behavior / of another species. The species that imitates the other / is called the mimic, / while the species being imitated / is called the model. Researchers have discovered / several types of mimicry.

The first is Batesian mimicry. With this form of mimicry, / the model species has physical traits / that keep predators away. Species with no such defenses / have a similar appearance / to achieve the same result. For example, / all wasps have powerful stings / that make predators / such as birds / avoid them. Therefore, / other species / that look like the wasp / are also avoided / by predators. The most famous Batesian mimic / is the flower fly. This species is almost identical / to the wasp. Although the flower fly does not have a sting, / it is almost never eaten / by a predator / because of its appearance.

➡ Another classification is Mullerian mimicry. Often, / several species of poisonous insects / living in the same area / will resemble each other. As each of these species has / an effective

모방은 곤충 사이에서 흔하게 일어나는데, 이것은 한 종이 다른 종의 외관이나 행동을 모방하는 능력이다. 모방을 당하는 종은 모델이라고 불리는 반면, 다른 종을 모방하는 종은 모방자라고 불린다. 연구자들은 모방의 몇 가지 유형을 발견했다.

첫 번째는 Batesian 모방이다. 이런 형태의 모방에서 모델 종은 포식자를 쫓아내는 신체적 특징을 가지고 있다. 이 같은 방어체계가 없는 종은 동일한 결과를 얻기 위해 모델 종의 외관을 닮는다. 예를 들어, 모든 말벌은 강력한 침을 가지고 있어, 새와 같은 포식자가 그들을 피하게 만든다. 따라서 말벌을 닮은 다른 종도 포식자로부터의 공격을 피할 수 있다. 가장 유명한 Batesian 모방은 꽃파리다. 이 종은 말벌과 거의 흡사하게 생겼다. 비록 꽃파리는 침이 없지만, 외관 때문에 포식자에게 거의 잡아 먹히지 않는다.

또 다른 종류는 Mullerian 모방이다. 종종, 같은 지역에 사는 몇몇의 독을 지닌 곤충 종들은 서로 비슷하게 생겼다. 이들 각각 효과적인 방어체계를 가지고 있기 때문에, 과학자들은 왜 이들이 서로 모방하는지 확실히 알지

정답·해석·해설

defensive method, / scientists were uncertain / about why they
　　　　　　　　　과학자들은 확실히 알지 못했다
imitated each other. This phenomenon is explained / by the way
왜 이들이 서로 모방하는지에 대해　　　이 현상은 설명된다
that predators learn / which species are inedible. First, / a
포식자가 배우는 방식에 의해　어느 종이 먹을 수 없는 것인지를　먼저
predator will try / to eat an insect. 04-BIf the insect is inedible, / the
포식자는 시도할 것이다　곤충을 먹는 것을　만일 그 곤충이 먹을 수 없는 것이면
predator will remember / its appearance / and avoid it / in the
포식자는 기억할 것이다　그것의 외관을　그리고 그것을 피할 것이다
future. The predator will also avoid / other species / that look like
앞으로　포식자는 또한 피할 것이다　다른 종을　그것처럼 보이는
the one / it has tried to eat. As a result, / it is advantageous /
　　　먹으려고 했던　결과적으로　이롭다
for insects that are poisonous / to look like each other.
독성을 가진 곤충들은　　　서로 닮는 것이

➡ Both the Batesian and Mullerian types of mimicry / are used /
　　Batesian과 Mullerian 모방 방식 둘 다　　　사용된다
as a defense against predators. However, / some predators use
포식자에 대항하는 방어기제로　　그러나　어떤 포식자들은 모방을 사용한다
mimicry / to hunt the model species. This is known / as Aggressive
　　모델 종을 사냥하기 위해　이것은 알려져 있다　Aggressive 모방으로
mimicry. One example of a predatory mimic / is Zodarion
　　포식자가 하는 모방의 한 예는　Zodarion germanicum이다
germanicum, / a species of spider / that feeds on large black ants.
　　거미의 한 종류인　큰 흑개미를 먹고 사는
■The spider closely resembles / the appearance of its prey.
이 거미는 꼭 닮았다　　자신의 먹이의 외관을
■Most importantly, / it has two front legs / that are similar /
가장 중요하게　이 거미는 두 개의 앞다리를 가졌다　유사한
to the antennae of the ants. ■The ants use these / to communicate
개미의 더듬이와　　개미는 이것을 사용한다
with each other. 06-BAs the spider is able to use its front legs /
서로 의사소통하기 위해　거미가 앞다리를 사용할 수 있기 때문에
in the same way, / it can enter the nest / and eat the ants. ■
같은 방식으로　거미는 개미집에 들어갈 수 있다　그리고 개미를 잡아 먹을 수 있다

못했다. 이 현상은 포식자가 어느 종이 먹을 수 없는 것인지를 배우는 방식에 의해 설명된다. 먼저, 포식자는 한 곤충을 먹어보려 할 것이다. 04-B만일 그 곤충이 먹을 수 없는 것이면, 포식자는 그것의 외관을 기억했다가 후에 그것을 피할 것이다. 또한 포식자는 먹으려 했던 곤충과 비슷해 보이는 다른 종도 피할 것이다. 결과적으로, 독성을 가진 곤충들끼리는 서로 닮는 것이 이롭다.

Batesian과 Mullerian 모방 방식 둘 다 포식자에게 대항하는 방어기제로 사용된다. 그러나 어떤 포식자는 모델 종을 사냥하기 위해 모방을 한다. 이것은 Aggressive 모방으로 알려져 있다. 포식자가 하는 모방의 예로는 Zodarion germanicum가 있는데, 이것은 큰 흑개미를 먹고 사는 거미의 한 종류이다. 이 거미는 자신의 먹이인 흑개미의 외관을 꼭 닮았다. 가장 중요한 것은, 이 거미가 개미의 더듬이와 유사하게 생긴 두 개의 앞다리를 가졌다는 것이다. 개미는 서로 의사소통하기 위해 이것을 사용한다. 06-B이 거미는 개미가 더듬이를 쓰는 것과 같은 방식으로 앞다리를 사용할 수 있기 때문에, 개미집에 들어가서 개미를 잡아 먹을 수 있다.

Vocabulary

mimicry[mímikri] 모방　mimic[mímik] 모방자　physical[fízikəl] 신체적　trait[treit] 특징　predator[prédətər] 포식자
defense[diféns] 방어　similar[símələr] 유사한　achieve[ətʃíːv] 얻다　wasp[wɑsp] 말벌　sting[stiŋ] 침
flower fly 꽃파리　poisonous[pɔ́izənəs] 독을 지닌　resemble[rizémbl] 닮다　uncertain[ʌnsə́ːrtən] 확실치 않은
phenomenon[finámənàn] 현상　inedible[inédəbl] 먹을 수 없는　advantageous[ædvəntéidʒəs] 이로운
be known as ~로 알려지다　closely[klóusli] 꼭　prey[prei] 먹이　front[frʌnt] 앞의　antennae[ænténə] 더듬이

실전 연습

01 The word imitate in the passage is closest in meaning to
(A) observe
(B) copy
(C) describe
(D) favor

지문의 단어 imitate와 의미상 유사한 것은?
(A) 관찰하다
(B) 모방하다
(C) 묘사하다
(D) 호의를 보이다

 어휘 문제 지문의 imitate(모방하다)는 copy(모방하다)와 동의어이므로 정답은 (B)입니다. copy에는 '베끼다', '복사하다'라는 뜻 외에 '모방하다' 라는 뜻도 있습니다.

02 The word them in the passage refers to
(A) wasps
(B) stings
(C) predators
(D) birds

지문의 단어 them이 가리키는 것은?
(A) 말벌
(B) 침
(C) 포식자
(D) 새

지시어 문제 보기 중에서 지시어 them에 대입하여 해석했을 때 가장 자연스러운 단어는 wasps(말벌)이므로 정답은 (A)입니다.

03 Which of the sentences below best expresses the essential information in the highlighted sentence in the passage? *Incorrect* choices change the meaning in important ways or leave out essential information.

(A) The body of the flower fly resembles other species that are harmful to many predators.
(B) Despite its appearance, the flower fly is very dangerous to predators that try to eat it.
(C) Predators believe that the flower fly is edible because it appears to not have a sting.
(D) The appearance of the harmless flower fly ensures that it is seldom threatened by predators.

아래 문장 중 지문 속의 음영 표시된 문장의 핵심정보를 가장 잘 표현하고 있는 것은 무엇인가? 오답은 문장의 의미를 현저히 바꾸거나 핵심정보를 빠뜨리고 있다.

(A) 꽃파리의 몸은 다수의 포식자에게 해로운 다른 종과 유사하다.
→ 핵심 정보가 빠진 내용
(B) 외관에도 불구하고, 꽃파리는 그것을 먹으려고 시도하는 포식자에게 매우 위험하다. → 지문과 다른 내용
(C) 포식자는 꽃파리가 침이 없는 것처럼 보이기 때문에 먹을 수 있다고 생각한다. → 지문과 다른 내용
(D) 꽃파리는 해가 없지만 그 외관 때문에 포식자들에게 좀처럼 위협받지 않는다.

문장 간략화 문제 음영 표시된 문장 전체가 핵심정보로서 the flower fly does not have a sting(꽃파리는 침이 없지만)을 the harmless flower fly(해가 없는 꽃파리)로, because of its appearance(외관 때문에)를 the appearance ~ ensures(그 외관은 ~ 보장해준다)로, never eaten by a predator(포식자에게 거의 잡아 먹히지 않는다)를 seldom threatened by predators(포식자에게 좀처럼 위협받지 않는다)로 바꾸어 표현한 보기 (D)가 정답입니다.

Voca edible [édəbl] 먹을 수 있는 appear [əpíər] ~처럼 보이다 ensure [inʃúər] 보장하다 seldom [séldəm] 좀처럼 ~않는

04 According to paragraph 3, if a predator determines that an insect is inedible, it will

(A) try to eat others of the species
(B) keep away from similar looking insects
(C) attempt to find a different species
(D) hunt identical insects

Paragraph 3 is marked with an arrow [➡].

3단락에 따르면, 포식자가 어떤 곤충이 먹을 수 없는 것이라고 판단하면, 포식자는 _____할 것이다.

(A) 그 종의 다른 개체를 먹으려고 시도한다 → 지문과 다른 내용
(B) 비슷하게 생긴 곤충을 멀리한다
(C) 다른 종을 찾으려고 시도한다
  → 지문과 다른 내용
(D) 동일한 곤충을 사냥한다
  → 지문과 다른 내용

3단락은 화살표[➡]로 표시되어 있다.

 일치 문제 문제의 키워드인 an insect is inedible(어떤 곤충이 먹을 수 없다)이 언급된 부분을 지문에서 살펴보면, If the insect is inedible, the predator will remember its appearance and avoid it in the future(곤충이 먹을 수 없는 것이면, 포식자는 그것의 외관을 기억했다가 후에 그것을 피할 것이다)이라는 것을 알 수 있습니다. 따라서 보기 (B)는 지문의 내용과 일치하므로 정답입니다.

Voca keep away from ~을 멀리하다

---

05 The word advantageous in the passage is closest in meaning to

(A) comparable
(B) harmful
(C) responsible
(D) beneficial

지문의 단어 advantageous와 의미상 유사한 것은?

(A) 비교할 수 있는
(B) 유해한
(C) 책임 있는
(D) 이로운

 어휘 문제 지문의 advantageous(이로운)는 beneficial(이로운)과 동의어이므로 정답은 (D)입니다.

실전 연습

06 According to paragraph 4, why does the Zodarion germanicum spider imitate certain ants?

(A) To defend against predators
(B) To gain access to its prey's nest
(C) To hunt other species of spiders
(D) To make use of the ants' nests

Paragraph 4 is marked with an arrow [➡].

4단락에 따르면, Zodarion germanicum 거미는 왜 특정 개미를 모방하는가?

(A) 포식자에 대항하여 방어하기 위해
  → 지문과 다른 내용
(B) 먹잇감의 집에 들어가기 위해서
(C) 다른 종의 거미를 사냥하기 위해서
  → 지문과 다른 내용
(D) 개미집을 활용하기 위해서
  → 지문과 다른 내용

4단락은 화살표[➡]로 표시되어 있다.

> 일치 문제 문제의 키워드 Zodarion germanicum spider imitate certain ants(Zodarion germanicum 거미는 특정 개미를 모방한다)와 같은 의미를 가진 the spider closely resembles the appearance of its prey(그 거미는 자신의 먹이의 외관을 꼭 닮았다)가 언급된 부분의 주변을 지문에서 살펴보면, As the spider is able to use its front legs in the same way, it can enter the nest and eat the ants(거미는 개미가 더듬이를 쓰는 것과 같은 방식으로 앞다리를 사용할 수 있기 때문에, 개미집에 들어가서 개미를 잡아 먹을 수 있다)라는 것을 알 수 있습니다. 따라서 보기 (B)는 지문의 내용과 일치하므로 정답입니다.

Voca gain access to ~에 접근하다

07 Look at the four squares [■] that indicate where the following sentence could be added to the passage.

The ants use these to communicate with each other.

Where would the sentence best fit?

Click on a square [■] to add the sentence to the passage.

지문에 표시된 네 개의 네모[■]는 다음 문장이 삽입될 수 있는 부분을 나타내고 있다.

개미는 서로 의사소통하기 위해 이것을 사용한다.

이 문장은 어느 자리에 들어가는 것이 가장 적절한가?

해당 네모[■]를 클릭하여 주어진 문장을 지문에 삽입하시오.

> 삽입 문제 삽입 문장에서 정답의 단서는 these(이것들)로, 두 번째 ■ 뒤에서 언급된 antennae(더듬이)를 가리킵니다. 세 번째 ■에 삽입 문장을 넣어보면, Zodarion germanicum 거미는 개미의 더듬이와 유사한 두 앞다리를 가지고 있는데, 개미는 다른 개미와 의사소통하기 위해 이 더듬이를 사용한다는 내용으로 자연스럽게 연결됩니다. 따라서 정답은 세 번째 ■ 입니다.

08 Directions: An introductory sentence for a brief summary of the passage is provided below. Complete the summary by selecting the THREE answer choices that express the most important ideas in the passage. Some sentences do not belong in the summary because they express ideas that are not presented in the passage or are minor ideas in the passage. *This question is worth 2 points.*

Some species of insects imitate the appearance of other species.

- (B) Insect species without defenses imitate those that have them.
- (C) Inedible species in a region will often look like each other.
- (E) A predator may resemble its prey in order to hunt it more easily.

(A) Wasps resemble other species of insects to defend against predators.
(D) Predators will avoid eating insects that are toxic.
(F) Some predators interact with the model species.

지시: 지문 요약을 위한 도입 문장이 아래에 주어져 있다. 지문의 가장 중요한 내용을 나타내는 보기 3개를 골라 요약을 완성하시오. 어떤 문장은 지문에 언급되지 않은 내용이나 사소한 정보를 담고 있으므로 요약에 포함되지 않는다. 이 문제는 2점이다.

어떤 곤충 종은 다른 종의 외관을 모방한다.

- (B) 방어체제가 없는 곤충은 방어체제가 있는 다른 곤충을 모방한다.
- (C) 한 지역에 있는 먹을 수 없는 곤충 종들은 종종 서로를 닮을 것이다.
- (E) 어떤 포식자는 더 쉽게 사냥을 하기 위해 먹잇감을 모방할 수도 있다.

(A) 말벌은 포식자로부터 방어하기 위해 다른 곤충 종을 모방한다.
→ 지문과 다른 내용
(D) 포식자는 유해한 곤충을 먹는 것을 피할 것이다.
→ 지문에 언급되었지만 사소한 내용
(F) 어떤 포식자는 모델 종과 교류한다.
→ 지문에 언급되었지만 사소한 내용

요약 문제 지문의 중심 내용은 일부 곤충이 다른 곤충의 외관을 모방한다는 것으로, 지문에서는 세 가지 곤충의 모방 형태가 제시되었습니다. 2단락의 Batesian 모방 형태의 특징인 the model species has physical traits that keep predators away ~ to achieve the same result(모델 종이 포식자를 쫓아내는 신체적 특징을 가지고 있고, 이 같은 방어체계가 없는 종은 같은 결과를 얻기 위해 유사한 외관을 가진다)는 보기 (B)와 일치하고, 3단락의 Mullerian 모방 형태의 특징인 several species of poisonous insects living in the same area will resemble each other(같은 지역에 사는 몇몇의 독을 지닌 곤충 종들은 서로를 닮을 것이다)는 보기 (C)와 일치하며, 4단락의 Aggressive 모방 형태의 특징인 some predators use mimicry to hunt the model species(어떤 포식자는 모델 종을 사냥하기 위해 모방을 한다)는 보기 (E)와 일치합니다. 따라서 정답은 (B), (C), (E)입니다.

Voca toxic [táksik] 유해한　interact [ìntərǽkt] 교류하다

실전 연습

[09~16]

During the eighteenth and nineteenth centuries, / the total number of people / in Britain / increased significantly. The most important cause / of the rise in population / was that farming methods improved / during this period of history, / which has come to be known / as the Agricultural Revolution. The changes that occurred / increased the amount of crops / that could be grown / by farmers.

➡ The most significant change / was the decision / to stop using / the traditional open-field system. ¹⁰⁻ᴬWith this system, / farmland could be used / by all members of a community. Even if / the land was privately owned, / other people usually had the right / to use it. However, / during the Agricultural Revolution, / these rights were cancelled. In addition, / common land was divided / into private property. As a result, / wealthy farmers took control of / large pieces of land / and spent lots of money / to increase the efficiency / of their new farms.

➡ One method / to achieve this / was to use new technology. In the early part of the Agricultural Revolution, / many agricultural colleges were established. Scientists from these schools / invented new machines / for farmers. ■One example is the seed drill, / which gave farmers the ability / to plant many seeds / in a short period of time. ■¹²⁻ᴮThe combine thresher / was also an

18세기와 19세기 동안 영국의 전체 인구수는 현저히 증가했다. 인구증가의 가장 중요한 원인은 이 기간 동안 농업방식이 개선되었다는 것으로, 이 기간은 농업혁명으로 알려지게 되었다. 이때 생긴 변화로 인해 농부들이 재배할 수 있는 농작물의 양은 증대되었다.

가장 두드러진 변화는 전통적인 개방경지제도의 사용을 중단하기로 한 결정이었다. ¹⁰⁻ᴬ이 제도에서는 지역 사회의 모든 일원이 농지를 사용할 수 있었다. 비록 토지가 개인의 소유일지라도 대개 다른 사람도 토지를 사용할 권리를 가졌다. 하지만 농업혁명 동안에 이러한 권리는 말소되었다. 또한 공동 토지는 개인 소유지로 나뉘었다. 그 결과 부유한 농부들이 큰 토지를 관리하였고 그들은 자신들의 새로운 농장의 효율성을 높이기 위해 많은 돈을 썼다.

이처럼 농장의 효율성을 높이기 위한 한 가지 방법은 새로운 기술을 사용하는 것이었다. 농업혁명 초기에 많은 농업 대학이 설립되었다. 이러한 학교 출신의 과학자들은 농부들을 위해 새로운 기계들을 발명하였다. 그 중 한 가지 예는 파종기인데, 이것은 농부들이 짧은 기간 동안에 많은 종자를 심을 수 있게 해주었다. ¹²⁻ᴮ탈곡기 또한 중요한 발명품이었다. 농부들은 이 기계를 활용해 농작물을 신속히

정답·해석·해설

important invention. ■Farmers could use the machine / to harvest
또한 중요한 발명품이었다   농부들은 기계를 사용할 수 있었다
their crops very quickly. ■Both inventions allowed / a lot of
그들의 농작물을 매우 빨리 수확하기 위해   두 발명품은 허용했다
work to be done / by a few people.
많은 일이 이루어지는 것을   적은 인원에 의해

➡ In addition, / scientists created new methods / to grow crops.
또한,   과학자들은 새로운 방법을 만들어냈다   농작물을 기르는
The most important of these / was the Norfolk system. Under the
이러한 방법 중 가장 중요한 것은   Norfolk 체계이다
previous system, / farmers would not grow / any crops on their
이전의 체계에서   농부들은 기르지 않았다   그들의 땅에 어떤 농작물도
land / every third year, / which was done to restore / the fertility
매 3년째마다   그것은 회복하기 위해서 이루어졌다   토지의 비옥도를
of the land. Using the Norfolk system, / farmers rotated / between
        Norfolk 체계를 사용하면서   농부들은 윤작하였다
wheat, barley, and fodder crops / — such as grasses and oats — /
밀, 보리, 그리고 가축사료를   풀과 귀리와 같은
over a four-year cycle. The system ensured / that the fields were
4년 주기에 걸쳐   이 체계는 확실하게 하였다
continually producing. It also improved / the diet of livestock, / as
경작지가 계속적으로 생산하는 것을   그것은 또한 개선하였다   가축들의 식단을
14-A the animals usually consumed / the fodder crops. Over time /
그 동물들이 보통 섭취했기 때문에   가축사료를   시간이 지남에 따라
the Norfolk system became / the standard method / used
Norfolk 체계는 되었다   표준적인 방법이
everywhere in the country. It remained / the main method of
나라 어디에서나 사용되는   그것은 남았다   주된 농작 방법으로
farming / until the early part / of the twentieth century.
            초기까지   20세기의

수확할 수 있었다. 두 발명품은 적은 인원으로 많은 일을 끝낼 수 있게 했다.

또한, 과학자들은 농작물을 기르는 새로운 방법을 개발했다. 이러한 방법 중 가장 중요한 것은 Norfolk 체계이다. 이전의 체계에서 농부들은 토지의 비옥도를 회복하기 위해 3년째 되는 해마다 토지에 어떠한 곡물도 기르지 않았다. Norfolk 체계를 사용하면서 농부들은 밀과 보리, 그리고 풀이나 귀리 같은 가축사료를 4년 주기에 걸쳐 윤작하였다. 이 체계로 인해 경작지를 휴한하지 않아도 되었다. 또한 14-A 가축들이 보통 가축사료를 섭취했기 때문에 이 체계는 가축의 식단도 개선하였다. 시간이 지남에 따라 Norfolk 체계는 나라 어디서나 사용되는 표준적인 방법이 되었다. 그것은 20세기 초기까지 주된 농작 방법이었다.

Vocabulary

total[tóutl] 전체의 **significantly**[signífikəntli] 현저하게 **rise**[raiz] 증가 **decision**[disíʒən] 결정
community[kəmjúːnəti] 지역 사회 **privately**[práivətli] 개인적으로 **cancel**[kǽnsəl] 취소하다 **efficiency**[ifíʃənsi] 효율성
agricultural[ӕgrəkʌ́ltʃərəl] 농업의 **establish**[istǽbliʃ] 설립하다 **machine**[məʃíːn] 기계 **plant**[plӕnt] 심다
harvest[háːrvist] 수확하다 **crop**[krɑp] 농작물 **previous**[príːviəs] 이전의 **restore**[ristɔ́ːr] 회복하다
fertility[fəːrtíləti] 비옥 **rotate**[róuteit] (농작물을) 윤작하다 **wheat**[hwiːt] 밀 **barley**[báːrli] 보리 **fodder crop** 가축사료
oat[out] 귀리 **cycle**[sáikl] 주기 **field**[fiːld] 경작지 **continually**[kəntínjuəli] 계속적으로 **diet**[dáiət] 식단
livestock[láivstɑ̀k] 가축 **consume**[kənsúːm] 먹다, 소비하다 **standard**[stǽndərd] 표준적인

실전 연습

09 The word occurred in the passage is closest in meaning to
(A) returned
(B) appeared
(C) developed
(D) happened

지문의 단어 occurred와 의미상 유사한 것은?
(A) 되돌아왔다
(B) 나타났다
(C) 개발되었다
(D) 생겼다

 어휘 문제 지문의 occurred(생겼다)는 happened(생겼다)와 동의어이므로 정답은 (D)입니다.

10 According to paragraph 2, which of the following was a feature of the open-field system?
(A) Everyone in a village was permitted to use the farmland.
(B) Property was divided among several important individuals.
(C) Ordinary people had few rights to the local farms.
(D) People who lived in the same town purchased land together.

Paragraph 2 is marked with an arrow [➡].

2단락에 따르면, 개방경지제도의 특징인 것은?
(A) 마을의 모든 사람들이 농지를 사용하는 것이 허락되었다.
(B) 토지는 몇몇의 중요한 개인들 사이에 분배되었다. → 지문과 다른 내용
(C) 보통 사람들은 지역 농장에 관한 권리가 거의 없었다. → 지문과 다른 내용
(D) 같은 동네에 사는 사람들은 토지를 함께 구입하였다.
→ 지문에 언급되지 않은 내용

2단락은 화살표 [➡]로 표시되어 있다.

 일치 문제 문제의 키워드인 open-field system(개방경지제도)이 언급된 부분의 주변을 지문에서 살펴보면, With this system, farmland could be used by all members of a community(이 제도에서는 지역사회의 모든 일원이 농지를 사용할 수 있었다)라는 것을 알 수 있습니다. 따라서 보기 (A)는 지문의 내용과 일치하므로 정답입니다.

Voca permit[pərmít] 허락하다 property[prápərti] 토지, 재산 ordinary[ɔ́:rdənèri] 보통의 local[lóukəl] 지역의 purchase[pə́:rtʃəs] 구입하다

11 The word increase in the passage is closest in meaning to
(A) modify
(B) boost
(C) diminish
(D) widen

지문의 단어 increase와 의미상 유사한 것은?
(A) 변경하다
(B) 증대시키다
(C) 감소시키다
(D) 넓히다

 어휘 문제 지문의 increase(증가시키다)는 boost(증대시키다)와 동의어이므로 정답은 (B)입니다.

12 According to paragraph 3, the combine thresher

(A) ensured that seeds were not wasted
(B) made it possible to rapidly gather the harvest
(C) increased the amount of crops grown on a farm
(D) reduced the amount of time needed to grow vegetables

Paragraph 3 is marked with an arrow [➡].

3단락에 따르면, 탈곡기는 _____.

(A) 종자가 낭비되지 않도록 하였다
→ 지문에 언급되지 않은 내용
(B) 수확을 신속히 할 수 있게 하였다.
(C) 농장에서 자라는 농작물의 양을 증가시켰다 → 지문과 다른 내용
(D) 식물이 자라는데 필요한 시간의 양을 감소시켰다 → 지문에 언급되지 않은 내용

3단락은 화살표 [➡]로 표시되어 있다.

일치 문제 문제의 키워드인 combine thresher(탈곡기)가 언급된 부분의 주변을 지문에서 살펴보면, The combine thresher was also an important invention. Farmers could use ~ to harvest their crops very quickly(탈곡기는 또한 중요한 발명품이었다. 농부들은 이 기계를 활용해 농작물을 신속히 수확할 수 있었다)라는 것을 알 수 있습니다. 따라서 보기 (B)는 지문의 내용과 일치하므로 정답입니다.

Voca waste[weist] 낭비하다　rapidly[ræpidli] 신속히　gather[gǽðər] 모으다　reduce[ridjúːs] 감소하다

13 Which of the sentences below best expresses the essential information in the highlighted sentence in the passage? *Incorrect* choices change the meaning in important ways or leave out essential information.

(A) Farmers would only use the land for a short period of time under the original system of agriculture.
(B) To improve less fertile land, most farmers would not grow crops for three years.
(C) To maintain the land's productivity, farmers would not use it during the third year.
(D) Land that was unable to produce a harvest after three years was usually abandoned.

아래 문장 중 지문 속의 음영 표시된 문장의 핵심정보를 가장 잘 표현하고 있는 것은 무엇인가? 오답은 문장의 의미를 현저히 바꾸거나 핵심정보를 빠뜨리고 있다.

(A) 기존의 농업 체계 하에서 농부들은 토지를 짧은 기간 동안만 사용했다.
→ 지문과 다른 내용
(B) 덜 비옥한 토지를 개선하기 위해 대부분의 농부들은 3년 동안 농작물을 재배하지 않았다. → 지문과 다른 내용
(C) 토지의 생산성을 유지하기 위해 농부들은 3년째 되는 해에 토지를 사용하지 않았다.
(D) 3년이 지난 후에 농작물을 생산할 수 없는 토지는 유기되었다.
→ 지문에 언급되지 않은 내용

문장 간략화 문제 음영 표시된 문장에서 Under the previous system(이전의 체계에서)은 부가정보이고 이를 제외한 farmers would not grow any crops ~ to restore the fertility(농부들은 비옥도를 회복하기 위해 ~ 어떠한 곡물도 기르지 않았다)라는 내용이 핵심정보입니다. 핵심정보의 farmers would not grow any crops on their land every third year(3년째 되는 해마다 토지에 어떠한 곡물도 기르지 않았다)를 farmers would not use it during the third year(농부들은 3년째 되는 해에 토지를 사용하지 않았다)로, to restore the fertility of the land(토지의 비옥도를 회복하기 위해)를 To maintain the land's productivity(토지의 생산성을 유지하기 위해)로 바꾸어 표현한 보기 (C)가 정답입니다.

Voca maintain[meintéin] 유지하다　productivity[pròudʌktívəti] 생산성　abandon[əbǽndən] 유기하다, 버리다

실전 연습

14 According to the paragraph 4, what can be inferred about fodder crops?

(A) They were rarely eaten by people.
(B) They were the most important crop.
(C) They were planted every year.
(D) They took a long time to grow.

Paragraph 4 is marked with an arrow [➡].

4단락에 따르면, 가축사료에 관하여 추론할 수 있는 것은?

(A) 사람들은 그것을 거의 먹지 않았다.
(B) 그것은 가장 중요한 농작물이었다.
(C) 그것은 매년 재배되었다.
(D) 그것은 자라는 데 시간이 많이 소요되었다.

4단락은 화살표 [➡]로 표시되어 있다.

> 추론 문제 4단락에서 fodder crops(가축사료)가 언급된 부분을 살펴보면, the animals usually consumed the fodder crops(가축들이 보통 가축사료를 섭취하였다)라고 했습니다. 이로 미루어 보아 가축사료는 대체로 동물들이 먹기 위한 것이었고, 사람들은 먹지 않았다는 것을 추론할 수 있습니다. 따라서 정답은 (A)입니다.

Voca rarely[rɛ́ərli] 드물게

15 Look at the four squares [■] that indicate where the following sentence could be added to the passage.

Both inventions allowed a lot of work to be done by a few people.

Where would the sentence best fit?

Click on a square [■] to add the sentence to the passage.

지문에 표시된 네 개의 네모[■]는 다음 문장이 삽입될 수 있는 부분을 나타내고 있다.

두 발명품은 적은 인원으로 많은 일을 끝낼 수 있게 했다.

이 문장은 어느 자리에 들어가는 것이 가장 적절한가?

해당 네모[■]를 클릭하여 주어진 문장을 지문에 삽입하시오.

> 삽입 문제 삽입 문장에서 정답의 단서는 Both inventions(두 발명품)로 첫 번째 ■ 뒤에서 언급된 seed drill(파종기)과 두 번째 ■ 뒤에서 언급된 combine thresher(탈곡기)를 가리킵니다. 첫 번째 ■ 뒤는 seed drill, 두 번째 ■와 세 번째 ■ 뒤는 combine thresher에 대한 내용이므로, 이 두 기계 모두에 대한 내용을 다루고 있는 삽입 문장은 네 번째 ■에 와야 합니다. 따라서 정답은 네 번째 ■입니다.

16 Directions: An introductory sentence for a brief summary of the passage is provided below. Complete the summary by selecting the THREE answer choices that express the most important ideas in the passage. Some sentences do not belong in the summary because they express ideas that are not presented in the passage or are minor ideas in the passage. *This question is worth 2 points.*

During the Agricultural Revolution, farming practices in Britain improved.

- (A) Rich farmers spent money to improve their land because they had exclusive property rights.
- (C) New technologies made it easier for farmers to plant and harvest crops.
- (F) A new farming method allowed farmers to grow crops continuously.

(B) The creation of common land benefited a large number of citizens.
(D) The use of the seed drill sped up the planting process significantly for wealthy farmers.
(E) Farm animals benefited from the addition of fodder crops in their diet.

지시: 지문 요약을 위한 도입 문장이 아래에 주어져 있다. 지문의 가장 중요한 내용을 나타내는 보기 3개를 골라 요약을 완성하시오. 어떤 문장은 지문에 언급되지 않은 내용이나 사소한 정보를 담고 있으므로 요약에 포함되지 않는다. 이 문제는 2점이다.

농업 혁명기간 동안 영국의 경작 방식은 발전하였다.

- (A) 부유한 농부들은 토지에 대한 독점권이 있었기 때문에 그들의 토지를 개선하기 위하여 돈을 썼다.
- (C) 새로운 과학 기술은 농부들이 농작물을 더 쉽게 심고 수확할 수 있도록 하였다.
- (F) 새로운 경작방법은 농부들이 농작물을 계속 재배할 수 있도록 하였다.

(B) 공동 토지의 생성은 많은 시민들에게 혜택을 주었다. → 지문과 다른 내용
(D) 파종기의 사용은 부유한 농부들의 파종 작업 속도를 현저히 증가시켰다. → 지문과 다른 내용
(E) 농장 가축들은 식단에 가축사료가 추가되어 이득을 보았다. → 지문에 언급되었지만 사소한 내용

요약 문제 지문의 중심 내용은 농업혁명 기간 동안 영국의 경작 방식이 발전했다는 것입니다. 2단락의 중심 내용인 wealthy farmers took control ~ and spent lots of money to increase the efficiency of their new farms(부유한 농부들은 큰 토지를 관리하였고 그들은 자신들의 새로운 농장의 효율성을 높이기 위해 많은 돈을 썼다)는 보기 (A)와 일치하고, 3단락의 중심 내용인 Both inventions ~ work to be done by a few people(두 발명품은 적은 인원으로 많은 업무를 끝낼 수 있게 하였다)은 보기 (C)와 일치하고, 4단락의 중심 내용인 The system ensured that the fields were continually producing(이 체계로 인해 경작지를 휴한하지 않아도 되었다)은 보기 (F)와 일치합니다. 따라서 정답은 (A), (C), (F)입니다.

Voca exclusive[iksklú:siv] 독점적인 creation[kriéiʃən] 생성 benefit[bénəfit] 이롭다 citizen[sítizən] 시민
technology[teknálədʒi] 기술 speed up 속도를 올리다

실전 연습

[17~24]

17-C The temperate climate zones of the planet / are found / between the tropics and the polar regions. They have / four distinct seasons: / summer, autumn, winter, and spring. Temperate climate zones / provide / the best conditions / for human survival. However, / weather patterns / within a temperate zone / vary / depending on geographic location. As a result, / scientists divide / temperate zones / into maritime and continental zones.

➡ Maritime zones / are located / on the west coasts / of Europe, Africa, and the Americas, / as well as the southeast coast of Australia. As these regions are 19-A close / to the ocean, / they are / continually 19-B exposed / to masses of wet air. This results / in 19-D long periods of cloudy weather. Therefore, / maritime zones / receive / large amounts of precipitation / all year long.

The average temperature of these regions / is also affected / by the ocean. In the summer, / the ocean / is much cooler / than the surrounding air. ■This causes / lower temperatures / than those of other areas. ■However, / the presence of the ocean / has the opposite effect / in the winter. Winters are very mild / because the ocean keeps / much of its warmth / throughout the year. ■The temperature range / for maritime temperate climates / is quite narrow, / between -10℃ and +25℃. ■Although the winters are cool, / they are not cold enough / to maintain continuous snow coverage / on the ground.

17-C 지구의 온대 기후대는 열대지방과 극지방 사이에서 발견된다. 온대 기후대에는 봄, 여름, 가을, 겨울의 뚜렷한 사계절이 있다. 온대 기후대는 인간의 생존을 위한 최상의 환경을 제공한다. 그러나 온대 기후대 내에서의 기후 패턴은 지리적인 위치에 따라 다르다. 그 결과 과학자들은 온대 기후대를 해양성 지대와 대륙성 지대로 나눈다.

해양성 기후대는 유럽, 아프리카, 미대륙의 서해안과 호주의 남동 해안에 위치한다. 이들 지역은 19-A 해양에 가깝기 때문에, 19-B 습한 공기 덩어리에 계속 노출되어 있다. 이로 인해 19-D 오랜 기간 동안 날씨가 흐리다. 따라서 해양성 기후대는 일년 내내 강수량이 많다.

이 지역의 평균 기온 또한 해양의 영향을 받는다. 여름에는 해양이 주변 공기보다 훨씬 더 차갑다. 이는 이 지역의 기온을 다른 지역보다 낮아지게 한다. **그러나 해양의 존재는 겨울에 정반대의 효과를 가져온다.** 해양이 일년 내내 온기를 유지하기 때문에 겨울은 매우 온화하다. 해양성 온대 기후의 기온 범위는 영하 10도와 영상 25도 사이로 꽤 좁다. 겨울이 춥기는 하지만, 땅 위에 지속적인 적설량을 유지할 만큼 춥지는 않다.

➡ Continental zones, / on the other hand, / are known / for cold winters and hot summers. These conditions / are typically found / in the interiors / of the northern continents. The interior regions / are far enough away / from the coast / that the ocean is not an important influence. Instead, / they are affected / by cold Arctic air / in the winter / and warm air from the south / in the summer. Thus, / summers are extremely hot, / while winters are incredibly cold.

반면에, 대륙성 기후대는 추운 겨울과 더운 여름으로 알려져 있다. 이러한 환경은 북부 지역의 내륙에서 전형적으로 발견된다. 내륙 지역은 해양으로부터 충분히 멀리 떨어져 있어서 해양이 큰 영향을 끼치지 못한다. 대신, 내륙지역은 겨울에는 차가운 북극 공기의 영향을 받으며 여름에는 남쪽의 따뜻한 공기의 영향을 받는다. 따라서 여름은 극도로 더운 반면 겨울은 극심히 춥다.

➡ Likewise, / the amount of precipitation / in continental zones / changes / depending on the season. [22-C]More precipitation falls / in the winter and spring / than in the summer. The combination / of increased precipitation and cold temperatures / in the winter / has an important effect. It makes it possible / for a continental climate zone / to support / an extended period of snow coverage.

마찬가지로, 대륙성 기후대에서의 강수량은 계절에 따라 변한다. [22-C]여름보다 겨울과 봄에 강수량이 더 많다. 겨울에는 강수량의 증가와 차가운 기온이 합쳐져 큰 영향을 끼친다. 이는 대륙성 기후대가 오랜 기간 동안 적설량을 유지하는 것을 가능하게 한다.

Vocabulary

temperate [témpərət] 온대의 climate [kláimit] 기후 zone [zoun] 지대 the planet 지구 the tropics 열대지방
the polar regions 극지방 distinct [distíŋkt] 구별되는 survival [sərváivəl] 생존 vary [vέəri] 다르다
depending on ~에 따라 geographic [dʒì:əgrǽfik] 지리적인 divide A into B A를 B로 나누다 maritime [mǽrətàim] 해양성
continental [kàntənéntəl] 대륙성 coast [koust] 해안 ocean [óuʃən] 해양 mass [mæs] 덩어리 receive [risí:v] 받다
precipitation [prisìpitéiʃən] 강수량 lower [louər] 낮은 presence [prézns] 존재 opposite [ápəzit] 반대의
mild [maild] 온화한 warmth [wɔ:rmθ] 온기 range [reindʒ] 범위 quite [kwait] 꽤 continuous [kəntínjuəs] 지속적인
snow coverage 적설량 be known for ~로 알려지다 typically [típikəli] 전형적으로 continent [kántənənt] 대륙
interior [intíəriər] 내부의 extremely [ikstrí:mli] 극도로 incredibly [inkrédəbli] 믿을 수 없을 만큼, 매우
likewise [láikwàiz] 마찬가지로 extended [iksténdid] 장기간에 걸친

실전 연습

17 Why does the author mention the tropics and the polar regions in the passage?

(A) To emphasize the size of a climate zone
(B) To provide examples of other climate zones
(C) To specify the location of a climate zone
(D) To distinguish between other climate zones

지문에서 글쓴이가 the tropics and the polar regions를 언급한 이유는 무엇인가?

(A) 기후대의 크기를 강조하기 위해서
(B) 다른 기후대의 예를 제시하기 위해서
(C) 기후대의 위치를 구체화하기 위해서
(D) 다른 기후대와 구분하기 위해서

> 수사적 의도 문제 음영 문구 the tropics and the polar regions(열대 지방과 북극 지방)가 언급된 문장을 보면 The temperate climate zones ~ the tropics and the polar regions(지구의 온대 기후대는 열대지방과 극지방 사이에서 발견된다)라고 언급하고 있습니다. 즉 the tropics and the polar regions는 온대 기후대의 위치가 어디인지 구체적으로 보여주기 위해 언급된 것입니다. 따라서 정답은 (C)입니다.

Voca emphasize [émfəsàiz] 강조하다   distinguish [distíŋgwiʃ] 구분하다

18 The word distinct in the passage is closest in meaning to

(A) separate
(B) related
(C) unusual
(D) prominent

지문의 단어 distinct와 의미상 유사한 것은?

(A) 개별적인
(B) 연관된
(C) 이례적인
(D) 현저한

> 어휘 문제 지문의 distinct(구별되는)는 '각각 서로 다른'이라는 뜻에서 쓰인 것으로 separate(개별적인)와 유사한 뜻이므로 정답은 (A)입니다.

19 According to paragraph 2, all of the following are factors that cause maritime zones to receive much precipitation EXCEPT:

(A) They are near the ocean.
(B) They are affected by moist air.
(C) They are located in the west.
(D) They are covered by clouds.

Paragraph 2 is marked with an arrow [➡].

2단락에 따르면, 해양성 기후대에 강수량을 많게 하는 요인이 아닌 것은?

(A) 해양 근처에 있다.
(B) 습한 공기의 영향을 받는다.
(C) 서쪽에 위치한다.
(D) 구름에 덮여있다.

2단락은 화살표 [➡]로 표시되어 있다.

> 불일치 문제 문제의 키워드인 maritime zones to receive much precipitation(해양성 기후대는 강수량이 많다)과 같은 의미를 가진 maritime zones receive large amounts of precipitation(해양성 기후대는 강수량이 많다)이 언급된 부분의 앞부분을 지문에서 살펴보면, close to the ocean(해양에 가깝다)이라고 했고, exposed to masses of wet air(습한 공기 덩어리에 노출되어 있다)이라고 했으며, long periods of cloudy weather(오랜 기간 동안 흐린 날씨)라고 했으므로, 보기 (A), (B), (D)는 지문과 일치하는 내용이 되어 오답입니다. 그러나 보기 (C)는 지문에 언급되지 않은 내용이므로 정답입니다.

Voca moist [mɔist] 습한

20. Which of the sentences below best expresses the essential information in the highlighted sentence in the passage? Incorrect choices change the meaning in important ways or leave out essential information.

(A) The interior of the region is not close enough to influence the ocean.
(B) The effects caused by the ocean become stronger near the coast.
(C) The interior regions are usually very far from the edge of the ocean.
(D) The ocean does not affect the interior regions because of their location.

아래 문장 중 지문 속의 음영 표시된 문장의 핵심정보를 가장 잘 표현하고 있는 것은 무엇인가? 오답은 문장의 의미를 현저히 바꾸거나 핵심정보를 빠뜨리고 있다.

(A) 이 지역의 내륙은 해양에 영향을 미칠 정도로 충분히 가깝지 않다.
→ 지문과 다른 내용
(B) 해양으로 인한 영향력은 해안에 가까울수록 커진다. → 핵심 정보를 빠뜨린 내용
(C) 내륙 지역은 대개 해양의 가장자리로부터 매우 멀다. → 지문과 다른 내용
(D) 해양은 그 위치 때문에 내륙 지역에 영향을 주지 않는다.

 문장 간략화 문제 음영 표시된 문장 전체가 핵심정보로서 The interior regions are far enough away from the coast that(내륙 지역은 해양으로부터 충분히 멀리 떨어져 있어서)를 because of their location(그 위치 때문에)으로, the ocean is not an important influence(해양이 큰 영향을 끼치지 못한다)를 The ocean does not affect the interior regions(해양은 내륙 지역에 영향을 주지 않는다)로 간략하게 바꾸어 표현한 보기 (D)가 정답입니다.

Voca edge [edʒ] 가장자리

21. The word Thus in the passage is closest in meaning to
(A) However
(B) Therefore
(C) In contrast
(D) Whereas

지문의 단어 Thus와 의미상 유사한 것은?
(A) 그러나
(B) 그러므로
(C) 대조적으로
(D) 반면

어휘 문제 지문의 Thus(따라서)는 Therefore(그러므로)와 동의어이므로 정답은 (B)입니다.

실전 연습 247

실전 연습

22 According to paragraph 4 and 5, continental temperate zones

(A) receive more precipitation in the summer than in the spring
(B) have cooler temperatures in the spring than the winter
(C) receive more precipitation in the winter than the summer
(D) have warmer temperatures in the spring than in summer

Paragraphs 4 and 5 are marked with arrows [➡].

4단락과 5단락에 따르면, 대륙성 기후대는 _____.

(A) 봄보다 여름에 강수량이 더 높다
→ 지문과 다른 내용
(B) 겨울보다 봄에 기온이 더 서늘하다
→ 지문에 언급되지 않은 내용
(C) 여름보다 겨울에 강수량이 더 높다
(D) 여름보다 봄에 기온이 더 따뜻하다
→ 지문에 언급되지 않은 내용

4단락과 5단락은 화살표 [➡]로 표시되어 있다.

🦉 **일치 문제** 문제의 키워드인 continental temperate zones(대륙성 기후대)가 언급된 부분을 지문에서 살펴보면, More precipitation falls in the winter and spring than in the summer(여름보다 겨울과 봄에 강수량이 더 많다)라고 했습니다. 따라서 보기 (C)는 지문의 내용과 일치하므로 정답입니다.

23 Look at the four squares [■] that indicate where the following sentence could be added to the passage.

However, the presence of the ocean has the opposite effect in the winter.

Where would the sentence best fit?

Click on a square [■] to add the sentence to the passage.

지문에 표시된 네 개의 네모[■]는 다음 문장이 삽입될 수 있는 부분을 나타내고 있다.

그러나 해양의 존재는 겨울에 정반대의 효과를 가져온다.

이 문장은 어느 자리에 들어가는 것이 가장 적절한가?

해당 네모[■]를 클릭하여 주어진 문장을 지문에 삽입하시오.

🦉 **삽입 문제** 삽입 문장에서 정답의 단서는 However(그러나)와 in the winter(겨울에)입니다. However는 앞 문장과 역접관계인 내용을 언급할 때 사용하는 연결어이고, 삽입 문장은 in the winter(겨울에)에 대해 이야기 하고 있으므로 앞에서는 다른 계절에 대한 이야기가 있어야 한다는 것을 알 수 있습니다. 두 번째 ■ 뒤의 Winters are very mild(겨울은 온화하다)를 보면, 이 문장 앞까지는 여름에 대해 이야기하고, 이 문장에서부터 겨울에 대한 내용이 시작된다는 것을 알 수 있습니다. 두 번째 ■에 삽입 문장을 넣어보면, 여름에 해양이 주변 공기보다 더 차가워 이 지역의 기온을 다른 지역보다 낮아지게 하지만, 겨울에는 정반대의 효과를 가져온다라는 내용이 되어 글의 흐름이 자연스럽습니다. 따라서 정답은 두 번째 ■입니다.

24 Directions: Select the appropriate phrases from the answer choices and match them to the type of temperate climate zones to which they relate. *This question is worth 3 points.*

지시: 주어진 보기에서 적절한 구를 선택하여 관계 있는 온대 기후대 유형에 연결시키시오. **이 문제는 3점이다.**

Answer Choices	Maritime Climate Zones
(A) Do not receive any snow in the winter (D) Are located in the interiors of all the continents	● (B) Are affected by the ocean ● (F) Receive much precipitation throughout the year
	Continental Climate Zones
	● (C) Have periods of continuous snow coverage ● (E) Experience seasonal changes in precipitation ● (G) Have an extreme temperature range

보기	해양성 기후대
(A) 겨울에 눈이 전혀 내리지 않는다. → 지문과 다른 내용 (D) 모든 대륙의 내부에 위치한다. → 지문과 다른 내용	●(B) 해양의 영향을 받는다. ●(F) 일년 내내 강수량이 많다
	대륙성 기후대
	●(C) 일정 기간 동안 지속적인 적설량을 갖는다. ●(E) 계절마다 강수량의 변화를 경험한다. ●(G) 극단적인 기온 범위를 갖는다.

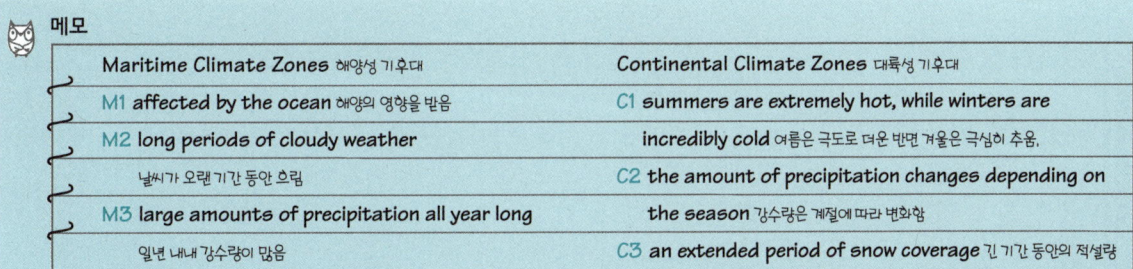

🦉 메모

Maritime Climate Zones 해양성 기후대	Continental Climate Zones 대륙성 기후대
M1 affected by the ocean 해양의 영향을 받음	C1 summers are extremely hot, while winters are incredibly cold 여름은 극도로 더운 반면 겨울은 극심히 추움.
M2 long periods of cloudy weather 날씨가 오랜기간 동안 흐림	C2 the amount of precipitation changes depending on the season 강수량은 계절에 따라 변화함
M3 large amounts of precipitation all year long 일년 내내 강수량이 많음	C3 an extended period of snow coverage 긴 기간 동안의 적설량

정보 분류표 문제 보기 (B)의 Are affected by the ocean(해양의 영향을 받는다)과 보기 (F)의 Receive much precipitation throughout the year(일년 내내 강수량이 높다)는 메모에서 Maritime Climate Zones(해양성 기후대)의 M1, M3과 일치합니다. 보기 (C)의 Have periods of continuous snow coverage(일정 기간 동안 지속적인 적설량을 갖는다)와 보기 (E)의 Experience seasonal changes in precipitation(계절마다 강수량의 변화를 경험한다)과 보기 (G)의 Have an extreme temperature range(극단적인 기온범위를 갖는다)는 메모에서 Continental Climate Zones(대륙성 기후대)의 C3, C2, C1과 일치합니다. 따라서 정답은 Maritime Climate Zones: (B), (F), Continental Climate Zones: (C), (E), (G)입니다.

Voca extreme [ikstríːm] 극단적인

HACKERS
READING intro

초판 19쇄 발행 2024년 9월 9일
초판 1쇄 발행 2008년 1월 2일

지은이	해커스 어학연구소
펴낸곳	㈜해커스 어학연구소
펴낸이	해커스 어학연구소 출판팀
주소	서울특별시 서초구 강남대로61길 23 ㈜해커스 어학연구소
고객센터	02-537-5000
교재 관련 문의	publishing@hackers.com
동영상강의	HackersIngang.com
ISBN	978-89-90700-50-6 (13740)
Serial Number	01-19-01

저작권자 © 2017, 해커스 어학연구소
이 책 및 음성파일의 모든 내용, 이미지, 디자인, 편집 형태에 대한 저작권은 저자에게 있습니다.
서면에 의한 저자와 출판사의 허락 없이 내용의 일부 혹은 전부를 인용, 발췌하거나 복제, 배포할 수 없습니다.

전세계 유학정보의 중심,
고우해커스 (goHackers.com)
고우해커스

· 토플 라이팅/스피킹 무료 첨삭 게시판 및 토플 공부전략 무료 강의
· 국가별 대학 및 전공별 정보, 유학Q&A 게시판 등 다양한 유학정보

외국어인강 1위,
해커스인강 (HackersIngang.com)
해커스인강

· 나에게 맞는 강의를 골라 들을 수 있는 **목표 점수별 토플 무료 강의**
· 교재에 수록된 어휘를 언제 어디서나 들으면서 외우는 **무료 단어암기 MP3**
· 교재 지문을 들으며 리스닝 실력까지 한번에 높이는 **무료 지문녹음 MP3**
· 해커스 토플 스타강사의 **본 교재 인강**

[외국어인강 1위] 헤럴드 선정 2018 대학생 선호브랜드 대상 '대학생이 선정한 외국어인강' 부문 1위